U0756543

Xuqiu Xiangying Jiebo
Gongjiao Diaodu Youhua Moxing yu Fangfa

# 需求响应接驳

# 公交调度优化模型与方法

王正武 ———— 著

CNS | K 湖南科学技术出版社

图书在版编目（ＣＩＰ）数据

需求响应接驳公交调度优化模型与方法 / 王正武著. — 长沙 ： 湖南科学技术出版社，2022.2
ISBN 978-7-5710-1478-0

Ⅰ．①需… Ⅱ．①王… Ⅲ．①公交车辆－车辆调度－优化模型 Ⅳ．①U492.4

中国版本图书馆 CIP 数据核字 (2022) 第 026726 号

XUQIU XIANGYING JIEBO GONGJIAO DIAODU YOUHUA MOXING YU FANGFA
需求响应接驳公交调度优化模型与方法
著　　者：王正武
出 版 人：潘晓山
责任编辑：杨　林
出版发行：湖南科学技术出版社
社　　址：湖南省长沙市开福区芙蓉中路一段 416 号泊富国际金融中心 40 楼
　　　　　http://www.hnstp.com
印　　刷：长沙市宏发印刷有限公司
　　　　　（印装质量问题请直接与本厂联系）
厂　　址：长沙市开福区捞刀河大星村 343 号
版　　次：2022 年 2 月第 1 版
印　　次：2022 年 2 月第 1 次印刷
开　　本：787mm×1092mm　1/16
印　　张：14.25
字　　数：271 千字
书　　号：ISBN 978-7-5710-1478-0
定　　价：98.00 元
　　　　（版权所有·翻印必究）

# 前　言

　　城市化进程不断加快，出行需求显著增加，私人交通工具数量增长迅速，交通拥堵愈发严重，为从根本上解决城市交通拥堵问题，各大城市广泛开展大容量干线公交建设，提高公交出行分担率。地铁、轻轨、快速公交等大运量干线公交虽然解决了区间出行问题，但是公交出行"第一/最后一千米"出行难的问题普遍存在，出行换乘不方便；在城市向外扩张中，交通基础设施布局建设落后，一大片城市边缘区域仅设有一两个公交首末站，居民出行困难；由此人们更愿意使用小汽车出行，绿色出行分担率难以提高，城市交通拥堵愈发严重。

　　在地铁站影响区域内开设常规公交难以有稳定的方向性客流，车辆空驶率高，可达性低，运营成本高；而在人口密度低、出行需求量相对较小、出行时空分布不均匀的城郊区域开设常规公交的成本高，资源闲置浪费。服务于干线公交站点周边区域及城郊区域的需求响应接驳公交应运而生，面向地铁、BRT等干线公交站点接驳的需求响应接驳公交是一种新兴的公共交通出行方式，是需求响应公交类型之一。需求响应接驳公交是一种灵活性高、出行费用较低的新模式公交，其运行路径、发车时间、停靠站点等俱由乘客需求决定，具有较大的灵活性，能实现点到点的服务，是大运量公交的有效补充。该模式公交的实施，能有效分担小汽车出行量，有利于缓解道路交通压力。

　　国内外已有少数学者对高自由度需求响应公交进行了研究，取得了一些成果，有力地推动了相关技术的发展，但随着人们认识的不断深入，高自由度响应公交现状研究存在的不足逐渐表露出来，如先前研究主要聚焦于静态问题、缺少对路径与发车时间协调优化的研究，缺少不同场景下的需求响应接驳公交调度的研究，如同时接送、多换乘点、多车场等，也缺少与其他模式公交的协同研究，同时还存在条件过于理想等问题，现有的研究很少涉及需求响应接驳公交票价制定方面的研究，也缺少需求响应接驳公交评价指标体系与评价方法方面的研究。本书就高自由度需求响应接驳公交的相关理论技术方法展开研究，一方面能弥补相关理论的空白，另一方面有助于它在我国的推广实施，具

1

有重要理论意义和实践价值。

　　本书的主要结构如下：第一章对需求响应公交定义、研究意义、发展历程进行叙述；第二章为需求响应公交系统框架、适应性分析；第三章为需求响应接驳公交系统特性分析与刻画；第四章为需求响应接驳公交运行路径与发车时间协调模型；第五章为多车场需求响应接驳公交的协调优化；第六章为需求响应接驳公交分区协调优化；第七章为需求响应接驳公交与其他模式公交的协同；第八章为需求响应接驳公交票价制定方法；第九章为需求响应接驳公交评价指标体系与综合评价。

　　本书得到研究团队全体成员的帮助和支持，特别是喻杰和陈涛两位博士，他们分别编写了本书第二章和第四章第二节的内容。本书获到国家自然科学基金项目（No.51678075）、湖南省重点研发计划项目（No.2019SK2171）、湖南省交通运输厅科技项目（No.201920）的资助，同时获得长沙理工大学出版资助，在此表示衷心感谢！由于作者学识有限及经验不足，书中难免会有认识不到或者疏漏之处，恳请广大读者批评指正。

# 目  录

# 第一章 绪 论

面向地铁、BRT 等干线公交站点接驳的需求响应接驳公交是需求响应公交类型之一，本章主要对需求响应公交研究现状、研究意义进行分析。

## 1.1 需求响应公交简介

需求响应公交（Demand Responsive Transit，DRT）根据乘客要求的出行时间、地点安排车辆及线路，为乘客提供出行运输服务，电召车辆、柔性公交、定制公交、灵活型公交、可变线路公交、机动式辅助客运系统（Mobility Allowance Shuttle Transit，MAST）等都是需求响应公交。图 1.1 为需求响应公交系统示意图。

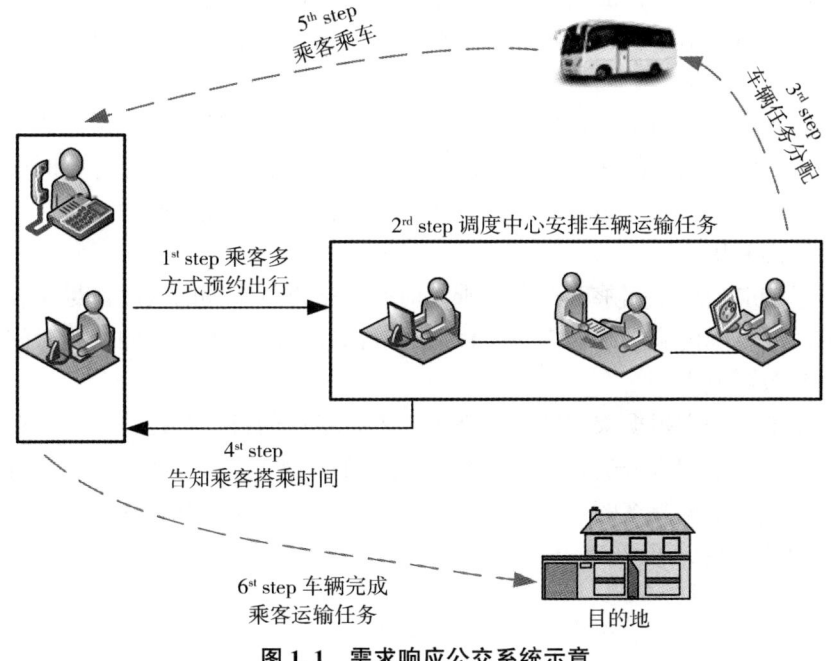

图 1.1 需求响应公交系统示意

需求响应公交的运行路径、发车时间、停靠站点等俱由乘客需求决定，具有较大灵活性，能实现门到门的服务，是大运量公交的有效补充。需求响应公交作为一种新颖的公交模式，与常规公交、出租车相比有很大差别[1]，如表1-1所示。

表1-1 三种接驳方式特点对比表

| 特征指标 | 需求响应公交 | 常规公交 | 出租车 |
|---|---|---|---|
| 线路固定 | 否 | 是 | 否 |
| 共乘 | 是 | 是 | 可能 |
| 预约 | 是 | 否 | 否 |
| "门到门"服务 | 是 | 否 | 是 |
| 出行时间 | 短 | 较长 | 短 |
| 出行费用 | 较低 | 低 | 高 |
| 等待时间 | 短 | 长 | 短 |

（1）线路灵活

需求响应公交不仅能响应预约需求，还能根据实际情况响应乘客的实时需求，实时更新当前车辆路径，优化后续班次的路径，线路与调度自由灵活。

（2）方便舒适

需求响应公交为乘客提供了多种预约方式，乘客可选择提前预约或实时预约，提供"门到门"的接驳服务，减少了乘客出行的步行距离与等待时间。同时，需求响应公交还能做到"一人一座"，提升了乘车时的舒适性。

（3）准时快捷

需求响应公交根据乘客的期望乘车时间窗来进行车辆的调度，尽量在乘客的预约时间范围内满足乘客需求，优化行驶路径，减少了车辆的行程时间。

（4）节约成本

需求响应公交根据乘客的预约需求，安排最优的行驶路径，减少了行程时间，同时，需求响应公交票价一般低于出租车，降低了乘客出行成本。此外，需求响应公交根据乘客的预约需求选择合适车型，分配车辆，降低了车辆空驶率，从而有效减少了公交的运营成本。

# 1.2 需求响应公交研究现状

20 世纪 60 年代，欧美发达国家的城市人口呈低密度向外扩张，居民出行分布较为分散，为解决低密度区域居民的公交出行，需求响应公交被提出。1968 年，Cole LM 提出一种结合了公交与出租车运营特性的 Dial-a-Bus 模式的公交，该模式的公交可用于低密度需求区域，是需求响应公交的雏形[2]。美国 Wisconsin 州于 1976 年推出一款名为 Merrill-Go-Roun 的公交调度系统，该系统可以响应预约乘客，也可动态响应新的乘客需求，能有效提高公交服务水平[3]。1984 年，Daganzo 首次提出了需求响应型公交的基本概念，并对其运营机制进行了阐述[4]。至 1996 年，美国有 40 多个柔性响应公交服务商，例如 Hampton Roads Transit，feeder-line 646 等。2003 年，欧盟根据居民出行需求推出了 SAMPO（先进的公共交通运营系统），该系统能够尽量满足居民的个性化出行需求[5]。尽管我国的 DRT 刚刚开始，但在国外已有 50 多年历史了，并且以各种形式存在和运营。根据需求响应公交的自由程度，需求响应公交可分为三类：

（1）低自由度 DRT

其运营线路和停靠站基本固定，仅部分线路可根据乘客需求做有限调整，对乘客需求的响应程度较低。这种低自由程度的需求响应公交主要有必须经过规定基站、线路可沿基线微调的机动式辅助客运系统（MAST，Mobility Allowance Shuttle Transit）[6]，需求大的 Hub 站间直达、Hub 站服务区域内线路可机动的高覆盖率点对点公交（HCPPT，High Coverage Point to Point Transit）[7]，以及线路基本固定、可跳站、到站时间不定的普通型穿梭巴士[7]。

（2）高自由度 DRT

这种高自由度的需求响应公交一般行驶在固定区域（或还固定端点）内，其运行线路、发车时间、停靠地点和停靠时间由调度中心根据乘客要求优化确定，能较大程度地响应乘客需求。高自由度 DRT 主要有在干线公交站周边区域接（送）乘客的响应型接驳公交（RFT，Responsive Feeder Transit）[8-9]、为低密度公交出行区域或为特定区域出行困难者服务的区域型电话预约（DAR，Dial-a-ride）公交[10-11]，以及服务于旅游景点或机场的、行驶于规定区域的、但不固定线路和发车时间的响应型穿梭巴士[12]。

（3）完全自由型 DRT

完全自由型 DRT 服务区域、运行线路、停靠站点、发车时间等完全由乘客或驾驶员决定，是一种门到门的公交服务模式，如电话预约（DAR）出租车[13]、网约车等。

### 1.2.1 需求响应公交适应性

在需求响应公交适应性方面，国内外学者主要针对需求响应公交发展经验、适合区域、需求密度、支付意愿，以及与固定线路公交的对比进行研究。研究人员通过对欧美国家的柔性公交发展经验分析，认为提高用户可接受性及用户体验是发展柔性公交首要考虑的问题[14]。研究发现，通过建立以服务质量最优为目标的公交调度模型，可以得出需求响应公交与常规公交运营相互转换的关键需求密度[15-16]。研究人员通过对旧金山海湾地区人们使用 PDRT（面向消费者的需求响应公交）出行意愿调查，发现约 60％的受访人员愿意考虑使用，12％的受访者非常愿意使用，表明在该区域 PDRT 可以进行试验[17]。研究人员通过对西方国家人们低密度居住的生活方式以及这些区域乘客的出行困境进行分析，指出需求响应公交系统是 21 世纪城郊区域主要公交运输系统[18]。通过在道路网络、服务质量以及需求密度方面的对比，相比于固定公交，研究发现需求响应公交能够提供更好的服务质量并更适合低密度需求区域[19]，研究认为需求响应公交能有效降低成本且提高乘客满意度[20]。

研究人员分析了传统公交运行模式的不足之处，提出将需求响应公交作为补充来服务市场需求[21]，相关研究指出，将 GIS-PT、GPS 应用在 DRT 上可以提供更优的 DRT 服务[22]。研究学者借鉴国外乡镇地区推行 DRT 的经验，对中国农村开展需求响应公交的适用性进行了分析，认为国内一些农村区域适合开展 DRT[23]。相关调查认为需求响应公交车辆的票价在同等距离为出租车价格的 70％时比较合适[24]。一些学者针对中国城市住宅小区的特性，从不同角度对需求响应公交的服务范围进行了研究[25-29]。

### 1.2.2 需求响应公交调度优化模型

在需求响应公交调度方面，研究人员主要是对不同类型的需求响应公交调度方法、调度模型进行研究。相关学者对需求响应公交中的机动式辅助客运系统（MAST）进行了研究[30]。一些研究人员提出了需求响应公交自适应调度方法，将传统公交和需求响应服务整合在一起[31]。为快速响应乘客的需求，研究人员提出一种基于模糊聚类方法来对需求响应公交进行调度，首先采用时间序列预测模型对乘客需求进行短期预测，然后运用模糊聚类法对交通需求作出反应[32]。为使调度系统能准确对车辆的行程时间和周期进行估计，一些学者结合 Google 地图对柔性公交进行调度[33]。

为了降低大服务区域需求响应接驳公交运营成本，一些学者对大区域内需求响应接驳公交分区协调进行了研究[34]。相关研究通过对乘客空间分布不均匀特性分析，得出了乘客不同出行分布情况下的需求响应接驳公交最佳运行周期，以及运行周期与成本之间的相互关系[35-36]。为处理预约需求与实时需求，相关研究人员采用两阶段调度法对需求响应接驳公交调度进行了研究[37-41]。为解决多换乘点响应型接驳公交联合协调运输问题，有学者构建了多站点换乘联合调度优化模型[42-43]。为解决干线公交站点乘客接送同时进行问题，同时接送模式下响应型接驳公交路径与调度协调优化模型被提出[44]。研究人员采用虚拟车场方法构建了多车场响应型接驳公交路径与调度协调优化模型[45]。为适应实际道路交通情况，基于关键点的响应型接驳公交动态路径优化模型被提出[46]。

### 1.2.3　需求响应公交调度优化算法

到目前为止，需求响应公交车辆路径问题大多是被看成 VRP 问题来进行研究。在 VRP 问题求解算法方面，启发式算法、人工智能算法被广泛应用，如分块调度算法、可变邻域算法、蚁群算法、模拟退火算法、遗传算法、禁忌搜索算法等。在需求响应公交线路优化方法方面，主要是建立车辆路径模型并设计求解方法。在需求响应公交车辆路径与调度求解方面，研究人员主要采用遗传算法进行求解[47-48]。同时，一些学者根据实际提出的需求响应公交车辆路径问题采用混合智能算法进行求解，如粒子群-禁忌搜索算法[49]、模拟退火-遗传算法[50]，这些混合算法在正对其提出的实际问题求解中表现出其优越性。此外一些学者提出了多目标动态需求响应公交运行路径模型，模型中两个目标处于对立面，既要达到运营成本最小又要使乘客满意度最大，针对模型设计了多目标预测控制算法进行求解[51]。

根据乘客申请是否预知、交通条件是否变化，需求响应公交车辆路径优化可分为静态路径优化[49]与动态车辆路径优化（乘客随时呼叫服务、线路、车速实时更新等）[52]，在有预约需求与实时需求的需求响应公交路径与调度求解过程中，广泛采用两阶段法进行求解优化。

### 1.2.4　需求响应公交服务评价

由于国内需求响应公交的实际应用几乎没有，仅有极少数几个城市开设了几条自由度极低的实验性定制班车，需求响应公交实施后的运行服务效果的评价较少，目前基本上是从理论上对需求响应公交进行服务质量评价，将这些评价指标作为需求响应公交规划与建设的参考意见。

相关研究归纳了需求响应公交规划建设的一般步骤，从服务质量、衔接换乘、综合效益、可实施性方面建立了需求响应公交系统规划评价指标体系[53]。一些学者对灵活型定制公交评价指标现状进行了综述，从乘客感知、公交运行、社会效益三方面建立综合评价体系，运用灰色关联度法对定制公交服务进行综合评价[54]。还有一些研究从线路设置、设施投入、服务水平、运营水平、员工效率、社会效益6个方面建立起定制公交综合评价体系[55]。相关研究人员从乘客、运营、管理三个层面建立灵活型公交评价指标体系，并对这些指标做无量纲化处理，基于层次分析法-灰色关联度评价方法对灵活型公交进行评价[56]。相关研究从准时性、出行消耗、舒适性、社会效益4个方面建立评价指标体系，基于层次分析法-灰色关联度模型对需求响应公交进行评价[57]。

### 1.2.5 需求响应公交研究现状总结

国内外已有一些学者对高自由度需求响应公交进行了研究，取得了一些成果，有力地推动了需求响应公交相关技术的发展，但也存在一些不足，主要表现在以下几个方面：

（1）国内几乎没有关于高自由度需求响应接驳公交的相关研究，其线路优化与调度的相关研究更是空白。

（2）主要聚焦于静态问题（乘客出行信息预知、车辆匀速运行等），很少涉及同时接送、多车场、多换乘站的问题，关于动态问题（如乘客即时申请出行）研究较少，静态与动态的混合问题研究则更少。

（3）主要研究运行线路优化问题，缺少对线路与发车时间协调的研究，更缺少该模式公交与其他模式公交协同优化的研究。

（4）对需求响应接驳公交定价方面的研究几乎没有。

（5）没有关于需求响应接驳公交评价指标与评价方法方面的研究。

（6）几乎都做了一些与实际不符的假设。因此本书针对现状研究的不足，对需求响应接驳公交调度模型与方法进行研究，以期推动需求响应接驳公交技术的进步与应用。

# 1.3 需求响应公交研究意义

地铁、快速公交等大运量干线公交解决了区间出行问题，但是这种公交站点间的站距远（一般站距 1～2 km），干线公交站点间的常规公交少且不会绕行去接驳乘客。干线公交站点间缺乏接驳设施的建设和布局，出行换乘不方便，由此出行者更愿意使用私人交通方式出行，导致城市交通愈发拥堵，从而违背了通过提供轨道交通提升公交出行服务水平，诱导绿色出行的城市交通发展战略[58]。

再者，在城市向外扩张过程中，一大片城市边缘区域仅设有一两个公交首末站，这些区域的居民前往公交首末站搭乘公交步行时间长。在这种人口密度低、出行需求量小、出行时空分布不均匀的区域开设常规公交会造成车辆空载率高，运营成本高，社会资源闲置浪费。

在上述环境中，居民通过地铁站换乘地铁等干线公交的换乘效率低下，在城市边缘区域的居民出行困难。当前市场上活跃的网约车虽然能解决这些区域的接驳，但网约车每次只能服务一个用户、执行点对点的运输，不适合合乘。网约车数量多易给城市交通造成压力。由于存在较高的空驶率与较长的等待时间，出租车也极不愿意在这些区域提供运输服务，且出租车出行价格较高，居民一般很少使用。由此，需求响应接驳公交应运而生，需求响应接驳公交是一种新兴的、结合了互联网的公交服务模式，可以很好地解决上述问题。需求响应接驳公交有着网约车和出租车的灵活性、"门到门"特性，可以根据乘客预约的时间和地点来安排线路，又有着传统公交大容量合乘的特性。

（1）对需求响应接驳公交的研究可以促进一种新的公交方式实施和应用。

（2）需求响应接驳公交的实施和应用可以提高出行的社会公平性，"最后一千米出行难"、城郊区域出行难的问题得以解决，公交出行的公平性得到提高。

（3）通过提供需求响应接驳公交服务，可以引导人们使用大容量、高效率的公交出行，提升换乘效率，降低私人交通出行量，缓解城市交通拥堵。

（4）对公交运营企业而言，采用需求响应运营可以根据乘客的需求信息制定最优路径与调度方案，从而提高公交系统的可靠性、提高公交出行满意度、降低运营成本。

（5）需求响应接驳公交可为老年人、残疾人的出行等提供更人性化的服务，使其出行更便捷，具有较强的社会公益性。

（6）有助于完善城市公共交通体系结构，建立起以轨道交通为核心，常规公交为支柱，需求响应接驳公交为辅助的三位一体"城市公共交通系统"，减少公共交通财政支出。

# 1.4　本书结构

本书对面向干线公交站点接驳的需求响应接驳公交展开研究，分析了需求响应接驳公交研究现状与意义，叙述相关理论与方法，构建不同场景下需求响应接驳公交调度优化模型，设计了模型求解算法，基于博弈论研究了需求响应接驳公交票价制定方法，并进行了相关案例分析，最后对需求响应接驳公交评价指标及评价方法进行了分析。本书具体结构安排如下：

第一章主要是对需求响应公交定义、研究意义、发展历程进行概述。

第二章主要是对需求响应接驳公交系统框架、适应性、调度优化理论、影响因素进行分析。

第三章主要是对需求响应接驳公交系统特性进行刻画，包括乘客聚类、服务范围选择、停靠站选址等。

第四章主要是对小服务区域内需求响应接驳公交路径与发车时间的协调进行研究，包括多车型 MAST 系统、同时接送响应型接驳公交、响应型接驳公交动态路径优化、多换乘站响应型接驳公交，分别构建了模型，并设计了求解算法。

第五章主要是对多车场需求响应接驳公交调度的协调优化进行研究，考虑了多车场、多换乘站、实时需求等情况，构建了模型，设计了求解算法。

第六章主要是对需求响应接驳公交分区协调优化进行了研究，分别考虑了分区与不分区情况下的路径优化，并基于满意度研究了分区边界上的乘客的协调运输问题，构建了协调优化模型，并设计了求解算法。

第七章主要是对需求响应接驳公交与其他模式公交的协同进行研究，包括考虑协同换乘的响应型接驳公交、有期望换乘时间要求的响应型接驳公交，分别构建了模型，设计了求解算法。

第八章主要是对需求响应接驳公交的票价制定方法进行研究，对需求响应接驳公交票制、定价原则、定价影响因素进行了分析，构建了相互竞争影响下的需求响应接驳公交票价定价模型，设计了求解算法。

第九章主要是对需求响应接驳公交评价指标体系与综合评价方法进行研究，包括评价指标构建、量化，以及需求响应接驳公交的综合评价。

# 第二章 需求响应公交调度优化理论基础

本章对需求响应公交调度相关的基本理论与方法进行叙述，包括需求响应公交系统框架、适应性、调度优化方法、调度影响因素。

## 2.1 需求响应公交系统框架

### 2.1.1 需求响应公交系统构成

需求响应公交服务系统是一种基于远程信息处理的公交服务系统，结合了信息流、道路网络流、客流。需求响应公交系统依托网络信息传播技术来交换乘客、车辆、调度中心三者的信息。图 2.1 为需求响应接驳公交的系统工作示意图。

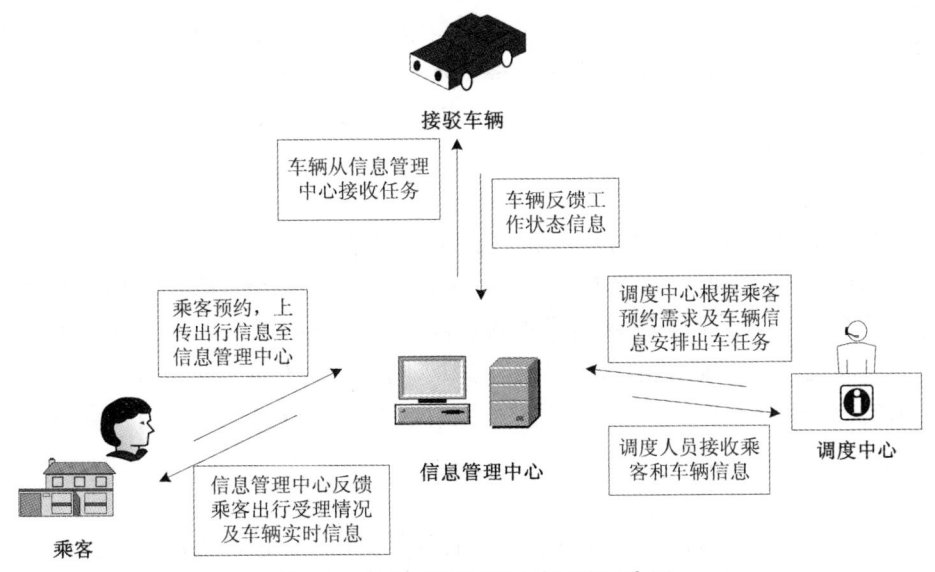

**图 2.1 需求响应公交系统工作示意图**

乘客端：乘客方面有出行预约终端，可以通过手机 APP、短信、电话等移动终端预约，乘客终端能接收预约的反馈信息。乘客需要预约在服务范围内某个站点乘车，服务范围外的站点无法响应。

车辆端：接驳车辆上装有通信装置，GPS 定位装置，车辆能接收任务信息，并能将车辆状态、位置信息实时反馈给调度中心。

调度中心：调度中心是系统的核心部分，通过对乘客预约出行信息和车辆信息的融合来制定车辆路径与调度方案，并将制定好的方案发布。

需求响应公交系统的基本运行流程如下：

（1）乘客出行时通过乘客终端进行预约，将出行起讫点、出行时间、出行人数上传至系统的信息管理中心。

（2）调度中心从信息管理中心获取乘客出行信息以及当前车辆运行状态信息，然后根据乘客需求及车辆状态信息对车辆进行调度优化。

（3）调度中心通过信息管理中心给车辆发布运输任务，并通知乘客出行预约结果。

（4）车辆按照指示完成运输任务。

## 2.1.2　需求响应公交服务类型

现有的公交服务模式分为两大类，一类是固定线路公交，它有固定站点和线路，如地铁、轻轨、常规公交、BRT 等，固定公交服务于高密度需求区域；一类是需求响应公交，其线路和站点根据乘客需求分布来具体确定，需求响应公交服务于低密度需求区域。目前关于需求响应公交的称呼很多，但在美国 TCRP[59] 的研究报告中，根据服务模式不同，需求响应公交被划分为 6 类标准类型，即线路偏移型、站点偏移型、响应接驳型、站点请求型、区段灵活线路型、区域走廊型。

（1）线路偏移型。

车辆定期运行在预定好的基准线路上，基准线路上有固定站点，根据需要，车辆可以偏离基准线路响应乘客需求，若没有动态请求则在基准线路上运行［图 2.2（a）］。其偏离基准线路的长度在该运行区域内可以精确设置，也可以不固定。到目前为止，国外应用的需求响应公交大多为线路偏移型。这种需求响应公交属于低自由度型，如机动辅助式客运系统（MAST）、点对点公交（HCPPT）。

（2）站点偏移型。

车辆在一个区域内对乘客需求进行响应服务，这个区域内设置有若干个固定站点，没有基准线路，车辆要在约束的时间内到达这些固定站点，若固定站点外有乘客需求时，车辆根据自身条件决定是否对这些乘客请求进行响应［图2.2（b）］，这种需求响应公交属于高自由度型。

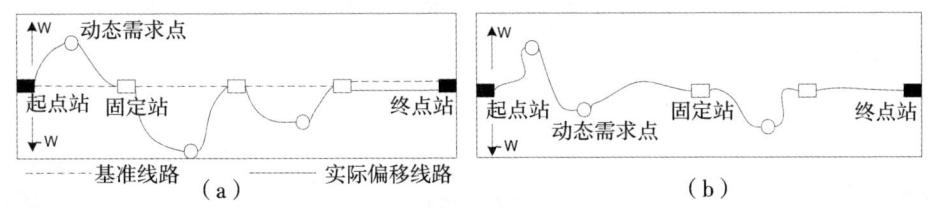

**图 2.2　线路偏移型与站点偏移型**

（3）响应接驳型。

车辆在某一个区域内以需求响应的方式运行，这个区域内设置有若干个接驳点。车辆在这个区域内运行时没有固定线路和站点，车辆的路径视乘客的需求而定，当某个接驳点有需求时，车辆前往该接驳点完成接驳任务［图2.3（b）］。这种服务模式适用于乘客往返高效率换乘站（地铁等大容量干线公交站），也适用于小区内出行，这种需求响应公交属于高自由度型。

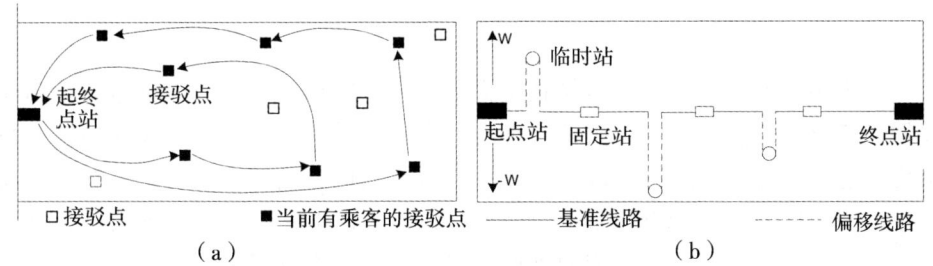

**图 2.3　响应接驳型与站点请求型**

（4）站点请求型。

车辆定期运行在基准线路上，并且能够响应基准线路边上的乘客需求［图2.3（b）］。这些需求点与固定站点不同，它不在基准线路上，这种服务模式与线路可变型类似，这种需求响应公交属于低自由度型。

（5）区段灵活线路型。

车辆在服务区域内定期定线运行，但在某一线路区段转化成需求响应的服务模式。在这个区段内以灵活的方式运行，当有乘客需求时，偏离基准线路运行［图2.4（a）］。这种模式中的区段可变方式类似线路偏移型，这种需求响应公交属于低自由度型。

（6）区域走廊型。

车辆在区域内沿着某一走廊以需求响应的方式运行，在这走廊上设置一些固定站点,没有基准线路,这些固定站点要求车辆必须在指定的时间到达或者离开〔图2.4(b)〕。这种服务模式下没有基准线路,车辆只要在既定的时间到达某一固定站点,在既定的时间从某一固定站点离开即可。这种需求响应公交属于高自由度型。

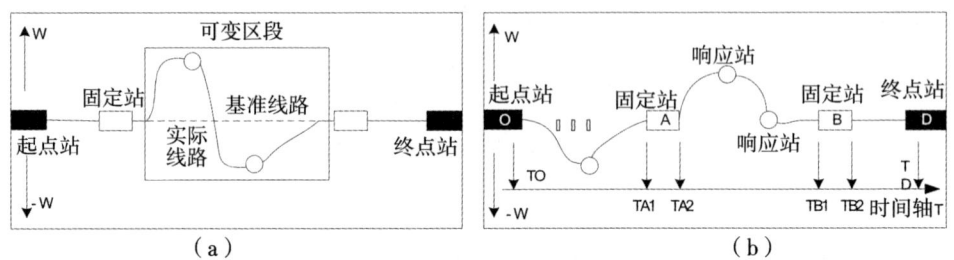

图2.4  区段灵活线路型与区域走廊型

# 2.2  需求响应公交适应性

中国用三四十年的时间跨越式走完了发达国家百余年的城市化过程,由于计划经济时代"重生产、轻生活"理念的影响,导致城市交通建设滞后,与城市规划建设没有同步进行。改革开放后,城市人口急剧增长,一、二线城市交通及空间环境因无法承载急剧增长的城市人口而出现失衡,导致城市交通拥堵、生活空间拥挤。为解决交通拥堵问题,政府大力发展地铁、轻轨、快速公交等大容量公共交通方式,倡导绿色出行,同时城市向外围延伸以缓解中心城区拥挤。在建设大容量干线公交线路及城市向外扩张的过程中,相关配套建设并没有跟上,公交服务基础设施在大容量干线公交站点间以及城市新区地带尤为匮乏,需求响应公交应运而生,其需要的基础设施建设成本相对较低,又能满足居民出行需求,是城市公共交通的有效补充和完善。其作为一种新兴的介于公共与私人交通性质之间的运输服务,既要保证自身在市场环境中存活下去,又要能带来一定的社会效益。

## 2.2.1  社会经济适应性

(1)政策环境:国家关于城市发展的指导意见中明确要求优先发展公共交通,倡导绿色、低碳的出行方式,促进城市健康发展。交通运输部在《城市公共交通"十三五"发展纲要》中提出要改善城市新区及边缘地区人们的出行,探索新的公交方式，提供多元化的服务，向着城乡一体化的目标前行，推进互联网服务与城市公共交通相结合，以此方便城市边缘地区的人民出行。国务院印发的《交通强国建设纲要》明确提出要提高绿色交通、共享交通的发展水平，推进干支运输有效衔接，推进城市公共交通设施建设，强化城市轨道交通与其他交通方式衔接。需求响应公交是一种个性化的出行服务，具有一定的社会公益属性，是一种新兴的公共交通运输方式，是有效完善运输衔接的手段。

（2）技术环境：互联网高速发展，智能通信终端落入千家万户，据工信部统计，2020 年末中国互联网上网人数 9.89 亿人，其中手机上网人数达 9.86 亿人，4G、5G 网络改变了人们的生活方式，带来了实时的"物联网"。高速互联网、云计算、大数据技术给网约车和需求响应公交的发展带来了机遇，通过这张高速的互联网可以将需求方与服务方实时联系起来。在这张高速实时物联网下，国内网约车的发展如火如荼，目前有滴滴快车、神州、易到、T3 出行、曹操专车等网约车品牌。这种网约车相对于传统出租车更有优势，能更快速、准确地接送乘客，但网约车也存在一些缺陷，不能共乘。当前技术成熟，能为需求响应公交开设提供系统管理、用户终端、车辆终端提供实时无线通信技术支持。

（3）社会环境：从服务区域的社会经济特性来看，支付意愿是开设需求响应公交需要考虑的因素。支付意愿与经济收入相关，需求响应公交的出行定价应介于常规公交与出租车（网约车）定价之间，若定价过高，乘客会选择网约车或出租车出行，若定价过低，需求响应公交服务运营商很难在市场中存活下去。因此适用的人群应该为乘坐公交出行的人群及偶尔乘坐出租车出行的人群。

## 2.2.2　交通环境适应性

（1）需求环境：城市新区的人口密度低，居民出行需求小且出行时空分布不均匀，出行密度低。一般在大片城市新区仅设置了一两个公交线路的首末站，居民出行困难；地铁、轻轨、BRT 等大容量干线站距大，居民搭乘此类干线公交时在出行末端的体验差。在人口密度低的城市新区及干线公交站点间有出行需求，但公交出行不便。从其服务区域出行需求密度来看，需求响应公交适用于低密度需求区域，该区域内的需求密度在时间和空间上分布相对较为分散，乘客需求在时间和空间上分布存在随机性。若在低密度需求区域开设常规公交，会造成运力浪费，社会资源闲置；再者，乘客需求量少，发车间隔会相应增大，导致乘客满意度低，社会效益差。而低密度需求区域开设响应型接驳公交既能减少运力浪费，也能满足居民出行需求，实现一定的社会效益。

（2）交通设施环境：从服务区域的公共交通设施来看，需求响应公交适用于常规公交线路及站点覆盖率低的区域，需求响应公交本质上是在相对较小的区域内提供一种网约车服务。若服务区域内常规公交线路及站点覆盖率在出行者步行接受范围内，则需求响应公交基本上无服务需求。

# 2.3　DRT 调度优化方法

需求响应公交路径与调度优化可以简单描述为：需求响应公交调度系统根据区域内乘客出行需求，安排一队车辆以最佳路径、最优发车时间完成乘客运输，以此达到系统效益最大。

## 2.3.1　DRT 调度优化简介

（一）需求响应公交路径模型

需求响应公交运行路径属于车辆路径问题（VRP）研究范畴，车辆路径问题是网络优化分析中的基本问题之一。所谓车辆运行路径优化，即根据现有的资源配置和需求信息建立路径优化模型，合理安排车辆路径，使模型目标函数达到最优。车辆路径优化的目标一般考虑以下内容：

（1）成本最小（效益最大）。考虑车辆运行过程中产生的成本最少，或者收益最大。这种成本是指广义费用，综合了各方面的费用，兼顾多方的权益，也是车辆路径优化问题中最广泛采用的目标。

（2）运行里程最短。该目标简单易行，但存在很大缺陷，不能反映实际情况。比如在响应型接驳公交路径优化模型中，该目标不能体现乘客候车时间成本。

（3）服务水平最优。车辆路径优化是要对客户提供更优的服务质量，需要寻找一个合适的指标来衡量服务水平，一般采用准时性，或者客户满意度等作为衡量指标。

（4）车辆数最少。在服务的过程中使投入使用的车辆数最少，此目标很贴合响应接驳公交服务运营商的追求。但在公共交通中尤其是有个性化出行的需求响应公交中，应该要体现乘客的效益。

需求响应公交运行路径模型中，优化目标的选择既要考虑企业的营运成本，也要考虑乘客的出行成本，以及带来的社会效益，因此响应型接驳公交运行路径优化的目标函数应该是多面的均衡。在车辆路径优化过程中，各种资源配置不是无限的，需要加以限制，在约束范围内寻求目标最优解。一般车辆运行路径优化问题的约束包含以下内容：

（1）车辆运行时长限制，为保证乘客乘车时长不至于过长，车辆单次运行时长不得超过设定的最大值。

（2）车辆运行里程限制，类似于时间限制，物流配送多用到该约束，保证车辆在一个周期续航里程内能完成配送任务。

（3）车辆容量限制，在单次运行任务中车辆在途最大配载数量低于车容量。

（4）车辆数量限制，使出车数量不超过调度中心给定的车辆数。

（5）时间窗限制，车辆需在服务对象指定的时间窗内到服务节点。

（6）发车时间限制，在运输过程中，有些客户要求在指定的时间段发车。

（7）节点优先限制，某些运输节点要求优先服务。

（8）车型限制，物流配送中某些运输任务只能使用指定型号车辆运输。

需求响应公交具体路径优化分析需要根据实际问题建立车辆运行路径模型，模型包含优化目标及约束集、约束条件和目标函数相互联系。需求响应公交路径优化基本流程如下：

（1）对车辆行驶区域的交通特征、区域内乘客需求特性进行分析，得到基础数据。

（2）建立需求响应公交车辆路径模型，根据提出的实际问题建立目标和约束集。

（2）制定初始车辆路径，根据乘客请求的时间顺序、乘客时间窗顺序以及乘客位置点等相关信息制定车辆途经节点顺序，得出初始车辆路径。

（3）依据相关优化方法，按建立的模型对车辆路径进行优化。

（4）得出车辆最优行驶路径。

（二）需求响应公交调度优化

车辆运行调度是指运输企业对运输生产过程进行计划、组织及控制，目的是制订车辆运输生产计划表。在调度工作中需要熟悉车辆的型号、容量等技术状况，掌握站点分布、需求量等信息，根据获取的信息，编制车辆运行计划并保证实施，主要内容是确定发出车型、车辆发车时刻、行驶时长、到达时间。

（1）发出车型是指调度过程中调用的车辆类型，每种车型的技术指标都不一样，例如车速条件、车辆容量、续航里程，在调度的过程中依据需求信息进行车型安排。

（2）发车时刻是指调度过程中车辆的发出时间，车辆的发车时间受需求点的位置信息、时间窗信息，以及车辆本身的速度属性和道路条件影响。

（3）行驶时长是指车辆的单次作业时长，为保证调度中心有一定的车辆储存量或者满足某种服务水平使得车辆在途作业时长不能超过某个时间长度。

（4）到达时间是指调度过程中车辆必须在节点指定的时间内到达，到达时间可以作为车辆调度过程中的控制参数，保证车辆能在既定的时间完成运输作业。

### 2.3.2 DRT 实时需求处理方法

当需求响应公交系统中同时存在预约需求与实时需求时，需要采用一种新的调度方法对这两种需求进行处理，这里引进两阶段调度法进行调度。传统意义上的两阶段法指的是寻找线性规划问题初始基可行解的一种方法，在线性规划问题中附加了人工变量并将其划分成两个阶段去求解。第一阶段主要是为了得到原问题的一个初始可行解，第二阶段就是在第一阶段获得的初始可行解基础上去除人工变量，并由第一阶段得到的最优解出发，继续寻找该问题的最优解，从而求解线性规划问题。

而本书所研究的需求响应公交两阶段法在同时考虑了预约和实时需求的基础上，构建两阶段协调优化模型。第一阶段仅在预约需求的情况下构建预约需求下的车辆路径优化模型，第二阶段响应实时需求，并优化调整车辆运行路径和行车计划。

混合需求下需求响应公交调度的两阶段协调优化可描述为：第一阶段，车辆出发前根据乘客的预约申请，在满足乘客时间窗、运行时长等约束下，优化确定预约需求下各班次所有车辆的初始运行路径及发车时间；第二阶段，车辆在按初始运行路径行驶中，根据不断产生的实时申请，确定能响应的实时申请，并实时调整当前班次的剩余路径、后续班次的车辆路径和发车时间。需求响应公交的两阶段调度一般流程如图 2.5 所示[60]。

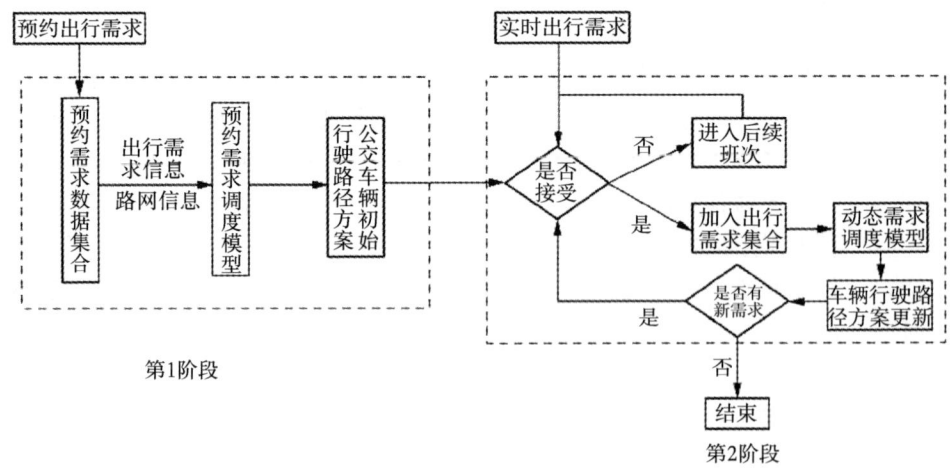

图 2.5 两阶段调度一般流程

在需求响应型公交系统中用于解决实时需求响应问题的研究较多[61]。几种典型的用于解决需求响应型公交实时需求问题的两阶段模型如表2-1：

表 2-1　典型两阶段法

| 序号 | 研究对象 | 主要思路及内容 | 特点 |
| --- | --- | --- | --- |
| 1 | 可变线路式公交建立的两阶段车辆调度模型[60] | ①第一阶段处理预约需求，第二阶段处理实时需求；②研究对象是可变线路式公交，有基准线路和固定站点，设置了车辆到达基准线上固定站点的时间 | ①仅适用于单车辆运行的情况；②只要响应实时需求能满足到达下一固定站点的时间要求就予以接受，考虑的因素单一；③默认被拒绝需求放弃了出行申请，没有考虑这部分被拒绝实时需求对系统服务满意度的负面影响以及后续的出行服务 |
| 2 | 基于实时定制公交系统建立了两阶段模型[62] | ①单车服务模式下的第一阶段接受所有请求，规划出最优路径，第二阶段考虑服务范围的动态变化而放弃部分需求；②双车服务模式下考虑到前车的影响，第一阶段响应前车未能响应的需求，第二阶段响应服务范围内新产生的动态需求 | 主要不足之处是基于动态变化的服务范围来决定需求的响应情况，且每辆车的服务范围变化情况不相同，造成了需求响应时极强的不稳定性 |
| 3 | 需求响应型公交两阶段调度模型[63] | 先后解决静态需求和动态需求，第一阶段是一个单目标问题，第二阶段新增了动态需求未被响应时乘客不满意度最低的目标，变为了多目标优化问题 | ①在第二阶段，模型对能否接受该动态需求进行判别，而直接默认为全部能够被接受，通过算法中 Pareto 占优分级和擂台赛法对目标最优解的更新而舍弃部分需求，而完全没有考虑车辆载客人数和运行时间等实际情况；②对动态需求加入后的运行路径，是与第一阶段所有站点一起进行最优路径求解，只是人为地将需求划分成了静态需求和动态需求，没有考虑动态需求的实时性来对其进行处理 |
| 4 | 响应型接驳公交的两阶段模型[53] | 基于静态需求和动态需求先后分别建立了调度模型 | ①两个模型的目标函数和约束条件基本相同，无本质差别；②第一阶段对静态需求的定义是出行申请截止时间之前的需求，第二阶段将动态需求定义为截止时间之后发车之前出现的需求，也是发车之前提前已知的，与静态需求亦无本质差别；③在两个阶段以同样的条件对静态需求和动态需求能否响应均进行了判别，一定程度上缩小了响应型公交系统的被服务乘客范围 |

### 2.3.3　DRT 路径与发车时间协调

需求响应公交调度优化不同于常规公交的调度，常规公交只要确定了路线，就可以按照线路上的需求量直接制定定期行车时刻表进行车辆调度。需求响应公交的车辆运行线路与发车时间相互影响。当车辆的运行路径发生改变，车辆的发出时间发生改变，车辆到达站点时间也发生改变，沿途装载量也发生变化，从而影响车辆的调度；当车辆的发车时刻发生变化，将影响到乘客候车时长，影响车辆出行总时长，从而影响运行线路的安排（图 2.6）。因此需要对二者进行协调，建立路径与发车时间的协调优化模型。在协调优化模型中体现出车辆发车时刻、发出车型、运行时间等调度参数，以及运行线路、节点等运行路径参数。

在以往与车辆路径相关的研究中，把车辆运行路径优化和发车时间优化都归为同一个概念对待，实际上车辆调度应该是对车辆的发车时刻、发出车型、运行策略等进行调整，而车辆路径优化是对车辆的途径的节点集及走行时间或行驶里程的优化。由于车辆路径和发车时间二者相互影响，所以很难对其进行分离，因此可以建立响应型接驳公交路径与发车时间协调一体化模型，在优化过程中可以进行内部协调。

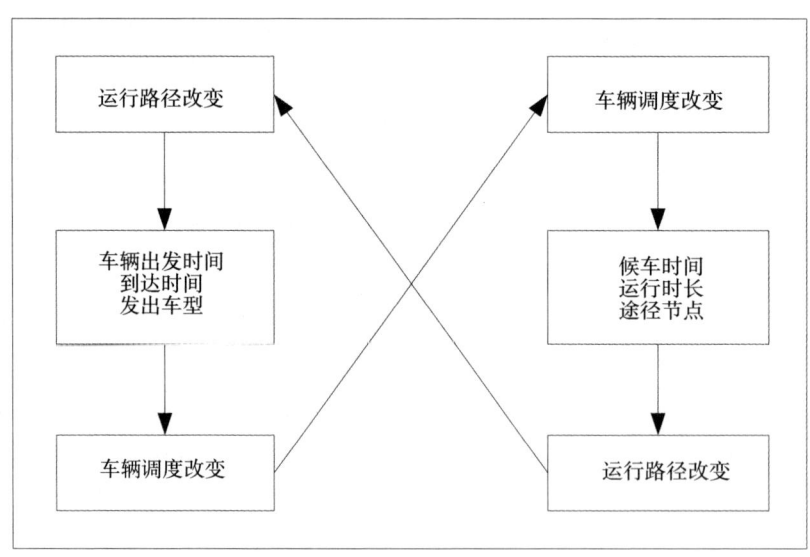

**图 2.6　发车时间和路径相互影响**

首先，在已知系统运力及需求的状况下，生成一个初始的发车时刻安排，在初始发车时刻下，按需求和优化模型计算当前发车时刻下的最优车辆路径，然后再生成一个新的发车时刻安排，再计算当前发车时刻下的最优路径，比较两次发车时刻安排下的目标函数值，保留目标函数值优的发车安排及路径，再生成新的发车时刻，然后计算最优路径并与之前结果进行比较，不断迭代，直至达到迭代次数（图 2.7）。

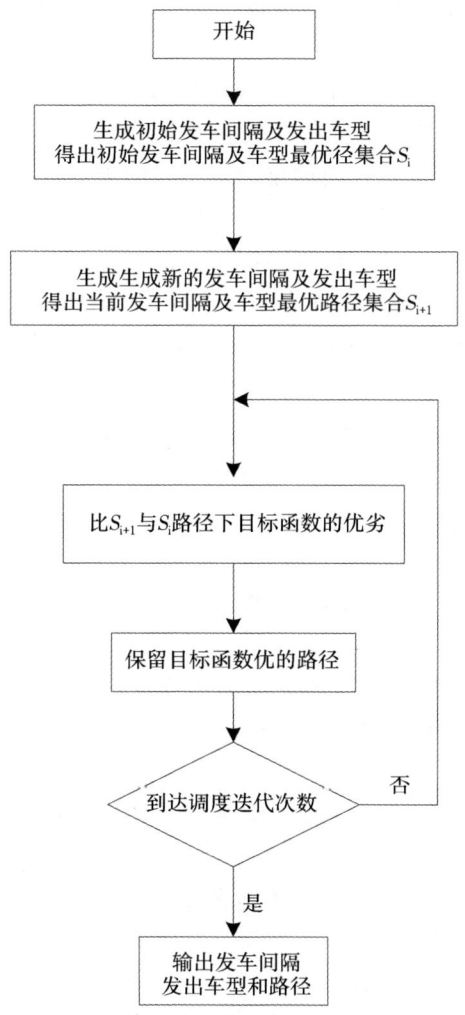

图 2.7　发车时间与路径优化流程图

## 2.3.4　DRT 调度优化特性

从两个方面对需求响应公交调度优化特性进行探讨分析，一个方面是与一般 VRP 问题对比，另一个方面是与固定线路公交对比。

(1) 与一般 VRP 问题对比。

车辆路径问题（Vehicle Routing Problem，简称 VRP）优化一般定义为：对于一系列装货点或卸货点，组织合适的行车路线，使载货汽车有序地通过它们，在满足一定的约束条件下，达到一定的目标。物流配送路径优化及 TSP（旅行商）问题属于最常见的 VRP 问题，显然本书研究的需求响应公交调度优化也属于 VRP 问题。

需求响应公交调度优化与常见的 VRP 问题优化存在共性和差异，例如与 VRP 问题中最常见的物流配送路径优化相比，二者有相似点，也存在差异。二者同属于车辆路径问题，在建模型时，一些约束条件和目标函数的选择有共性，在路径优化时，二者可选择的方法相同。相比于物流配送路径优化，需求响应公交调度优化主要的特性体现在以下方面：

1）研究对象不同。需求响应公交的服务对象是人，物流配送的对象是货物，二者有本质不同。在需求点上，货物可以当作集合体，而乘客是单独的个体。

2）时间窗的设置不同。物流配送中每个需求点上货物要求的时间窗是一致的，而需求响应公交系统中每个乘客要求的时间窗不同。

3）需求响应公交系统中乘客的需求可以是随机的，而物流配送系统中的需求通常是固定的。

4）物流配送不会考虑发车时刻这类调度问题，而需求响应公交系统需要考虑调度问题。

5）物流配送一般只单独考虑货物配送或收集，基本上不会考虑同时接送的情况，更不会考虑中间站点的 OD，而需求响应公交系统需要考虑此类情况。

6）需求响应公交中的系统乘客有预约需求与实时需求，而物流配送系统中一般仅有预约需求。

7）需求响应公交需要考虑与其他公交的协同，而物流配送一般不需要考虑。

(2) 与固定线路公交对比。

需求响应公交带有公共交通的性质，作为城市公共交通出行的补充和完善，其与固定线路公交的区别在于：

1）固定线路公交是定线运行，存在固定线路和站点；需求响应公交没有固定线路和站点，根据乘客需求制定路线。

2）固定线路公交发车班次固定，一旦调查得出客流规律，制定好车辆班次时刻表，则调度室每天按这个时刻发车；需求响应公交的班次不定，根据乘客需求安排车辆发车及路径。

3) 固定公交线网优化时基本上可以归纳为"逐条纳入，优化成网"；而需求响应公交运行路径优化是确定每辆车最佳行驶路径，即确定车辆走行的有序站点序列。

### 2.3.5 DRT 调度求解算法

车辆路径问题在 1959 年被提出来后，就受到很多研究人员的关注。来自运筹学、图论、数学、网络分析、计算机、物流等各方面的学者都对 VRP 进行了研究分析，并在求解方法上取得了很多成果。需求响应公交调度优化模型属于 VRP 优化问题，可以使用 VRP 问题相关优化方法。VRP 求解方法有精确算法、启发式算法、人工智能算法（表 2.2）。

表 2‐2　车辆路径问题方法分类

| 精确算法 | 启发式算法 | 人工智能算法 |
| --- | --- | --- |
| 分支定界法 | 节约法 | 遗传算法 |
| 割平面法 | 邻接算法 | 模拟退火算法 |
| 动态规划法 | 扫描法 | 蚁群算法 |
| 网络流算法 | 插入法 | 禁忌搜索法 |

采用精确算法求解车辆路径问题一般可以得出最优解，该方法的求解精度最高，其中用到线性规划、非线性规划、整数规划等数学方法来求解线路优化模型。精确算法主要有分支定界法、割平面法、网络流算法以及动态规划法，此类算法是基于严格的数学手段进行求解，但其有着计算量大、耗时长的固有缺点，对于小型简单问题求解比较有效，计算结果也优于其他算法。当遇到大型复杂问题时，此类算法计算复杂，适应能力差，在实际应用中使用范围有限。

车辆路径问题属于 NP 难题，利用精确算法来求解大型复杂的交通网络路径问题几乎很难实现。对于 NP 难题，用近似算法求解是比较现实的，研究者主要把精力集中于启发式算法的研究。传统的启发式算法主要分为构造启发式算法和两阶段法。构造启发式算法的原理是将不在行驶线路上的节点逐步纳入到线路中，直到网络上全部节点都在线路上，节约里程法是其中典型的算法。两阶段法对构造启发式算法进行了一些改造，其原理是在第一阶段得到一个可行解，然后在第二阶段调整节点，在始终保持解的可行前提下，力图趋向最优解，在迭代搜索过程中，每一步产生一个新的可行解代替之前的解，使得目标函数的取值逐步改善，当目标函数值无法改进时停止迭代运算，典型的算法有 Sweep 算法，Toth 算法等。

随着计算机软硬件技术不断向前发展，人工智能在解决组合优化问题的应用中显示出了强大能力。来自不同领域的研究者受大自然的一些规律的启发将仿生算法用于 VRP 求解，这类算法被称为人工智能算法。在本质上，人工智能算法仍属于启发式算法，研究人员受到大自然一些运行机制的启发，把从大自然得到的一些规律用到实际工作中来。常用的人工智能方法包括遗传算法，蚁群算法，禁忌搜索法，量子算法，模拟退火算法以及人工免疫系统等。借助于计算机技术，人工智能算法得到了有效应用，在实际运用中表现出超强的解决能力，计算速度快，结果相比传统的启发式算法更优。当前，越来越多的仿生算法不依赖于单一搜索策略，而是结合各种算法的思想。相比精确算法和启发式算法，人工智能算法优势明显，其计算速度快，能在可接受的时间内得出满意解，通常利用人工智能算法来求解车辆路径问题。

# 2.4　DRT 调度影响因素

需求响应公交调度的影响因素众多，主要包括乘客的需求特性、接驳车辆特性、车辆运行规则、线路站场配置、交通地形条件等。

### 2.4.1　乘客需求特性

乘客需求特性包括乘客出行的时空分布、出行 OD 分布、乘客时间窗、出行方式、乘客类型等[65]。

（1）乘客时空分布。

乘客的时空分布指出行时间分布及出行位置分布，出行时间分布即客流的时间变化规律。乘客位置分布即乘客的需求点在空间上的分布。

乘客出行需求具有一定的随机性，通过对客流时间分布规律的研究，将客流日分布情况划分为双峰型、三峰型、四峰型和平峰型[66]，如图 2.8 所示。

（2）出行 OD 分布。

出行 OD 分布指各节点间的发生量与吸引量的数量关系，出行 OD 分布与土地利用类型相关，不同土地利用类型的交通发生量和吸引量有明显差异。

（3）出行时间窗。

指乘客要求服务的时间段，根据表示方法的不同可以分为开时间窗（$ET_i$，

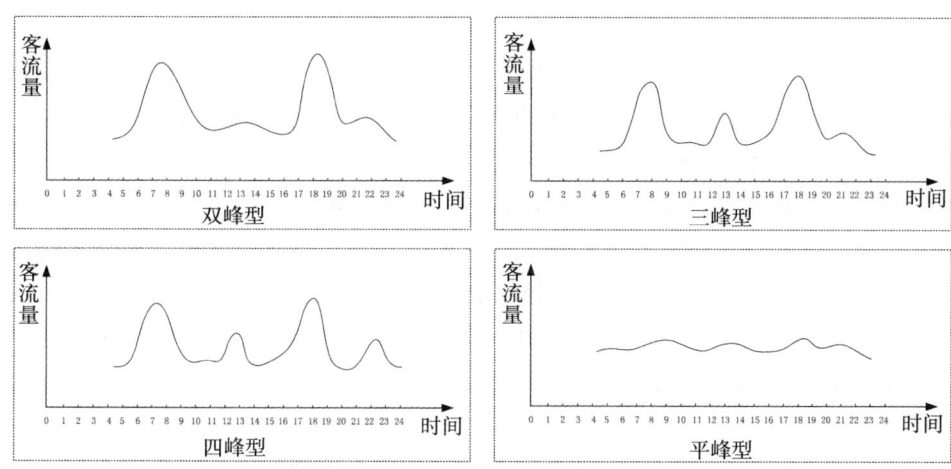

图 2.8　客流随时间分布规律类型分类

$LT_i$)、闭时间窗 $[ET_i，LT_i]$、半开半闭时间窗($ET_i，LT_i$)，其中 $ET_i$ 表示开始时间，$DT_i$ 表示结束时间。按时间窗类型可分为软时间窗和硬时间窗。在软时间窗下，车辆在时间窗外到达，会产生惩罚；在硬时间窗需求下，车辆必须在指定的时间内到达，不允许在时间窗外到达，否则乘客不会等待。可容忍时间窗融合了软时间窗与硬时间窗的特点，在可容忍的时间窗内有一个惩罚值，当超出可容忍时间窗后，惩罚值将增大。

（4）乘客分类。

在对干线公交站点进行接驳的需求响应公交系统中，系统存在预约需求乘客、实时需求乘客；有、无换乘站要求的乘客；有、无换乘班次要求的乘客。

1）预约需求：预约需求的乘客是根据自身出行需求通过电话或者手机 App 提前至少半小时进行预约，调度中心在发车之前提前已知乘客需求信息，该类需求称为预约需求即静态需求。对于这类需求，需求响应公交运营企业可根据乘客需求信息提前规划车辆运行路径，制定车辆调度方案。

2）实时需求：又可称为动态需求，实时需求的乘客预订时间不局限于出行前，这类型乘客是根据自己当前实际出行需要，实时提出服务申请，即可能出现在需求响应公交车辆运行过程中。需求响应公交运营企业根据实时车辆运行情况决定接受或拒绝该类乘客需求，此过程中需要根据车辆是否有多余空位，运行时间是否充足等因素，判别能否对这类实时需求提供接驳服务。

3）是否指定换乘站：在多换乘站接驳的需求响应公交系统中，系统存在指定前往某个换乘站的乘客、无指定换乘站的乘客。对于有指定换乘点要求的乘客，车辆必须将其送到指定的换乘点进行换乘，该情况下，乘客在申请时需选择相应的特定换乘点；对于无指定换乘点要求的乘客，可随机安排送达到某一个换乘点。

4）是否指定换乘班次：在多模式公交协同的需求响应公交系统中，系统中存在指定某个干线公交换乘车次的乘客、无指定干线公交换乘车次的乘客。

（5）出行成本。

乘客出行成本是车辆调度的影响因素之一，乘客广义出行成本分为三部分，出行交通费用、候车时间费用、乘车时间费用。出行交通费用为乘坐交通工具所购买的车票价格，候车时间费用指乘客在站点等待车辆花费的时间成本，乘车时间费用指乘客在交通工具上花费的时间成本。车辆路径优化过程中会优化车辆途经站点、到达站点的时间以及车辆走行时长，对路径的优化可以降低乘客出行成本。

在车辆路径优化模型中，乘客候车时间费用为车辆晚于乘客要求的时间窗到达产生的等待时间费用；车内乘客的等待时间费用表现为车辆提前在上车乘客要求的时间窗内到达产生的等待时间费用。车辆早到或者晚到时应给予一个相应的惩罚值。硬时间窗惩罚函数可表示如图 2.9 所示，式（2.4-1）为硬时间窗惩罚函数一般表达式，其中惩罚值 $M$ 为一个较大的正数。

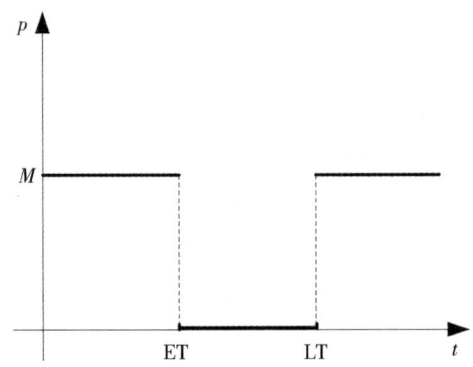

图 2.9　硬时间窗惩罚函数图像

$$p = \begin{cases} M, & t < ET \\ 0, & ET \leq t \leq LT \\ M, & t > LT \end{cases} \qquad (2.4-1)$$

在软时间窗需求模型中，车辆提前到达时，车内乘客等待，产生等待成本；车辆晚到时，候车点乘客等待。给予一个早到/晚到的惩罚函数，软时间窗惩罚函数图像可表示为图 2.10 所示。图 2.10（a）为软时间窗惩罚函数一般图像，式（2.4-2）是其函数一般表达式；图 2.10（b）为带容忍窗口的软时间窗惩罚函数图像，式（2.4-3）是其函数一般表达式。

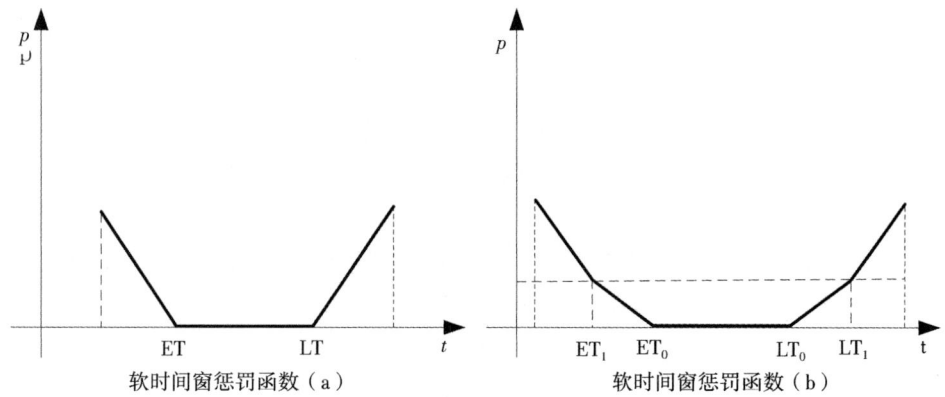

图 2.10　软时间窗惩罚函数图像

$$p_{(a)}=\begin{cases} h_1(ET-t), & t<ET \\ 0, & ET\leqslant t\leqslant LT \\ h_2(t-LT), & t>LT \end{cases} \qquad (2.4-2)$$

$$p_{(b)}=\begin{cases} \alpha_1(ET_1-t), & t<ET_1 \\ \beta_1(ET_0-t), & ET_1\leqslant t<ET_0 \\ 0, & ET_0\leqslant t\leqslant LT_0 \\ \beta_2(LT_1-t), & LT_0<t\leqslant LT_1 \\ \alpha_2(t-LT_1), & t>LT_1 \end{cases} \qquad (2.4-3)$$

　　根据相关调查研究成果，在受访者当中，有意愿乘坐灵活型公交的乘客的可接受平均票价为 4 元，这个票价高于常规公交的票价（1～2 元），但低于出租车的起步价（2 千米内起步价 8 元)[68]。在交通经济学中，候车等待的时间价值是高于乘车时间价值，通过 SP（表明嗜好调查）调查法得出候车时间价值是乘车时间价值的 1.47（±0.18）倍，而其他基于 PR（揭示嗜好调查）得出的结果与 SP 调查的结果相近[69]。

　　出行时间成本和出行交通费用所属不同价值单位，需要采用相关方法进行统一，目前大多采用社会平均工资将时间价值转换为货币。关于出行时间价值的测算，国内主要采用生产法、收入法及支付意愿这三种最广泛使用的计算方法。

　　①生产法。

　　出行者的劳动力是生产要素，该方法认为出行者的出行时间可以用来进行国民生产，生产时长增加，GDP 也随之增加。生产法反映的是出行者利用生产时间出行，适用于工作出行成本计算。按照该思想，出行时间价值计算如式

(2.4-4)：

$$VOT = \frac{GDP}{P \times T} \qquad (2.4-4)$$

式中：$VOT$ 表示出行者的时间价值（元/h），GDP 表示国内生产总值（元），$P$ 表示就业人数（人），$T$ 表示个人平均工作时间（h）

②收入法。

收入法认为出行者的出行时间可以用来工作，这些出行时间可以作为个人的机会成本为自己创收，即出行时间被占用导致未能工作而使收入减少，计算如式（2.4-5）：

$$VOT = \frac{PI}{T} \qquad (2.4-5)$$

式中：$VOT$ 表示出行者的时间价值（元/h），$PI$ 表示出行者平均收入（元），$T$ 表示出行者平均工作时间（h）

③支付意愿法。

在不同的出行方式中，出行者选择出行方式最重要的影响因素是该出行方式的费用和时间效用。在支付意愿中考虑了出行者的主观因素，假定出行者选择第 $i$ 种方式的效用函数为式（2.4-6）：

$$v_i = a_i + b_i p_i + c_i t_i \qquad (2.4-6)$$

其中 $a_i$，$b_i$，$c_i$ 为待估参数，$p_i$，$t_i$ 分别为第 $i$ 种出行方式的费用和时间，时间价值为：

$$w = \frac{\partial v_i / \partial t_i}{\partial v_i / \partial t_t} \qquad (2.4-7)$$

在支付意愿法中，还需要选择出行方式划分模型对出行价值进行标定，在方式划分中分为集计模型和非集计模型。各类出行方式划分研究中采用的较多的是 probit 模型和 logit 模型，不同的方式划分模型计算出的时间价值也各不相同。

### 2.4.2 接驳车辆特性

（1）车辆配置条件。

需求响应公交车辆特性主要包括车辆容量、车型种类、车速条件等。需求响应公交服务区域多为社区（住宅小区）、园区、干线公交站点周边区域等构成的出行末端区域，区内道路条件一般，再加之需求密度较小且分散，一般采用中小型车辆。从其他学者的研究情况来看，这种中小型车辆的容量在 8—15 座之间较为合适[67]。车型差异主要表现在车容量上，在需求响应公交系统中，由于需求分布的时空差异，系统中需要配置车容量不同的车辆进行服务。需求响应公交的车速介于常规公交和出租车之间，车速分布在 20～50 km/h。一般车辆的技术指标参考表 2-3。

表 2-3　一般车辆技术指标

| 技术特征 | 出租车 | 中、小型巴士 | 大型公交车 |
|---|---|---|---|
| 平均车速/(km/h) | 30～60 | 20～50 | 20～30 |
| 乘客数量/人 | 4 | 15～40 | 60～90 |

需求响应公交车可选择的主要车辆类型有小型公交车、小型巴士、面包车、出租车以及小轿车，具体如表 2-4 所示：

表 2-4　需求响应公交可选择车型列表

| 车型 | 车长/m | 载客数/人 | 开行条件 |
|---|---|---|---|
| 小轿车 | 4～5 | 4 | 任何区域 |
| 出租车 | 4～5 | 4 | 任何区域 |
| 面包车 | 5～6 | 7～11 | 任何区域 |
| 小型巴士 | 5～7 | 15～25 | 客流密度较小的区域 |
| 小型公交车 | 7～9 | 40 | 客流密度较小的区域 |

中小轿车和出租车舒适度较高，但其出行成本也非常高，考虑到乘客需求，故需求响应公交运营企业在车辆选择时应选择面包车、小型巴士、公交车。为了不造成公交运力资源过剩又能满足乘客需求和舒适度，选择小型巴士这一车辆类型最为适宜。需求响应公交系统中，接驳车辆车型可以是单一的也可以是多样的，其选择与乘客需求紧密相关。

（2）车辆运营成本。

运营成本是需求响应公交服务运营方承担的费用，运输企业的实际运营成本包含各种费用，如车辆保险费用，司机工资，车辆燃油，车辆折旧，车辆修理费用，运营税费等。

其中的可变运营成本是车辆调度阶段的影响因素，可变运营成本主要包括车辆的启用成本、车辆的单位里程成本。车辆启用成本指启用车辆发生的"固定成本"，若该车辆没有投入运营，则不会产生成本，每种车型的启用成本不相同。车辆的单位里程成本指车辆在行驶过程中产生的油耗及磨损费用，每种车型单位里程成本各不相同。在需求响应公交调度过程中，发出车型、出车次数、运行里程的改变都会影响运营成本。

车辆实际运营成本计算较为复杂，为使模型更容易描述，一般要做简化处理，将车辆运营成本简化如下，车辆运营广义成本包含车辆发车成本和行驶成本，见式（2.4-8）。

$$C_V = G_p + D_p \cdot X_{ij} \qquad (2.4-8)$$

式（2.4-8）中：$C_v$ 表示车辆的运营成本（元），$G_p$ 表示车辆 $p$ 的启用成本（元），$D_p$ 表示车辆 $p$ 单位行驶里程成本（元），$X_{ij}$ 表示车辆行驶的距离（元/km）

### 2.4.3 车辆运行规则

（1）车辆运行模式。

车辆运行模式指系统中车辆接送乘客的方式。在对干线公交站点接驳的需求响应公交系统中，车辆运行模式根据系统中的乘客类型来确实，车辆的运行模式包含三种。系统中的乘客类型有两类，一类是从换乘站点前往接驳站点的乘客，另一类是从接驳站点前往换乘站点的乘客。

第一种运行模式是指车辆在一个运行周期内将乘客从接驳站点接至换乘站，在另一个周期将乘客从换乘站送达至接驳站，这种方式称为单接单送运行模式（图 2.11）。

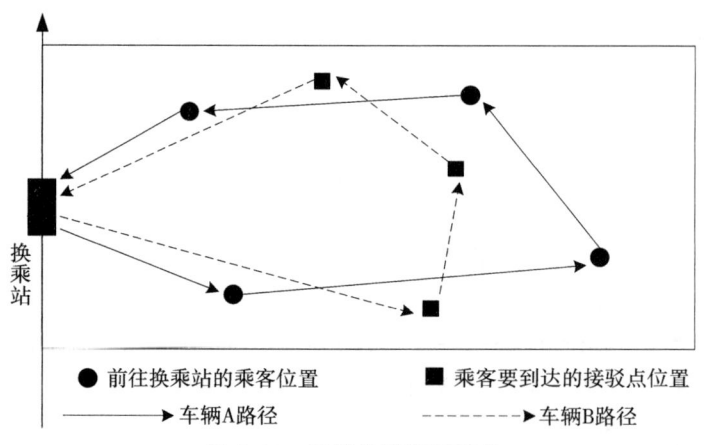

图 2.11　单接单送运行模式

第二种运行模式是指车辆在一个周期内将接驳站的乘客接达至换乘站，同时车辆在离开换乘站前往接驳站的时候将换乘站的乘客送达接驳站，这种方式称为同时接送模式（图 2.12）。

第三种运行模式是第一、第二种类型的混合，系统中既存在第一种运行模式的车辆也存在第二种运行模式的车辆，图（2.13）中车辆 A 的路径为单独送乘客，车辆 B 的路径为同时接送乘客，车辆 C 的路径为单接乘客。

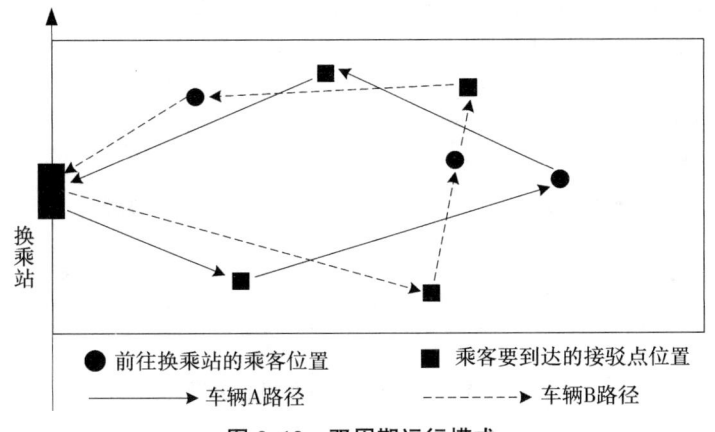

图 2.12　双周期运行模式

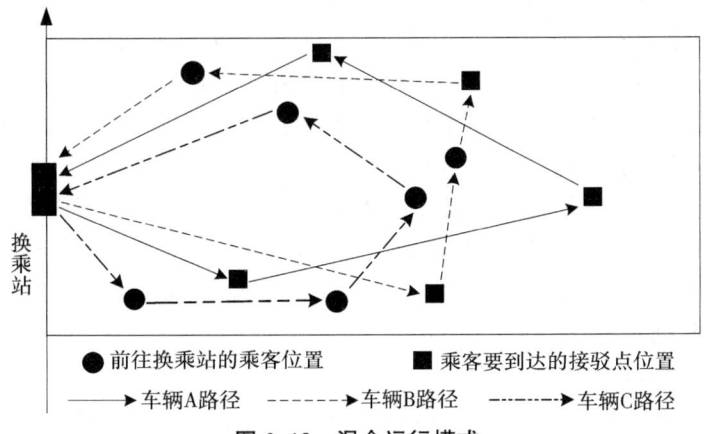

图 2.13　混合运行模式

（2）车辆行驶规则。

车辆行驶规则分为两种，一种是可逆行行驶规则，另一种是不可逆行行驶规则。可逆行指车辆途经某个节点后驶向前方节点，然后在前方某处又返回之前已经途经的节点。不可逆行指车辆只能向前面行驶，不能返回之前已经途经的节点，不可逆行规则一般用在有基准线路的需求响应公交中。可逆行行驶在一定的情况下可以降低乘客的候车时间，提高服务水平，但是同时也会造成已经在车上乘客的乘车时间增加。不可逆行规则在车辆调度优化求解上相对容易，但会降低候车乘客的满意度。

（3）车辆路径形式。

在需求响应公交车辆运行路径中，根据运输车辆完成运输任务是否必须返回到原出发点以及返回的形式分为闭合路径与非闭合路径。当车辆完成运输任务后必须回到原出发点，称之为闭合运行路径［图2.14（a）］，否则为非闭合运行路径［图2.14（b）］。

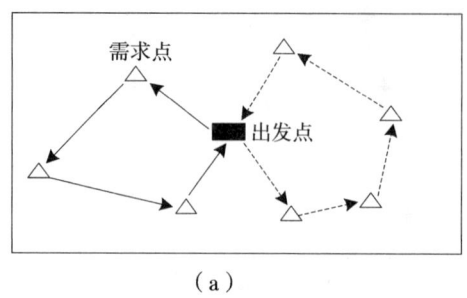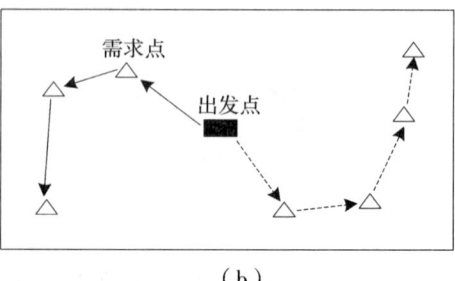

（a）                                （b）

图 2.14　闭合路径与非闭合路径

（4）车辆发车规则。

在目前的研究中，需求响应公交的发车规则大致分为三种类型，第一种是按时刻表发车，第二种是请求发起后的 $T$ 时间发车，第三种是累计 $N$ 个乘客请求后发车。第一种类型适用于存在基准线路且客流时空分布规律是已知的情况，这种情况下，可以按照客流时空分布制定好发车时刻表。第二种类型是指第一个请求产生后开始计时，当到达 $T$ 时间必须发车，时间 $T$ 需要合理设置，既要避免乘客等待时间过长，又要避免频繁发车。第三种类型指从第一个请求开始，当累计产生 $N$ 个请求时发车，这种方式也是适用于存在基准线路的情况，该方式可以减少车辆空载率，降低运营成本，但是队列前面的乘客等待时间会比队列后面的乘客长。

（5）车辆运行时长。

乘客出行体验与车辆最长运行时长相关，在小服务范围内，需求响应公交车辆运行时长一般不超过乘客采用步行到达的时长，同时也要照顾车内乘客的体验，一般控制在 40 min 以内。

与常规公交车辆运行规则相比，常规公交是有固定站点和线路的。在运行模式上，常规公交的车辆运行模式为双周期模式，即车辆在线路上行驶时是同时上下客；在行驶规则上，常规公交的车辆行驶规则是不可逆行规则，车辆只能朝着线路向前行驶；在发车规则上，常规公交一般是根据固定时刻表发车，或者在高峰期根据最大断面客流量增加班次，或者在高峰期开设大站区间车班次。

### 2.4.4　线路站场配置

（1）车场配置。

车场配置指需求响应公交的调车场数量和位置分布，需求响应公交的车场配置理论和物流配送的车场配置理论相似。在物流配送路径优化研究的中，车场配置这块的研究较多，有单车场模型、多车场模型。单车场配送中，车辆从车场出发，完成运输任务后回到车场，其完成任务的路径是一个闭合回路（图2.15）。

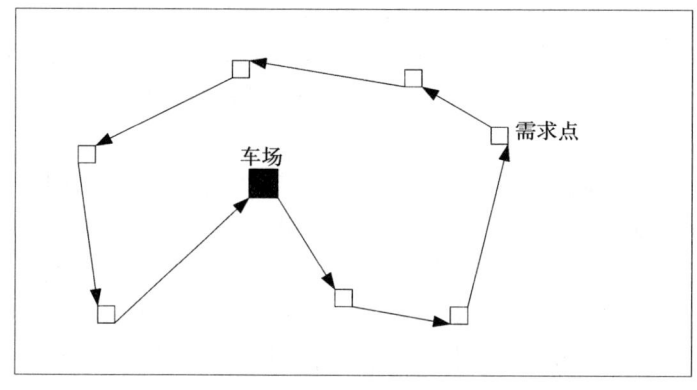

**图 2.15　单车场示意图**

多车场的配送相对于单车场的配送更为复杂，主要有三种类型。第一种闭合方式，是多个单车场的组合，在大区域内每个车场负责一个小区域的配送任务［图 2.16（a）］。

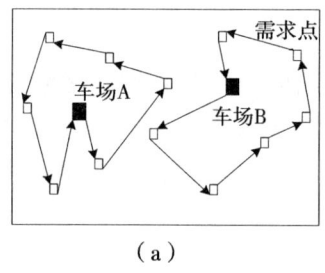 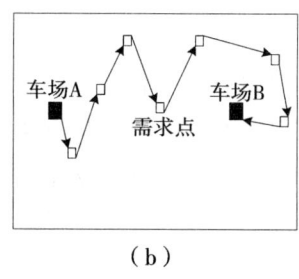 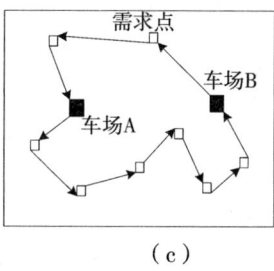

（a）　　　　　　　　　（b）　　　　　　　　　（c）

**图 2.16　多车场示意图**

第二种是车辆从一个车场 A 出发，沿途完成运输任务到达车场 B，其完成任务的路径是非闭合的［图 2.16（b）］。第三种是车辆从某车场 A 出发，对沿途需求点进行配送，同时在中途某个车场 B 进行补给，再从车场 B 出发继续进行配送，最后回到车场 A，其完成任务的路径是闭合回路［图 2.16（c）］。

在车辆配置方面，车辆数量上可以分为单车辆和多车辆，在车辆类型上分为有单车型和多车型。车辆数量、车辆类型、车场数量三个方面可以自由组合，形成不同的研究对象，比如单车场单车型多车辆的调度优化问题、单车场多车型的调度优化问题、多车场多车型的调度优化问题等。

（2）换乘站点配置。

在面向干线公交站点接驳的需求响应公交系统中，具有多个换乘点的需求响应公交系统与单换乘点需求响应公交系统存在较大差异，最主要的差别在于系统中换乘点数量、乘客换乘点要求、车辆起讫点选择和运行路径等方面，其核心差别体现在多换乘点需求响应公交系统中，各换乘点可以产生联系而不是独立存在的，换乘点与换乘点之间可进行接驳车辆运行的协调优化，从而实现系统资源的合理配置和需求响应公交系统的高效运行，提高服务质量。

（3）接驳站点设置。

需求响应公交接驳站点类型分为固定站点和非固定站点。固定站点指车辆在运行过程中必须经过的站点，非固定站点指车辆可以途经该站点也可以不经过该站点。而响应型接驳公交是需求响应公交中的高自由度类型，根据其特性，一般设置非固定站点，当站点有需求时车辆才对站点响应。

需求响应公交的接驳站点位置设置应根据实际路网、居民小区形态、乘客需求位置进行制定。关于需求响应公交出行中心的研究较少，采用多元目标灵活型接驳公交站点选址模型可以从多个备选站点选取服务区域内的接驳点[70]，或者运用 K-means 聚类法确定乘客合乘中心[71]。需求响应公交接驳站点的数量设置要合理，数量过少，乘客步行距离长；数量过多，容易造成接驳车辆停车次数增加，影响行程时间。

（4）接驳线路设置。

需求响应公交一般不设置固定线路。非固定线路指接驳车辆在服务区域对接驳站点进行服务时没有确定线路，可以根据乘客需求对某些接驳站点进行响应，即车辆没有固定性的走行站点序列，某个站点的服务顺序是根据乘客需求来确定的，可前可后。

## 2.4.5 交通地形条件

路网结构形式主要有棋盘形式、环形放射式、不规则等形式，不同路网布局形式可达性不同，线路布置差异较大；在考虑实时交通的车辆路径问题中，道路等级也是影响车辆路径选择的一个重要因素，道路等级越高，道路通行能力越大，路径选择的可能性越大；交通流的实时变化，造成不同等级道路在不同时段内的交通压力不同，路径选择也不同[72]。

棋盘型路网多见于规则街区路网布局，在我国平原地区及国外城市较为常见，街区规划整齐，如图 2.17 所示。

图 2.17    棋盘式道路网布局

环形放射式路网多见于城市大范围的路网布局规划，或者 TOD 建设模式的路网布局，环形放射式路网布局如图 2.18 所示。

图 2.18    环形放射式路网布局

中国大多数城市由于地形、天然屏障及历史原因，导致土地利用及路网布局呈现不规则形式，如图 2.19 所示。

当需求响应公交服务区域较大时或者受地形、交通线路限制时，需要对服务区域进行分区，并进行分区运输，通过不同分区方式或者通过分区间的协调运输使得运输效率提高、运营成本降低。

图 2.19　不规则路网布局

# 第三章　需求响应接驳公交系统特征分析与刻画

高自由度需求响应接驳公交系统主要由乘客、车辆、运营商三个部分构成，通过上文乘客出行特性、车辆特性、运营成本等方面的分析，进而确定车辆的运营服务范围、乘客的出行中心、接驳站点位置。

## 3.1　需求响应接驳公交服务范围

面向干线公交站点接驳的需求响应接驳公交的服务区域相对较小，在有限的区域内为人们出行提供接驳服务，一般是围绕大运量干线公交站点或者城市边缘公交首末站对周边出行者进行接驳，其服务区域是这些干线公交站点吸引范围。

### 3.1.1　基本概念

需求响应接驳公交服务区域的形状分为规则形状和不规则形状，从目前的研究来看，国内外的学者研究方向均集中在规则形状，主要是圆形区域和矩形区域。

（1）矩形服务区域。

国外的街区多为网格形布局，所以国外的相关研究基本上是在矩形服务区域内建立需求响应接驳公交调度模型，车辆在长为 $L$、宽为 $W$ 的矩形区域内提供接驳服务[73-74]，如图 3.1 所示。矩形服务大小的研究文献较多，在 TRCP[59] 报告中，存在基准线路的柔性公交的线路偏移宽度（$W/2$）的建议值为 $0.25 \sim 1.5$ mile，运行长度 $L$ 视情况而定。

（2）圆形服务区域。

另一种常见的规则形状服务区域为圆形区域，国内学者大多在圆形服务区

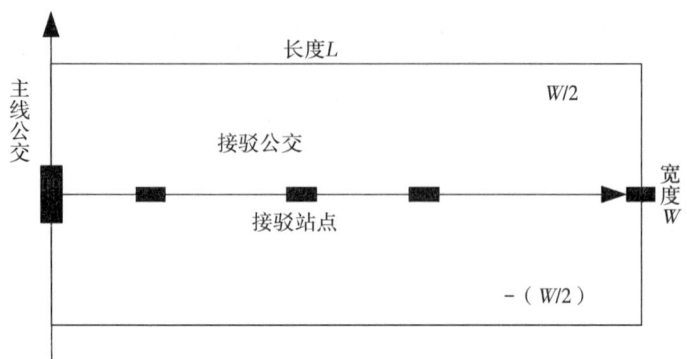

图 3.1　矩形服务范围示意图

域内建立响应型接驳公交调度模型。接驳车辆以轨道换乘站点为中心，在半径为 $R$ 的圆形区域内提供接驳服务。国内街道多为不规则分布，选择圆形区域也比较符合国内不规则的路网形态和街区分布。

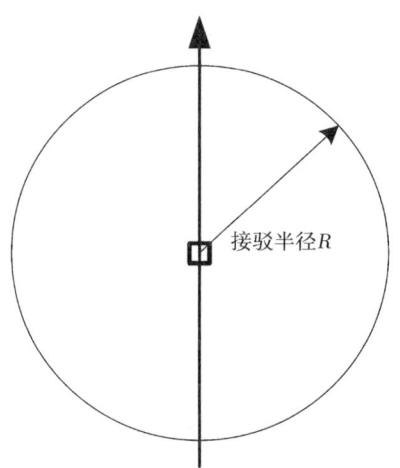

图 3.2　圆形区域服务范围示意图

在圆形区域内接驳范围大小的研究中，通过调查统计得出地铁站点客流的基本吸引范围在 3.5 km 左右[75-76]。而采用建立轨道站点客流吸引模型，得出轨道站点的吸引范围大小各不相同。

## 3.1.2　需求响应接驳公交服务区域确定方法

以干线公交换乘站的乘客吸引范围为半径，然后根据道路网、地形等因素确定服务区域的大小。引入"集聚效应"[77] 来研究吸引范围，集聚效应的强度由干线公交换乘站向外逐渐递减，衰减函数表示为式（3.1-1）：

$$l=f(\alpha)=\beta\left[c\ln\frac{c+\sqrt{c^2-(100-\alpha)^2}}{100-\alpha}-\sqrt{c^2-(100-\alpha)^2}\right]+l_0 \quad (3.1-1)$$

式（3.1-1）中，$l$ 为乘客需求点到干线公交换乘站点的空间距离，单位 km；$c$ 为轨道换乘站点所能产生的最大集聚效应，为常数；$l_0$ 为某种方式到达干线公交站点的最远距离；$c$、$l_0$、$\beta$ 为待标定参数，基于调查数据标定。

将干线公交站点各种接驳方式的合理吸引半径进行加权平均得到干线公交站点乘客出行吸引半径 $L$。计算公式如式（3.1-2）所示。

$$L=\frac{\sum\limits_{i=1}^{n}\lambda_i l_i}{\sum\limits_{i=1}^{n}\lambda_i} \quad (3.1-2)$$

式（3.1-2）中，$\lambda_i$ 为第 $i$ 种交通方式的分担率，即对应的权重系数；$l_i$ 为干线公交站点对于乘客除步行外第 $i$ 种交通方式的吸引响应半径。

## 3.2　需求响应接驳公交停靠站选址

需求响应接驳公交停靠站位置选址分为两步，首先是根据乘客特性对乘客聚类，进行停靠站位置初选，然后采用改进的重心位置法对停靠站的位置进行确定。

### 3.2.1　基于改进 K-means 的停靠站位置初选

服务区域的乘客需求时空分布不均匀，为方便乘客出行，减小车辆运营成本，采用聚类的方法将乘客进行归类，再初步确定需求响应接驳公交车辆停靠站。

传统的 K-means 算法是基于距离对所有的点进行分类，点间距离越近，相似度越高。算法简单，操作性强，计算速度快。但传统的 K-means 算法存在一些不足[78]：

（1）聚类中心的数量 $K$ 值的确定较为粗糙，和实际情况下的 $K$ 值有出入。聚类数量的偏差会影响聚类的鲁棒性。

（2）数据量过大时，需要不断调整样本的分类，重新计算聚类中心，迭代次数和计算耗时增加。

（3）受孤立点的影响较大，导致质心偏移，影响整体聚类效果。

（4）传统 K-means 聚类算法常采用欧氏距离，与乘客到达站（点）的实际情况存在偏差，乘客到达站点的距离非两点间的直线距离。

考虑到传统 K-means 聚类算法的不足，采用改进的 K-means 聚类算法进行停靠站的位置初选。改进的 K-means 聚类算法引入 Canopy 聚类方法进行初始聚类，该方法能够降低 K-means 聚类算法点之间距离的复杂程度，减小孤立点的影响，避免陷入局部最优解，简化运算步骤和迭代次数，同时也能够和限定停靠站服务范围的约束相契合，减小乘客的步行时间成本，提高接驳效率。Canopy 聚类示意图如图 3.3 所示。

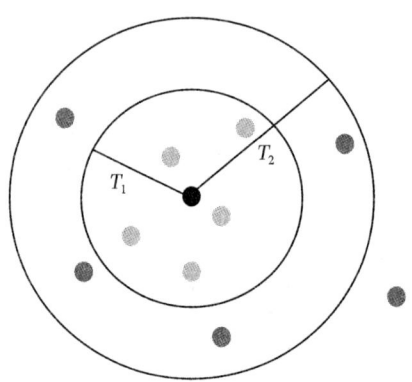

图 3.3　Canopy 聚类示意图

根据乘客出行特性，采用改进的 K-means 聚类算法初步确定乘客需求点聚类的数量和范围，且保证聚类在停靠站最大影响范围内。下面给出乘客聚类步骤：

Step1：输入干线公交站点（地铁站、BRT 站）服务范围半径，$t$ 时段内预约需求乘客数据点 $Q=\{1, 2, 3, \cdots, n\}$，乘客最大步行距离阈值 300 m。

Step2：运用 Canopy 聚类算法，将时段 $t$ 内预约需求乘客数据点进行初步聚类，确定初始聚类数量 $f$。随机选取 $g$ 个数据点作为聚类中心，将乘客需求点按乘客步行距离小于阈值（300 m）的点进行初始聚类，形成不同服务范围的 $K$ 个聚类簇。

Step3：考虑孤立点的影响，引入 K-Mediods 算法，对质心点进行改进，确定聚类质心为停靠站，对聚类簇的范围进行优化和更新。

Step4：判断收敛，随机抽取聚类簇，停靠站到乘客需求点的距离要小于最大影响范围，且需求点距离停靠站的误差平方和不大于该簇类中所有数据点的平均水平。

Step5：输出乘客需求点聚类生成不同聚类簇的范围、质心位置、需求点数量等信息。

停靠站初步选址的流程图如图 3.4 所示。

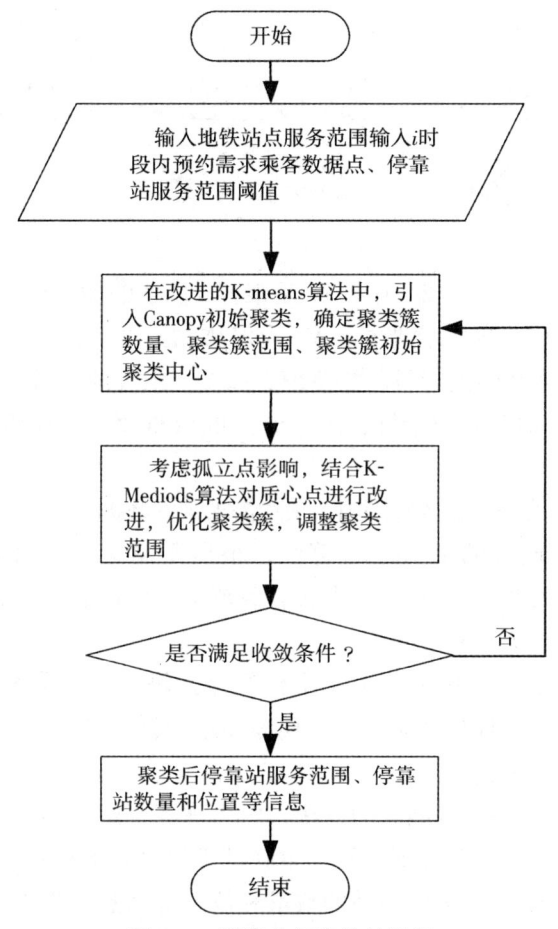

**图 3.4 停靠站初步选址流程**

### 3.2.2 基于重心位置法的停靠站位置确定

需求响应接驳公交停靠站服务范围内，不同需求点乘客的出行特性存在差异，这种情况类似密度不均匀铁片，故采用重心位置法确定停靠站位置。不同乘客的年龄、出行目的、支付意愿[79]、相对时间窗权重不同，对停靠站选址的影响程度也不同。本项目根据乘客的年龄、出行目的、支付意愿、相对时间窗等因素对乘客出行特性的权重进行标定，提出改进的重力模型来确定乘客出行的中心位置（停靠站点），接驳车辆停靠站 $I_i$ 的坐标位置（$X_i$，$Y_i$）如式 (3.2-1)～(3.2-2)。

$$X_i = \frac{1}{4}\left[\frac{\sum\limits_{i}^{n}\alpha_i \cdot x_i}{\sum\limits_{i=1}^{n}\alpha i} + \frac{\sum\limits_{i}^{n}\beta_i \cdot x_i}{\sum\limits_{i=1}^{n}\beta_i} + \frac{\sum\limits_{i}^{n}\ell_i \cdot x_i}{\sum\limits_{i=1}^{n}\ell_i} + \frac{\sum\limits_{i}^{n}\lambda_i \cdot x_i}{\sum\limits_{i=1}^{n}\lambda_i}\right] \qquad (3.2-1)$$

$$Y_i = \frac{1}{4}\left[\frac{\sum\limits_{i}^{n}\alpha_i \cdot y_i}{\sum\limits_{i=1}^{n}\alpha_i} + \frac{\sum\limits_{i}^{n}\beta_i \cdot y_i}{\sum\limits_{i=1}^{n}\beta_i} + \frac{\sum\limits_{i}^{n}\ell_i \cdot y_i}{\sum\limits_{i=1}^{n}\ell_i} + \frac{\sum\limits_{i}^{n}\lambda_i \cdot y_i}{\sum\limits_{i=1}^{n}\lambda_i}\right]$$

$$(3.2-2)$$

式（3.2-1）～（3.2-2）中，$x_i$ 是乘客 $i$ 位置的横坐标，$y_i$ 是乘客 $i$ 位置的纵坐标，$X_i$ 为停靠站 $i$ 横坐标，$Y_i$ 为停靠站 $i$ 纵坐标，$\alpha_i$ 为 $i$ 乘客的年龄权重值，$\beta_i$ 为 $i$ 乘客的出行目的权重值，$\ell_i$ 为 $i$ 乘客的支付意愿权重值，$\lambda_i$ 为 $i$ 乘客的预约上车时间相对于推荐上车时间的权重值。下面给出停靠站选址算法的具体步骤：

Step1：在干线公交服务范围内，预约需求乘客数据点 $Q = \{1, 2, 3, \cdots, n\}$。

Step2：运用改进的 K-means 算法，根据距离关系将乘客需求点进行分类，确定聚类簇的数量 $K$ 和各聚类簇服务范围，即停靠站的数量和服务范围，记为 $I = \{I_1, I_2, I_3, \cdots, I_n\}$。

Step3：收敛判断。随机选取 $s$ 个数据点，停靠站到乘客需求点的距离要小于服务范围阈值，且乘客需求点距离停靠站的误差平方和不大于该簇类中所有数据点的平均水平。

Step4：运用重心位置确定的方法，引入乘客年龄、出行目的、支付意愿、相对时间窗等出行因素并分配权重，重新计算停靠站的位置 $(X_i, Y_i)$。

Step5：输出聚类产生停靠站的数量和位置等信息。例如：停靠站 $I_3$ 服务范围内接驳的乘客为 $\{1, 2, 4, 7, 9\}$，编码记为 $(3 \mid 1, 2, 4, 7, 9)$。

# 3.3　需求响应接驳公交最优服务范围

## 3.3.1　最优服务范围影响因素

需求响应接驳公交服务范围的大小受多种因素影响，系统的服务能力受到乘客的时空分布、乘客的出行 OD 量、现有的车辆配置以及实际路网布局的影响。

（1）道路交通特征．

1）路网形态：路网形态是影响 DRT 服务范围的重要因素。DRT 服务区域的形状包括规则形状和不规则形状，规则路网形态下的服务区域较为规则，如方格网路网形态适用于矩形服务区域构建，放射网形状的路网适用于圆形服务区域的构建。反之，在不规则路网下形态下的 DRT 的服务范围形状也是不规则的。

2）交通设施环境：服务区域内交通设施环境在一定程度上影响 DRT 的服务范围大小。区域内道路网越密集，采用 DRT 出行的乘客接近 DRT 服务车辆越容易；路网连通性越高，车辆在接驳站点之间的走行越容易。在相同情况下，路网连通性越高，RFT 系统能服务的区域越大。

（2）需求分布特征

区域需求分布特征是服务区域大小的重要影响因素之一，需求分布是指出行时间分布，出行空间分布。

1）时间分布：乘客出行时间分布是指客流变化时间规律，分为平峰出行、高峰出行。相比于平峰出行时段，乘客在高峰出行时间段更为聚集，在相同大小的区域，高峰时段需要更多车辆来完成接送任务。若系统配置相同的车辆条件，平峰出行时段可以服务更大的区域。

2）空间分布：乘客空间分布指乘客需求的空间位置。相比于乘客低密度空间需求分布，在相同大小服务区域内，乘客高密度空间分布情况下需要更多的车辆来完成接送任务。若系统配置相同的车辆条件，在乘客低密度空间分布下，车辆可以服务更大的服务区域。

（3）接驳系统配置

1）线路设置：分为存在基准线路和无基准线路。存在基准线路的模式一般用于规则形状服务区域中，只要根据设定的目标即可计算出服务区域的长度和宽度。无基准线路模式中，车辆在区域内运行的自由度高，服务区域的形状和大小需要依据其他参数计算得出，不能单纯地依据成本计算。

2）车辆配置：系统中车辆的配置指系统的运力，包括车辆数量、车型容量。系统运力越大，能服务的区域也越大，需要根据运力对服务区域大小进行选择匹配。

3）运行周期：系统中车辆运行周期受到车辆数量的影响，车辆运行周期越长，其可行驶的距离越远，系统能服务范围也越大。同时运行周期也受到车辆配置的影响，车辆运行时间再长，若无剩余座位也无法服务新的乘客。

### 3.3.2 基于调度优化模型的最优服务范围分析

由于需求响应接驳公交系统能够服务的区域大小受多种因素影响，可基于调度优化模型（可以是指定的一种调度模型）对服务区域大小进行选择[80]，最优服务区域选择方法如下：

Step1：首先确定系统的车辆运输能力，即配置若干车型和若干车辆数量。

Step2：基于"集聚效应模型"、调查问卷，结合道路与土地利用形态得出干线公交站点的合理吸引半径，将此半径范围作为需求响应接驳公交潜在服务区域，并在这个潜在区域内根据土地利用及道路分布设置接驳站点。

Step3：通过对潜在接驳区域内 RFT 出行需求的调查，得出接驳区域的乘客分布。

Step4：在潜在的服务区域内划定一个初始服务区域 $M_0$。初始服务区域可以采用下述两种方法确定，一种是将靠近换乘站的被道路边界包围且有需求的最小闭合区域作为初始服务区域；另一种是根据服务区域用地性质确定，如需包含同一属性用地、包含靠近换乘站的两条相交道路的同侧用地，并且远离换乘站的外侧边界距换乘站不小于最小接驳距离。

Step5：采用提出的需求响应接驳公交调度优化模型计算初始服务区域 $M_0$ 的需求，判别当前运力是否满足需求。若当前车辆配置在模型的约束及乘客时空分布下无法完成该区域的运输，需要增加车辆，则视为需求与运力不匹配。

Step6：若运力满足当前初始服务区域的需求，则扩大一个单位服务区域 $L$，创建一个包含 $M_0$ 的服务区域 $M_{0+1}$，然后再进行 Step5 操作；若不能，则停止。

在扩大服务区域 $L$、对新增范围的选择时，以街道（道路）为边界进行扩增，每次在一个方向上扩增一条街道，使服务区域始终为一个被道路包围的闭合区域，判定运力是否满足新增区域下的总需求。关于服务范围扩大方向的选择按如下方法判定：

①原则上选择有需求的方向扩增一条街道，且扩增一条街道后服务区域仍然为被道路包围的闭合区域；

②当存在多个方向可以扩增时，优先选择新纳入接驳点多的方向扩增，当存在多个方向纳入的接驳点数量上相同时，优先考虑纳入后总服务区域内路网连接度大的方向。

③若向路网连接度最大方向的街道扩增后，运力无法满足，则选择路网连接度次大的方向街道扩增，以此类推。

路网连接度指道路网中的路段之间的连接程度，在连接度大的路网中，路网中的路段数多，节点数少，一个节点可能有多条边相连。路网连接度大，连通性高，路网连接度大的路网连接性能越好，车辆在接驳站点间行驶时绕行距离短，更利于车辆走行。路网连接度计算公式如下式（3.3-1）：

$$J = \frac{2R}{N} \tag{3.3-1}$$

式中：$J$ 表示路网连接度，$R$ 表示路网中路段数，$N$ 表示道路网中的节点数。

Step7：重复 Step4、Step5、Step6 的步骤，直至运力与需求相适应。选择优化流程图，见图 3.5 所示。

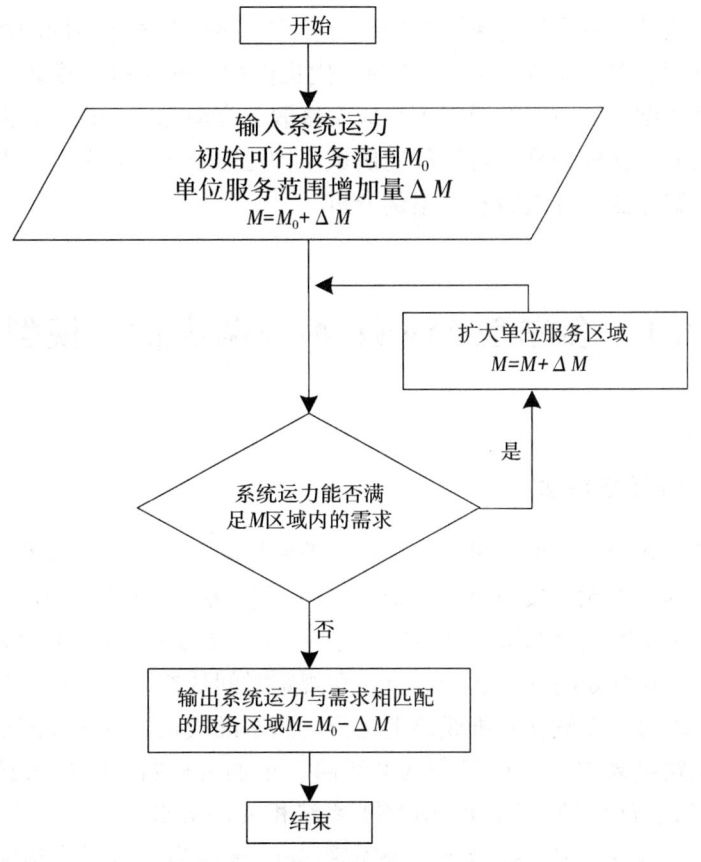

图 3.5　服务范围选择流程

# 第四章 需求响应接驳公交路径与发车时间协调模型

车辆运行路径与发车时间相互影响、相互作用，根据乘客出行特征、车辆运行特征等条件，分别构建不同车辆运行方式下路径与发车时间的协调优化模型。本章分别从多车型 MAST 系统调度优化模型、同时接送模式下响应型接驳公交调度模型、同时接送模式下响应型接驳公交动态路径优化、混合需求下多换乘点响应型接驳公交运行路径的协调，构建需求响应接驳公交调度优化模型，设计求解方法，并进行相关案例分析。

## 4.1 多车型 MAST 系统调度优化模型

### 4.1.1 MAST 系统概念

机动辅助式公交系统（MAST）是一种典型的需求响应接驳公交，是一种自由度较低的需求响应接驳公交系统[81]。在长度为 $L$、宽度为 $W$ 的服务区域内，存在一条基准线路与 $R$（$R \geqslant 2$）个控制点（含首末站），车辆必须经过所有控制点，并在规定时间到达控制点，在规定时间从控制点发车。当基准线路外无乘客需求时，车辆在基准线路上运行，当基准线路外有乘客需求时，车辆偏移基准线路接乘客，然后回到基准线路。车辆可逆行，有最大逆行距离限制，MAST 运行模式见图 4.1。MAST 系统相关定义如下：

（1）服务区域：MAST 系统在固定服务区域内为乘客提供运输服务，车辆不允许驶出服务区域；一般服务区域是环形、矩形。

（2）可逆距离：为了提高服务效率，使车辆能够进行点到点的服务，在一定的距离范围内，允许车辆偏离基准路线为乘客提供上下车的纵向距离的服务。

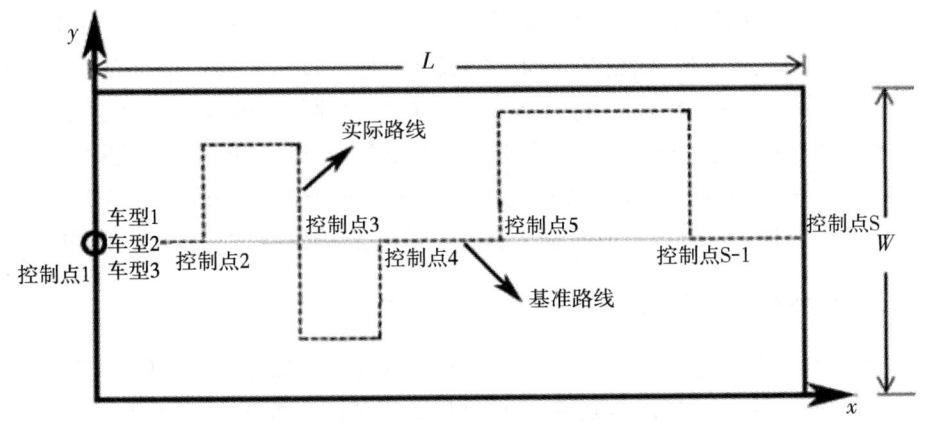

**图 4.1　多车型 MAST 公交运行模式**

（3）基准线路：指提前设定好的车辆行驶线路，类似于常规公交线路；一般是服务区域的中心线路，这样可使得车辆在服务区域内运行时偏离基准线路的距离最小化。

（4）控制站：在基准线路上布设的特定站点，运行车辆必须在规定的时间（或之前）到达这些特定的站点，且必须在规定的发车时间驶离这特定的站点，以保证乘客不会错过 MAST 系统班次。

（5）行车计划：车辆服务乘客的路线与发车时刻，包括车辆运行途中经停的每一个固定停靠站点的时间序列。在发车前，车辆规划的运行线路被称为初始行车计划；当运行车辆开始服务时，随着 MAST 系统中不断有新的乘客提出服务需求，新的行车计划被制订。

（6）控制站区间：基准路线上连续两个控制站之间的行驶路段，称为控制站区间。

（7）松弛时间：为满足时间约束，在控制站预设的、车辆偏离设定行驶路线的时间。

（8）可插入点：当有乘客在除基准路线的固定控制站点外提出站外上车或下车需求时，若经调度计算后，该点满足车辆运行原则，则该点为可插入点。

（9）周期：车辆由起始站点出发，经系统规划的运行路径到达最终站点，然后从根据系统规划的路径由最终站点返回起始站点的总时间为一个周期。

（10）班次：MAST 系统在固定的服务区域的两端分别设置终端控制站，车辆从其中一个终端控制站发车，车辆经过每一个除两端控制站的站点，并在服务区域内服务预约出行的乘客，最后到达另外一个终端控制站的过程称为一个班次。

MAST 不仅具有常规公交的低成本性又具有需求响应接驳公交的机动灵活性。车辆在运行时，既能够在固定的服务区域内接送乘客，也可在不同固定站点服务乘客上下车，极大地提高了出行者的便捷性。MAST 系统模式不仅可以作为常规公交路线的支线公交来服务低密度需求区域的出行，还可解决城市内的"最后一千米"出行难的运输问题。具有经济性、高效率以及灵活性特点的 MAST 系统对于城市综合公交体系的完备起着非常重要的辅助作用。

### 4.1.2 MAST 系统模型假设

系统中乘客分为四类：Ⅰ类乘客上下车地点均在基准线外的停靠点；Ⅱ类乘客上车点、下车点分别在基准线上和基准线外的停靠点；Ⅲ类乘客上车点、下车点分别在基准线外和基准线上的停靠点；Ⅳ类乘客上下车点均在基准线上的站点。发车班次及其发车时间已知，但发出车型未定。站点乘客已事先获得公交到达时间。车辆以速度 $v$ 行驶。系统中存在多种车型，每种车型均只有一辆车。

### 4.1.3 MAST 系统费用函数

总成本中既有公交公司的运营成本，也有乘客的出行成本，二者之和为系统总成本 $F$，设系统共有 $m$ 种型车，各车型有 $k$ 辆车，则目标函数 $F$ 为：

$$F = \mu_1 \left[ \sum_{i \in I} (t_{mks(i+1)} - t_{mksi}) \left( \sum_{j \leq i} Q_i^{mks} - \sum_{j \leq i} Q_i^{mks-} \right) \right]$$
$$+ \mu_2 \left[ \sum_{i \in I_{\mathrm{I}}, I_{\mathrm{III}}} max(tmksi - T_i, 0) Q_i^{mks} \right]$$
$$+ \mu_3 \left\{ \sum_{i \in I_{\mathrm{I}}, I_{\mathrm{III}}} \left[ \xi_1 (Y_i - y_i)(|N_{\mathrm{I}}| + |N_{\mathrm{II}}|) \right] \right\}$$
$$+ \mu_4 \left[ (L + \sum_{i \in I} 2|y_i|) C_l^m - \xi_2 \sum_{i \in I} Q^{mks} p_N \right] \quad (4.1-1)$$

其中 $\mu_1$、$\mu_2$、$\mu_3$、$\mu_4$ 为权重系数，$N_{\mathrm{I}}$、$N_{\mathrm{II}}$、$N_{\mathrm{III}}$、$N_{\mathrm{IV}}$ 分别为第Ⅰ-Ⅳ类乘客数量（$N_{\mathrm{I}} \cup N_{\mathrm{II}} \cup N_{\mathrm{III}} \cup N_{\mathrm{IV}} = N$）；$I_{\mathrm{I}}$、$I_{\mathrm{II}}$、$I_{\mathrm{III}}$、$I_{\mathrm{IV}}$ 分别为第Ⅰ-Ⅳ类站点数量（$I_{\mathrm{I}} \cup I_{\mathrm{II}} \cup I_{\mathrm{III}} \cup I_{\mathrm{IV}} = I$）；$t_{mksi}$ 为第 $s$ 班次（使用 $m$ 车型的第 $k$ 辆车）到达 $i$ 点的时刻；为 $i$ 点乘坐第 $s$ 班次（使用车型 $m$ 的第 $k$ 辆车）上车的乘客数；为乘坐第 $s$ 班次（使用车型 $m$ 的第 $k$ 辆车）在 $i$ 点下车的乘客数；$y_i$ 为 $i$ 站点纵坐标；$Y_i$ 为到 $i$ 站点乘客的纵坐标；$T_i$ 为需求点 $i$ 乘客要求的乘车的时刻（乘客到站时刻）；$d_{back}$ 为车辆最大逆行距离；$C_l^m$ 为车型 $m$ 的单位里程行驶成本；$p_N$ 为第 $N$ 类乘客票价；$\xi_1$、$\xi_2$ 分别为距离与时间、费用与时间的转换系数（s/m、s/元）。

式（2.1-1）右边第一项表示乘客乘车时间，为车辆路段行驶时间与车上乘客数之积。第二项表示乘客候车时间，为乘客平均等待时间与上车乘客数之积。第三项表示乘客步行时间，为平均步行距离与乘客数之积，若 $Y_i > d_{back}$，则 $y_i = d_{back}$；否则 $y_i = Y_i$。第四项为公交公司的净费用，也即运营成本与票价收入之差。

### 4.1.4 多车型 MAST 模型构建

车辆最大单程时间为 $T$，第 $s$ 班次（使用 $m$ 车型的第 $k$ 辆车）从首站的发车时刻为 $t_{mks}$，计算确定 $s-1$（$s>1$）班次车发出后服务区域内剩余乘客数与 $s$ 班次车发出后在 $T$ 内预约乘客量的总量，根据总量初步确定 $s$ 班次的发出车型（若车型最大容量小于和值的 $1/n$，则同时派出 $n$ 辆最大容量车型，对 $n$ 车按发车前后重新排班；否则，派出车型的容量大于且最接近和值）。然后，根据初选的 $s$ 班次派出车型，优化运行路径；最后，根据优化结果，计算 $s$ 班次上的最大乘客数，选定容量大于且最接近最大乘客数的车型作为 $s$ 班次的派出车型。其中车型初选后，车辆运行路线的优化模型为：

$$min\ F \tag{4.1-2}$$

$$s.t.\ t_{mski} < R_t^i, \quad \forall i \in \mathbf{R_t} \tag{4.1-3}$$

$$ET_i \leqslant t_{mksi} \leqslant LT_i \tag{4.1-4}$$

$$T_i \leqslant t_{mksi}^l \tag{4.1-5}$$

$$t_{mksi}^l > tmksi \tag{4.1-6}$$

$$Q_{mks(i+1)} = Q_{mksi} + Q_i^{mks} - Q_i^{mks-} \leqslant U_m \tag{4.1-7}$$

$$Q_i^{mks-} \begin{cases} Q_i^{mk(s-1)-} + Q_i^{(s-1),s}, & if\ Q_{mksi} - Q_i^{mks-} + Q_i^{mk(s-1)-} + Q_i^{(s-1),s} \leqslant U_m \\ U_m - Q_{mksi}, & if\ Q_{mksi} - Q_i^{mks-} + Q_i^{mh(s-1)} \mid Q_i^{(s-1),s} > U_m \end{cases} \tag{4.1-8}$$

$$Q_{i-}^{mks} = \begin{cases} 0, & if\ Q_{mksi} + Q_{i-}^{mk(s-1)} + Q_i^{(s-1),s} \leqslant U_m \\ U - Q_{mksi}, & if\ Q_{mksi} + Q_{i-}^{mk(s-1)} + Q_i^{(s-1),s} > U_m \end{cases} \tag{4.1-9}$$

$$|y_i| \leqslant d_{back} \tag{4.1-10}$$

其中 $R_t^i$ 为控制站规定车辆到达的时刻；$\mathbf{R_t}$ 为控制站 $R$ 规定的时刻集合，$\mathbf{R_t} = (R_t^1, R_t^2, \cdots, R_t^n)$；$[ET_i, LT_i]$ 需求点 $i$ 时间窗；$t_{mksi}^l$ 为班次 $s$（使用 $m$ 车型的第 $k$ 辆车）离开 $i$ 点的时刻；$Q_{mksi}$ 为第 $s$ 班次（使用车型 $m$ 的第 $k$ 辆车）到达 $i$ 点时的车内乘客数；$U_m$ 为车型 $m$ 的车容量；$Q_i^{(s-1),s}$ 为需求点 $i$ 在 $s-1$ 班次离开后，$s$ 班次到达前新增的乘客数；$Q_{i-}^{mks}$ 为第 $s$ 班次（使用 $m$ 车型的第 $k$ 辆车）离开需求点 $i$ 后，需求点 $i$ 剩余的乘客数。

式（4.1-3）保证车辆到达控制站的时间不晚于事先规定的时间；式（4.1-4）表示车辆满足乘客时间窗要求；（4.1-5）乘客上车时间要早于车辆离开时间；式（4.1-6）表示车辆离开时间要晚于到达时间；式（4.1-7）表示班次 $s$ 离开站点时的车容量约束；式（4.1-8）表示 $i$ 站点能乘坐 $s$ 班次的上车人数；式（4.1-9）表示 $i$ 点在 $s$ 班次离开后剩余乘客数；式（4.1-10）表示车辆逆行距离约束。

### 4.1.5 求解算法

基于遗传算法进行求解，步骤如下。

Step1：输入每个车型的车辆容量、路网特性及出行需求等信息；

Step2：求出时间窗约束和容量约束以及距离约束下的可行解；

Step3：优化调度，更新车场中各类型车辆的数据，求出符合约束条件式（4.1-3）至式（4.1-10）的各辆车的车辆路径，从而计算出相应的成本，若可行解已达到种群规模 N，转下一步，否则转 Step2，直到可行解达到种群规模；

Step4：计算适应度值，将 $f_{best}(k)$ 设置为当前最好个体所对应的目标费用函数值，并根据适应度进行复制；

Step5：比较当前 $f_{best}(k)$ 与上一代 $f_{best}(k-1)$，若 $|fbest(k)-fbest(k-1)| \leqslant \varepsilon$（$\varepsilon$ 为某一较小定值），则转 Step7，否则转 Step6；

Step6：进行轮盘式选择操作，按照概率进行交叉、变异操作，产生新一代种群，令 $k=k+1$，转 Step2；

Step7：结束算法，输出目标函数值。

**重要结果**：通过实验仿真，得出以下结论：MAST 系统总成本与需求水平相关，需求量较低时，单车型多车辆、多车型单车辆 MAST 与常规公交相比，均能明显降低系统总成本。需求量较大时，多车型 MAST 的总成本将高于常规公交。

# 4.2 同时接送模式下响应型接驳公交调度模型

### 4.2.1 同时接送问题描述

干线公交站点（换乘站，用 0 表示）有 $M_T$ 辆接驳公交车对干线公交站点周边区域接驳,车辆类型有 $m$ 类,其中第 $m$ 类的车辆数有 $q_m$;特定时间段内在服务范围同时存在 $n_1$ 个乘客预约前往换乘站、$n_2$ 个乘客预约从换乘站离开,即系统中有两类乘客。则同时接送模式 RFT 系统车辆路径与发车时间协调优化问题描述为:根据 $n_1+n_2$ 个乘客的预约需求安排一列车队完成接送任务,在满足乘客出行时间窗、车辆载客量等约束下,通过车队所有班次车辆出发时间、发出车型、运行路线的协调,使系统总效益最大。各班次车辆运行轨迹均为一闭合回路,车辆只能从换乘站发出,完成分配的接、送任务后回到换乘站。该问题类似于地铁站周边位置乘客的接驳,或者其他大型公交换乘站的接驳。响应型接驳公交在把地铁站/大型公交站的乘客运送到其想要到达的接驳点,同时又要把接驳点的乘客接达到地铁站/大型公交站。在同时接送模式下,各班次车辆可以只接乘客,也可以只送乘客,也可以接、送同时进行[44]。同时接送模式示意图见图 4.2 所示。

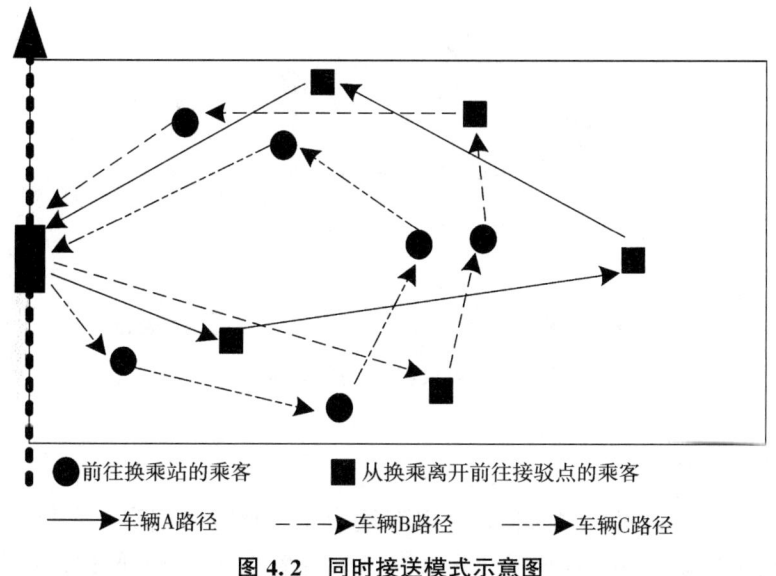

图 4.2 同时接送模式示意图

## 4.2.2 模型假设

所有班次车辆车速 $v$ 相同;只考虑预约乘客,服务范围内所有的预约需求均需被响应,即使车辆晚到预约的乘客也不会取消预约;忽略乘客上、下接驳车花费的时间;预约前往换乘站的乘客在上车点有时间窗要求、在下车点无时间窗要求;而离开换乘站的乘客上车时无时间窗要求、在下车点有时间窗要求;乘客时间窗为软时间窗;只考虑换乘站与需求点之间的出行需求,不考虑需求点之间的出行需求；系统中只有一个干线公交站点（换乘站）。

### 4.2.3　基于乘客的车辆路径表示

车辆路径一般均由车辆途经需求点（乘客上车或下车的地点）确定，当需求点有多个乘客时，要么认定该站点所有乘客的时间窗相同，这样忽视了乘客时间窗的个性特征；要么需增加虚拟需求点用以区分时间窗要求，路径间重叠的需求点多，路径不容易区分。因此，根据乘客确定车辆路径，若某班次的乘客确定了，因这些乘客的需求点位置已确定，则可根据乘客需求点的位置关系确定最短路，即车辆路径，这样的路径表示方法，既可充分体现乘客时间窗的个性需求，也因每个乘客只能接送一次，路径间无重叠，路径易区分；图 4.3 是以乘客表示的车辆路径，车辆路径表示比较简单，且路径间无重叠。

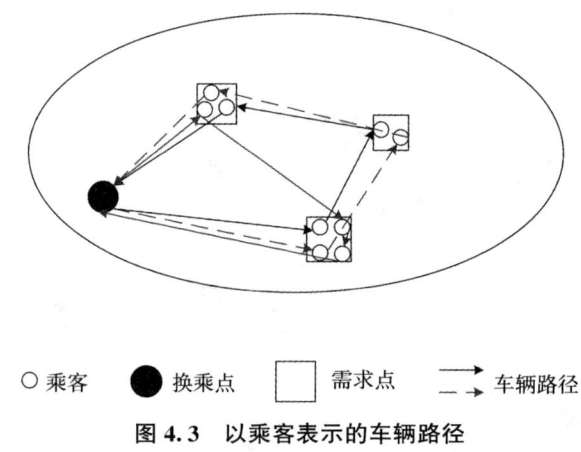

○ 乘客　　● 换乘点　　□ 需求点　　⇢ 车辆路径

图 4.3　以乘客表示的车辆路径

### 4.2.4　模型构建

以系统运营利润最大为目标，以车辆容量、乘客时间窗、车场车辆保有量、车辆单程最大运行时间等为约束构建车辆路径与发车时间协调优化模型。系统运营利润为运营收益与运营成本之差，运营成本包括车辆发车及行驶成本、车辆早到的惩罚成本、晚到的惩罚成本、运营收益（票价收入）。

$$\min F = u_1 \sum_s \left[ C_q^m \cdot w_{mks} + \sum_i \sum_j d_{ij} \cdot x_{mksij} \cdot C_l^m \right] +$$

$$u_2 \sum_s \sum_i \left[ C_{pe}^i \cdot \left( Q_{mks} + \sum_0^{i-1} \varphi_{mksi} \cdot \theta_{mksi} \right) \right] +$$

$$u_3 \sum_s \sum_i \varphi_{mksi} \cdot C_{pl}^i - u_4 \sum_s |\mathbf{N}_{mks}| \cdot p \qquad (4.2-1)$$

$$s.t \quad Q_{mks} + \sum_i x_{mksij} \cdot \theta_{mksi} \leqslant U_m, \ \forall i \in \mathbf{N}_{mks} \qquad (4.2-2)$$

$$0 \leqslant Q_{mks} \leqslant U_m \qquad (4.2-3)$$

$$0 \leqslant \sum_m q_m \leqslant M_T \qquad (4.2-4)$$

$$\mathbf{N}_{mks} \bigcap \mathbf{N}_{m'k's'} = \varnothing, \ \forall k \neq k', \ \forall m \neq m' \text{ and } \forall s \neq s' \qquad (4.2-5)$$

$$t_{mks} > t_{mknh}, \ \forall s > n \qquad (4.2-6)$$

$$C_{pe}^i = \begin{cases} 0 & if \ ET_i \leqslant t_{mksi} \leqslant ET_i \\ \alpha_1(ET_i - t_{mksi}) & if \ t_{mksi} < ET_i \text{ and } \theta_{mksi} = 1 \ , i \in \mathbf{N}_{mks} \\ 0 & if \ t_{mksi} < ET_i \text{ and } \theta_{mksi} = -1 \end{cases}$$

$$(4.2-7)$$

$$C_{pl}^i = \begin{cases} 0 & if \ ET_i \leqslant t_{mksi} \leqslant LT_i \\ \alpha_2(t_{mksi} - LT_i) & if \ t_{mksi} \geqslant LT_i \end{cases}, \ i \in \mathbf{N}_{mks} \qquad (4.2-8)$$

$$E_{mksi} = \begin{cases} ET_i - t_{mksi}, & if \ \theta_{mksi} = 1 \\ 0, & if \ \theta_{mksi} = -1 \end{cases} \qquad (4.2-9)$$

$$\sum_i \sum_j \left[ \frac{d_{ij}}{v} \cdot x_{mksij} + max(E_{mksi}, 0) \right] \leqslant T, i, j \in \mathbf{N}_{mks} \quad (4.2-10)$$

$$\sum_j x_{mksoj} = \sum_i x_{mksio} = 1, i, j \in \mathbf{N} \qquad (4.2-11)$$

$$D_i < t_{mks}, \ \forall i \in \mathbf{N}_{mks} \qquad (4.2-12)$$

$$\sum_s \varphi_{mksi} = n, \ i = 1, 2\cdots, n \qquad (4.2-13)$$

其中，$C_q^m$ 为车型 $m$ 的车辆启动成本；$w_{mks} = (0, 1)$，若第 $s$ 班次（使用车场中 $m$ 车型的第 $k$ 辆车）发出则为 1，否则为 0；$d_{ij}$ 为 $i$、$j$ 之间的最短距离；$x_{mksij} = (0, 1)$，若第 $s$ 班次（使用车场中 $m$ 车型的第 $k$ 辆车）从 $i$ 点经过 $j$ 点则为 1，否则为 0；$C_{pe}^i$ 为车辆早到 $i$ 点时车内乘客因等待该点乘客上车的等待费用；$Q_{mks}$ 为第 $s$ 班次（使用车型 $m$ 的第 $k$ 辆车）发出时的车内乘客数；$\varphi_{mksi} = (0, 1)$，若 $i$ 点的乘客由第 $s$ 班次（使用 $m$ 车型的第 $k$ 辆车）接送则为 1，否则为 0；$\theta_{mksi}$ 若乘客 $i$ 乘坐第 $s$ 班次（使用 $m$ 车型的第 $k$ 辆车）由接驳点前往换乘站则为 1，若乘客 $i$ 乘坐第 $s$ 班次（使用 $m$ 车型的第 $k$ 辆车）由换乘站前往接驳点则为 -1；$C_{pl}^i$ 为车辆晚到 $i$ 点时车外候车乘客的等待费用；$N_{mks}$ 为乘坐第 $s$ 班次（使用 $m$ 车型的第 $k$ 辆车）乘客（预约需求）的集合；| | 为集合元素的个数，例如 $|\mathbf{N}_{mks}|$，表示集合 $\mathbf{N}_{mks}$ 中元素的个数；$p$ 为乘客票价；$q_m$ 为车型 $m$ 的车辆数；$M_T$ 为系统中全部车辆数；$\varnothing$ 表示空集；$t_{mks}$ 为第 $s$ 班次（使用 $m$ 车型的第 $k$ 辆车）发出时刻；$t_{mknh}$ 为第 $n$ 班次（使用 $m$ 车型的第 $k$ 辆车）回到换乘站 $h$ 的时刻；$\alpha_1$ 为车辆在上车乘客预约时间窗（或预约的准确上车时间）前到达时，车内乘客等待时间费用系数；$\alpha_2$

为车辆在上车乘客预约时间窗（或预约的准确上车时间）后到达时，站点乘客等待时间费用系数；$E_{mksi}$ 为第 $s$ 班次（使用 $m$ 车型的第 $k$ 辆车）提前到达 $i$ 点的等待时长；$T$ 为车辆单程最长运行时长；$v$ 为车速；$\mathbf{N}$ 为所有预约需求乘客集合；$D_i$ 为乘客 $i$ 预约离开换乘站的时间；$n$ 为乘客总数量。其他符号同上文。

式（4.2-1）为目标函数，右边第一到四项分别为车辆发车及行驶成本、车辆早到乘客 $i$ 位置的车内乘客等待费用、车辆晚到乘客 $i$ 位置的车外候车乘客等待费用、票价收入；式（4.2-2）、（4.2-3）为车辆容量约束，即途中车上乘客数、离开换乘站时车上乘客数均不能超过车辆容量；式（4.2-4）为车辆保有量约束；式（4.2-5）表示每位乘客只能由一辆车服务；式（4.2-6）表示 $m$ 车型的第 $k$ 辆车再次被发出时要在车场内；式（4.2-7）为车辆早到惩罚，对从换乘站出发的乘客，车辆在车场等候，不予惩罚，但对前往换乘站的乘客，车辆早到给予惩罚；式（4.2-8）为车辆晚到惩罚；式（4.2-9）为车辆早到时间值，用于式（4.2-10）的计算；式（4.2-10）为车辆单程最大运行时间约束；式（4.2-11）表示车辆从换乘站出发回到换乘站，形成一个闭合的回路；式（4.2-12）表示车辆的发车时间晚于离开换乘站乘客的预约时间；式（4.2-13）表示所有预约的乘客都要被服务。

同时接送模式下响应型接驳公交运行路径与发车时间协调优化模型可以转化为单独接乘客模型、单独送乘客模型。转化为单独接乘客模型时，系统中只存在"1"类型乘客，将同时接送模式中所有 $\theta_{mksi}$ 取值为"1"，去掉发车时间约束、发车时车上乘客数量约束，改变车辆数约束中的车辆数的值，即转化为单独接乘客模式。转化为单独送乘客模型时，系统中只存在"-1"类型乘客，将同时接送模式中所有 $\theta_{mksi}$ 取值为"-1"，去掉目标函数早到惩罚以及约束条件中的车辆在途乘客数限制，改变车辆数约束中的车辆数的值，即可转化成单独送乘客模型。

### 4.2.5 求解算法

基于双遗传算法设计的模型求解算法流程如图4.4所示。

图4.4所示的求解算法中，采用双遗传算法进行求解，首先在发车间隔已知的情况下，基于遗传算法优化发出车型和车辆路径；然后基于遗传算法思想调整发车间隔，调用遗传算法继续优化发出车型和车辆路径；如此反复，直至获取理想解。在发出车型和车辆路径优化时采用多链编码结构，其中乘客和车辆均采用自然数编码，在 $1 \sim n_2 + n_2$ 内对 $n_1 + n_2$ 个乘客随机编码，在 $n_1 + n_2 + 1 \sim n_1 + n_2 + M$ 对 $M$ 辆车随机编码，一个个体即为一个可行解，每条染色体链均含车辆基因和乘客基因。算法中，首先输入初始发车间隔种群，然后使

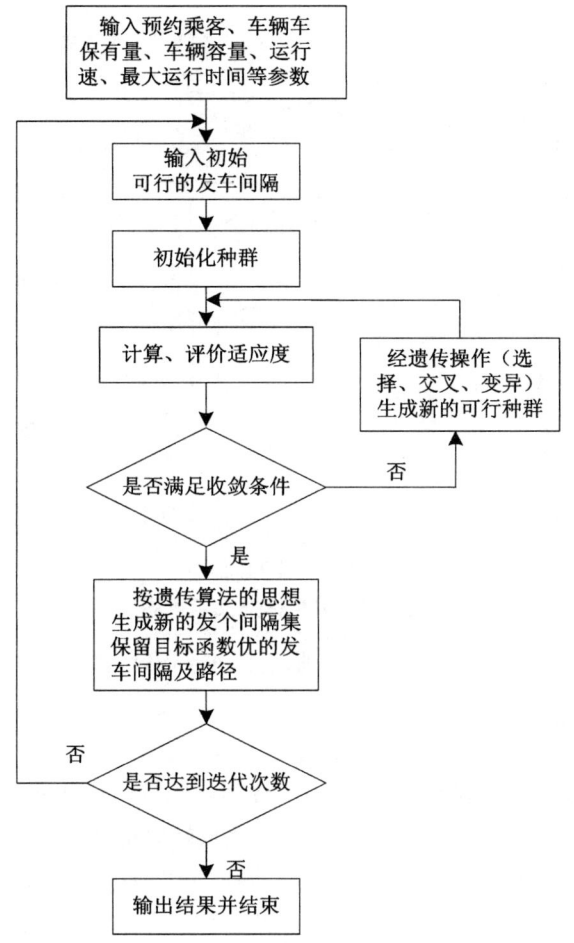

图 4.4　求解算法流程图

用该发车序列对车辆路径进行优化，计算初始发车间隔下的系统最优目标值，作为该初始发车间隔下适应度函数值。然后不断对发车间隔进行调整，最后得出最优发车时间，以及在该发车序列下的车辆路径。

在车辆路径搜索部分中，个体采用多条链编码，为使子代多样性，采用个体内交叉和个体间交叉两种交叉方式，如图 4.5 所示。选择操作采用轮盘赌法，选择概率正比适应度值，适应度函数为目标函数值，个体 $\zeta$ 被选择的概率 $\lambda_\zeta = \dfrac{z_\zeta}{\sum_\zeta z_\zeta}$ ，其中 $z_\zeta$ 为个体 $\zeta$ 的适应度 $p_i = \dfrac{F_i}{\sum_{j=1}^{N} F_j}$ 。变异操作中，设定变异概率 $P_b$ ，对每个乘客基因随机生成一个（0，1）区间的数 $r_i$ ，若 $r_i < P_b$ ，则将该乘客基因放入基因库中，并将其从染色体中删除，否则不进行操作。对

53

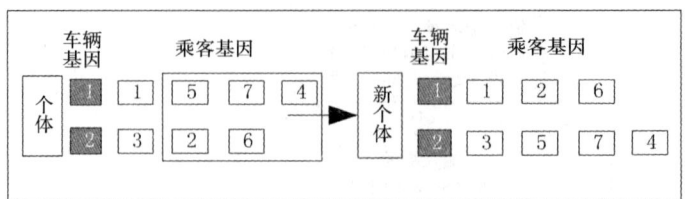

（a）个体内交叉

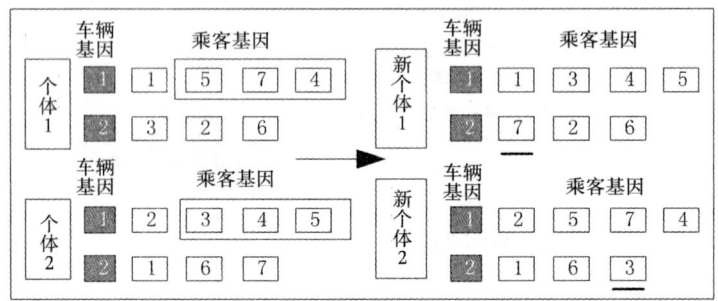

（b）个体间交叉

**图 4.5　染色体交叉示意图**

于基因库中的基因采用试分配法逐一随机添加到染色体中。

### 4.2.6　案例分析

以早高峰为例，接驳时段为 7:00～8:00，服务范围为半径为 3.5 km 的圆形区域，接驳车辆车速 $v=35$ km·h$^{-1}$，换乘站坐标为（0,0）。系统存在 A、B 两种接驳车型，A 车型的数量 $q_A=5$ 辆，分别为 A1，A2，A3，A4，A5，B 车型的数量 $q_B=3$ 辆，分别为 B1，B2，B3；$U_A=10$ 人/车，$U_B=15$ 人/车；$C_q^A=15$ 元/次，$C_q^B=25$ 元/次；A 车型单位里程成本 $C_l^A=1.2$ 元/km，B 车型单位里程成本 $C_l^B=1.5$ 元/km；车辆单次最长运行时间 $T=40$ min，票价 $p=4$ 元/人；$u_1=0.3$，$u_2=0.2$，$u_3=0.2$，$u_4=0.3$，$\alpha_1=0.25$ 元/min，$\alpha_2=0.35$ 元/min。算例中，在服务区域内随机生成 25 个接驳点（坐标见表 1，单位为 km），在这些接驳点内随机分布的 60 位乘客从接驳点前往换乘站、20 位乘客从换乘站前往接驳点。80 位乘客分布的站点、时间窗及预约时间见表 4-1、表 4-2。

**表 4-1　接驳站点坐标**

| 站点号 | X | Y | 站点号 | X | Y | 站点号 | X | Y |
|---|---|---|---|---|---|---|---|---|
| 19 | −1.21 | 0.79 | 24 | 1.96 | 2.33 | 8 | 1.44 | −0.22 |
| 20 | −0.21 | −1.77 | 25 | 0.96 | 1.78 | 13 | 1.00 | 1.00 |

**续表**

| 站点号 | X | Y | 站点号 | X | Y | 站点号 | X | Y |
|---|---|---|---|---|---|---|---|---|
| 21 | −2.11 | 2.45 | 5 | 3.34 | 0.47 | 14 | 0.43 | −3.50 |
| 18 | −0.77 | 0.80 | 6 | 2.10 | 1.34 | 12 | 1.30 | −2.08 |
| 15 | −1.01 | −0.11 | 7 | 1.45 | 1.13 | 9 | 1.30 | −1.31 |
| 16 | −1.56 | −1.30 | 4 | 2.53 | 0.14 | 10 | 1.97 | −0.86 |
| 17 | −1.62 | −2.58 | 1 | 0.87 | 0.42 | 11 | 0.47 | −1.25 |
| 22 | −1.09 | 1.63 | 2 | 2.00 | 0.02 | 0 | 0 | 0 |
| 23 | −2.00 | 0.58 | 3 | 2.20 | 0.90 | | | |

**表 4-2　乘客位置及时间窗**

| 乘客 | 类型 | 站点 | $ET_i$ | $LT_i$ | $D_i$ | 乘客 | 类型 | 站点 | $ET_i$ | $LT_i$ | $D_i$ |
|---|---|---|---|---|---|---|---|---|---|---|---|
| 1 | 1 | 20 | 7:08 | 7:13 | | 41 | 1 | 26 | 7:13 | 7:18 | |
| 2 | 1 | 20 | 7:19 | 7:23 | | 42 | 1 | 26 | 7:24 | 7:29 | |
| 3 | 1 | 20 | 7:38 | 7:43 | | 43 | 1 | 26 | 7:35 | 7:40 | |
| 4 | 1 | 20 | 7:19 | 7:24 | | 44 | 1 | 5 | 7:11 | 7:16 | |
| 5 | 1 | 21 | 7:06 | 7:10 | | 45 | −1 | 5 | 7:20 | 7:25 | 7:04 |
| 6 | 1 | 21 | 7:14 | 7:18 | | 46 | 1 | 5 | 7:30 | 7:35 | |
| 7 | 1 | 21 | 7:07 | 7:12 | | 47 | 1 | 5 | 7:42 | 7:47 | |
| 8 | −1 | 22 | 7:23 | 7:28 | 7:06 | 48 | −1 | 5 | 7:40 | 7:45 | 7:16 |
| 9 | 1 | 22 | 7:18 | 7:22 | | 49 | 1 | 5 | 7:28 | 7:33 | |
| 10 | 1 | 22 | 7:33 | 7:37 | | 50 | −1 | 6 | 7:18 | 7:23 | 7:03 |
| 11 | −1 | 22 | 7:25 | 7:30 | 7:08 | 51 | 1 | 6 | 7:19 | 7:23 | |
| 12 | 1 | 22 | 7:42 | 7:47 | | 52 | 1 | 6 | 7:33 | 7:39 | |
| 13 | −1 | 19 | 7:09 | 7:14 | 7:00 | 53 | −1 | 6 | 7:55 | 7:60 | 7:00 |
| 14 | 1 | 19 | 7:20 | 7:25 | | 54 | 1 | 7 | 7:07 | 7:12 | |
| 15 | 1 | 19 | 7:36 | 7:40 | | 55 | 1 | 7 | 7:35 | 7:40 | |
| 16 | 1 | 16 | 7:05 | 7:10 | | 56 | 1 | 7 | 7:19 | 7:24 | |
| 17 | −1 | 16 | 7:22 | 7:27 | 7:05 | 57 | 1 | 4 | 7:10 | 7:14 | |
| 18 | 1 | 16 | 7:07 | 7:12 | | 58 | 1 | 4 | 7:18 | 7:23 | |

续表

| 乘客 | 类型 | 站点 | $ET_i$ | $LT_i$ | $D_i$ | 乘客 | 类型 | 站点 | $ET_i$ | $LT_i$ | $D_i$ |
|---|---|---|---|---|---|---|---|---|---|---|---|
| 19 | −1 | 16 | 7:25 | 7:30 | 7:07 | 59 | −1 | 4 | 7:52 | 7:57 | 7:20 |
| 20 | 1 | 16 | 7:49 | 7:53 | | 60 | 1 | 4 | 7:37 | 7:42 | |
| 21 | −1 | 17 | 7:23 | 7:28 | 7:05 | 61 | 1 | 1 | 7:05 | 7:10 | |
| 22 | 1 | 17 | 7:17 | 7:22 | | 62 | 1 | 1 | 7:07 | 7:12 | |
| 23 | −1 | 17 | 7:52 | 7:57 | 7:24 | 63 | 1 | 1 | 7:34 | 7:39 | |
| 24 | 1 | 17 | 7:33 | 7:37 | | 64 | 1 | 2 | 7:18 | 7:22 | |
| 25 | 1 | 18 | 7:12 | 7:17 | | 65 | 1 | 2 | 7:42 | 7:47 | |
| 26 | 1 | 18 | 7:26 | 7:31 | | 66 | 1 | 3 | 7:14 | 7:19 | |
| 27 | 1 | 18 | 7:41 | 7:46 | | 67 | −1 | 3 | 7:16 | 7:21 | 7:02 |
| 28 | 1 | 18 | 7:38 | 7:43 | | 68 | 1 | 3 | 7:50 | 7:55 | |
| 29 | 1 | 18 | 7:27 | 7:31 | | 69 | 1 | 8 | 7:05 | 7:10 | |
| 30 | −1 | 23 | 7:25 | 7:30 | 7:06 | 70 | −1 | 8 | 7:23 | 7:27 | 7:06 |
| 31 | 1 | 23 | 7:16 | 7:20 | | 71 | 1 | 14 | 7:16 | 7:21 | |
| 32 | 1 | 23 | 7:37 | 7:42 | | 72 | 1 | 14 | 7:30 | 7:35 | |
| 33 | 1 | 23 | 7:09 | 7:14 | | 73 | 1 | 14 | 7:23 | 7:28 | |
| 34 | 1 | 24 | 7:39 | 7:43 | | 74 | 1 | 15 | 7:40 | 7:45 | |
| 35 | 1 | 24 | 7:24 | 7:29 | | 75 | −1 | 12 | 7:23 | 7:28 | 7:04 |
| 36 | 1 | 24 | 7:22 | 7:27 | | 76 | −1 | 12 | 7:14 | 7:19 | 7:00 |
| 37 | −1 | 25 | 7:45 | 7:50 | 7:14 | 77 | −1 | 12 | 7:40 | 7:45 | 7:20 |
| 38 | 1 | 25 | 7:37 | 7:41 | | 78 | 1 | 10 | 7:07 | 7:12 | |
| 39 | −1 | 25 | 7:30 | 7:35 | 7:12 | 79 | 1 | 10 | 7:28 | 7:32 | |
| 40 | 1 | 25 | 7:19 | 7:24 | | 80 | 1 | 11 | 7:39 | 7:43 | |

注：$D_i$ 中数字表示乘客从换乘站离开的出发时间，则搭载该乘客的车辆发车时间应在乘客出发时间之后，若 $D_i$ 一列中为空白则无要求；类型一栏中，1 表示从接送点前往换乘点，−1 表示从换乘点到接驳点。

①同时接送模式路径：根据乘客、车辆等基本情况，以及提出的同时接送模型，利用 Matlab 编程求解，车辆路径部分遗传算法中设定变异概率为 0.1，个体间交叉概率为 0.7，个体内交叉概率为 0.1，种群 200，迭代次数 800。发车间隔部分，初始种群 100，迭代次数 300，变异概率 0.1，交叉概率 0.7。得

到的同时接送运行模式下车辆运行路径及发车时刻见表 4-3。

表 4-3　同时接送运行模式下的路径结果表

| 发车时间 | 车号 | 乘客路径 | 里程/km | 累计乘客数/人 | 座位利用率/% | 到达时间 |
|---|---|---|---|---|---|---|
| 7:09 | A1 | 0-61-62-25-7-14-13-0 | 8.12 | 6 | 60 | 7:23 |
| 7:14 | B1 | 0-76-51-26-6-5-42-40-38-0 | 17.24 | 8 | 53.3 | 7:44 |
| 7:16 | A2 | 0-33-18-56-67-32-3-0 | 17.6 | 6 | 60 | 7:46 |
| 7:20 | A3 | 0-58-45-66-50-44-49-79-78-28-10-12-0 | 13.69 | 12 | 120 | 7:45 |
| 7:20 | A4 | 0-4-2-73-71-17-80-0 | 9.96 | 6 | 60 | 7:39 |
| 7:23 | B2 | 0-16-1-75-72-64-47-65-46-68-0 | 18.35 | 9 | 60 | 7:55 |
| 7:25 | A1 | 0-35-36-54-70-69-52-60-57-55-43-27-0 | 13.48 | 11 | 110 | 7:46 |
| 7:30 | B3 | 0-21-24-19-30-11-39-8-31-34-0 | 20.53 | 9 | 60 | 8:15 |
| 7:30 | A5 | 0-23-15-59-37-53-22-0 | 22.18 | 6 | 60 | 8:08 |
| 7:40 | A4 | 0-63-29-74-77-48-20-41- | 19.96 | 7 | 70 | 8:14 |

案例中根据协调优化模型获取了最优路径和调度参数，其中出车次数 10 次，满足车场 8 辆车配置约束，其中 A 型车出车次数 7 次，B 型车出车次数 3 次。目标函数值为 62.4 元，而且因同时接送模式在保证车辆在途时车上乘客数少于容量的情况下，接驳车接送的累计乘客数可大于其容量（如 7:25 的 A3 车次与 7:20 的 A1 车次）。

②单独接送模式路径：在计算时，使用与同时接送模式相同的约束及目标函数，按单独送和单独接的模式进行路径优化，优化后的结果见表 4-4 和表 4-5。

表 4-4　单独送乘客的路径结果表

| 发车时间 | 车号 | 乘客路径 | 里程/km | 累计乘客数/人 | 座位利用率/% | 到达时间 |
|---|---|---|---|---|---|---|
| 7:12 | A1 | 0-67-70-11-39-8-13-30-0 | 14.73 | 7 | 70 | 7:42 |
| 7:24 | A2 | 0-76-75-19-17-21-23-0 | 9.74 | 6 | 60 | 7:40 |
| 7:36 | A3 | 0-77-45-48-59-53-37-50-0 | 12.79 | 7 | 46.6 | 8:03 |

表 4-5　单独接乘客的路径结果表

| 发车时间 | 车号 | 乘客路径 | 里程/km | 累计乘客数/人 | 座位利用率/% | 到达时间 |
|---|---|---|---|---|---|---|
| 7:00 | A4 | 0-5-7-18-2-22-42-36-0 | 19.2 | 7 | 70 | 7:38 |
| 7:03 | A5 | 0-69-57-6-51-49-58-0 | 17.5 | 6 | 60 | 7:35 |
| 7:06 | B1 | 0-44-62-66-79-33-43-54-0 | 17.77 | 7 | 46.6 | 7:45 |
| 7:10 | B2 | 0-71-25-56-1-72-16-0 | 20.41 | 6 | 40 | 7:45 |
| 7:13 | A6 | 0-31-41-29-73-0 | 14.88 | 4 | 40 | 7:41 |
| 7:15 | A7 | 0-64-78-61-35-46-4-40-9-0 | 20.87 | 8 | 80 | 7:51 |
| 7:24 | B3 | 0-26-32-15-28-27-14-12-10-3-24-20-74-0 | 13.66 | 12 | 80 | 7:58 |
| 7:38 | A5 | 0-65-60-68-34-55-63-52-38-80-47-0 | 19.59 | 10 | 100 | 8:18 |

单独送和单独接模式在本案例需求状态与约束条件下无可行解，需要增加 A 型车 2 辆（A6，A7）。单独接＋单独送模式共出车次数为 11 次，需要车辆 10 台。其中 A 型车出车次数 8 次，B 型车出车次数 3 次。单独送和单独接模式的目标函数值为 74.2 元。

③两种接送模式对比：从出车次数、所需车辆数、座位平均利用率、运送单位乘客所需的平均车辆行驶里程、目标函数值等方面对同时接送模式和单独送、单独接模式进行对比，对比结果见表 4-6。

表 4-6　两种模式的比较

| 模式 | 出车次数/次 | 所需车辆数/辆 | 座位平均利用率/% | 运送单位乘客所需的平均车辆行驶里程/km | 目标函数值 |
|---|---|---|---|---|---|
| 同时接送 | 10 | 8 | 71.3 | 2.01 | 62.4 |
| 单独送和单独接 | 11 | 10 | 63 | 2.26 | 74.2 |

同时接送模式相比单独送和单独接模式的出车次数少 1 次，所需车辆数少 2 辆，座位平均利用率提高 8.3%、运送单位乘客所需的平均车辆行驶里程降低 11%、成本降低 15.9%。

**重要结果：**通过实验仿真，在上述给定的案例中，得出以下结论：

①在乘客需求相同情况下，与单独送、单独接模式相比，同时接送模式的车次数、车辆数、座位平均利用率、人均里程、系统总费用均显著降低，能有

效地提高响应型接驳公交的运营效率；

②同时接送模式下，运行车速、单程运行时间限制、小型车比例分别在基准值附近上下波动 15.0％、15.0％、12.5％时，发车次数、座位平均利用率、目标函数值的最大变化率分别达到了 20.0％、15.7％、27.1％，这些参数对系统运营效率均有显著影响。

## 4.3　同时接送模式下响应型接驳公交动态路径优化

### 4.3.1　动态路径基本概念

动态车辆路径问题（Dynamic Vehicle Routing Problem，DVRP）是 VRP 问题的进一步延伸。动态车辆路径优化是指在满足一定的动态约束条件下，实时调整和规划车辆行驶路径，使车辆在完成出车任务的同时，尽可能使成本、行程时间、距离等达到最优化状态。

关于动态车辆路径优化问题的研究，研究者对其描述的角度各不相同，但都强调系统中顾客信息或交通状况信息等不确定要素的动态性与实时性。因此，动态车辆路径优化问题主要依赖于车辆在运行过程中实时信息的更新，并按一定动态路径更新规则在动态信息的基础上进行路径优化，使系统的目标达到最优。

### 4.3.2　车辆动态路径优化方法归纳

动态车辆路径优化问题是一个 NP-hard 难题，已有众多学者对其优化方法进行了研究。针对不同类型的动态因素，可将动态路径优化的研究方法归纳为如下几种：

（1）针对动态顾客需求的动态车辆路径优化方法。

顾客需求随着时间推移而动态变化，此类动态车辆路径优化，往往是将问题转化为静态车辆路径优化或按照一定规则插入动态需求。将动态顾客需求转变为静态需求问题，是按时间段划分需求，即引入时间轴的概念[82]，利用重新优化方法，引入虚拟需求点与相关约束，将问题转化为常规的静态车辆路径问题，并利用静态路径优化的算法进行求解[83]；基于一定插入规则的方法，也叫两阶段法，首先对系统中预约需求进行初始路径预优化，然后随着实时顾客需求的出现，按照一定的插入规则，进行实时需求的处理，即为基于实时需求的动态路径优化，通过"预优化路径制定＋实时动态路径优化"两阶段优化方法来满足系统中客户的需求[84-85]。

（2）针对动态交通信息的动态车辆路径优化方法。

针对动态交通信息的动态车辆路径优化，实时交通信息影响体现在车辆行程时间上。其中一类优化方法是将动态交通信息量化为以时间轴而变化的车辆速度阶跃函数[86]，划分时间段，同时段内车速相同、不同时段的车辆速度不相同，以速度变化来描述动态交通信息的影响，从而进行动态路径优化；另一类方法是根据道路网络拓扑关系，利用历史交通信息，进行短时行车速度预测，初步计算和预测道路行车速度，将此速度作为动态路径规划的参考因素，然后根据一定的路径更新规则，并用车辆实时行驶速度信息相辅，找到实时最优路径；在物流配送中，基于实时路况下的动态车辆最短路径优化，则是利用BPR阻抗函数或采用灰色关联度建立路况矩阵，根据实时路况进行实时计算、更新路段行程时间，然后用精确算法中的 Dijkstra 算法或 Floyd 算法等最短路径算法进行动态最短路径求解[87-89]。

（3）针对动态乘客需求和动态交通信息的车辆路径优化方法。

由于动态信息的复杂性，目前对同时考虑动态顾客需求和动态交通信息的动态车辆路径优化的研究较少。关于这方面的研究，同时考虑两种动态信息因素的特点，引入了"时间轴"[82] 和"关键点"[90] 两个概念，以关键点和时间轴来确认车辆与顾客的相对空间和时间关系，并以关键点作为动态信息的接收点和处理点，在关键点处对包括实时顾客需求和动态交通信息在内的信息进行处理；另外就是考虑二者同时出现的动态信息，为了方便动态信息处理，构建多目标动态路径优化数学规划模型，然后采用两阶段求解方法，第一阶段对动态交通信息进行自适应处理，第二阶段对动态顾客需求进行处理[91]。

目前关于动态车辆路径优化研究中，无论是动态乘客需求处理还是动态交通信息处理，大多数学者都是在上述研究方法的基础上，对相关求解算法进行改进，通过改进的智能优化算法[92-96]，实现对动态信息的处理，获取动态信息环境下的最优车辆路径。

### 4.3.3 基于关键点的动态路径优化方法

（1）关键点的选择。

关键点为车辆运行过程中动态信息变化的转折点，其作用是区分动态信息变化前后系统的状态。在现状研究中，关键点包括三种类型：一是根据时间轴划分时间段，以每个时间段的结束时刻（也是下一时间段的开始时刻）为车辆行驶速度变化点，该点即为动态车辆速度变化关键点，这类关键点只与时间段划分有关；二是根据车辆服务的顾客需求点分布情况，车辆所在需求点位置即为关键点，与车辆当前所在的顾客需求点位置有关；三是实际路网中的路网节点和顾客需求点两者共同构成的关键点集合，也与车辆所在位置有关，车辆所在位置为路网节点或顾客需求点的任意位置时，该位置点即为关键点。

引入"关键点"进行 RFT 动态路径优化研究，根据动态交通信息特征，利用关键点将 RFT 系统与实际路网相结合，并以关键点来区分已服务和未服务的需求点。上述第一类关键点时间段的划分难以确定，且车辆速度在同一时段内保持不变与实际不符，因此以车辆所在位置为关键点更为合理。

RFT 系统主要服务于低密度需求区域，当服务于城市外围路网密度低、动态交通信息更新频率较慢的区域时，交通饱和度处于较低水平且交通状态变化缓慢，动态路径更新频率过高则易导致更新前与更新后路径基本不变，没有更新的实际价值。因此针对此类服务区域，以相对距离较远的需求点为关键点进行动态路径更新较为合理。而当 RFT 服务于路网密度大、动态交通信息更新频率较快且车流饱和度较高的区域时，道路网节点较多，车辆延误较大，而路网节点则是造成车辆延误的主要原因，故此类服务区域的 RFT 动态路径优化很有必要考虑路网节点对车辆运行路径的影响，因此以需求点和节点两者为关键点，在关键点处进行路网状态更新并优化路径具有可行性，能够通过动态路径优化使系统达到运营成本最低的目的。

（2）阻抗函数。

RFT 动态路径优化是基于实时交通状态信息和动态乘客需求进行优化。通过智能交通系统的 GPS、GIS 和互联网等技术获取实时路网动态交通信息，以每个 $t$ 时间间隔为一个采集周期，根据采集的数据，利用 BPR 阻抗函数进行路网阻抗时间计算，然后进行 RFT 动态路径优化。

由于经典的 BPR 路阻模型是以高速公路为研究对象而建立的道路阻抗模型，没有考虑路网节点的影响，且没有区分不同的交通流状态。因此采用改进的城市道路阻抗函数进行阻抗的计算，改进的阻抗函数适用于城市交通中饱和度 $y$ 偶尔大于 1 的情况[87-89]。

首先城市道路交通状态划分为严重拥堵、拥挤、缓行以及畅通 4 个级别。当饱和度介于 0～0.6 时，交通状态为畅通；介于 0.6～0.8 时，交通状态为缓行；介于 0.8～1.0 时，交通状态为拥挤，饱和度大于 1 时，为严重拥堵。

1）路段阻抗。

$$T'_0 = \begin{cases} t_0 \left[1 + \alpha y^\beta\right] & 0 \leqslant y \leqslant 1 \\ t_0 \left[1 + \alpha (2-y)^\beta\right] & 1 < y < 2 \end{cases} \tag{4.3-1}$$

2）节点阻抗。

$$T'_1 = \begin{cases} \dfrac{9}{10}\left[\dfrac{c(1-\lambda)^2}{2(1-\lambda y)} + \dfrac{y^2}{2q(1-y)}\right] & 0 < y \leqslant 0.6 \\[3mm] \dfrac{c(1-\lambda)^2}{2(1-\lambda y)} + \dfrac{1.5(y-0.6)}{1-y}y & y > 0.6 \end{cases} \tag{4.3-2}$$

3）道路交通阻抗。

$$T = T'_0 + T'_1 \tag{4.3-3}$$

$$T = \begin{cases} t_0\left[1+\alpha y^\beta\right] + \dfrac{9}{10}\left[\dfrac{c(1-\lambda)^2}{2(1-\lambda y)} + \dfrac{y^2}{2q(1-y)}\right] & 0 < y \leqslant 0.6, \text{畅通} \\[3mm] t_0\left[1+\alpha y^\beta\right] + \dfrac{c(1-\lambda)^2}{2(1-\lambda y)} + \dfrac{1.5(y-0.6)}{1-y}y & \begin{array}{l} 0.6 < y \leqslant 0.8, \text{缓行} \\ 0.8 < y \leqslant 1, \text{拥挤} \end{array} \\[3mm] t_0\left[1+\alpha(2-y)^\beta\right] + \dfrac{c(1-\lambda)^2}{2(1-\lambda y)} + \dfrac{1.5(y-0.6)}{y-1}y & y > 1, \text{严重拥堵} \end{cases}$$

$$\tag{4.3-4}$$

$$y = \eta_1\eta_2\eta_3\eta_4\frac{x}{C} \tag{4.3-5}$$

其中：

$t_0$——为交通量为 0 时的路段行程时间（s）；

$c$——为交叉口信号周期（s）；

$C$——为道路通行能力（pcu/h）；

$\lambda$——为绿信比；

$x$——为实际道路交通流量（pcu/h）；

$q$——为车辆到达率（pcu/h）；

$\eta_1$、$\eta_2$、$\eta_3$、$\eta_4$——分别为交叉口间隔影响修正系数、非机动车干扰影响修正系数、行人干扰影响修正系数、车道宽度影响修正系数，各参数取值参考文献[89]；

$\alpha$、$\beta$——为阻抗影响参数，可采用美国联邦公路局推荐值。

在路网阻抗计算过程中，交叉口信号周期、绿信比等数据均需提前获知，且固定不变，在路阻计算时，路网流量以每个 $t$ 时间间隔为一个统计周期，并将 $t$ 时间间隔的流量转换成当量交通量，实时监测的路段流量是一个变量，阻抗时间是车辆行驶至目的地的行程时间。

（3）响应型接驳公交动态路径更新规则。

基于关键点的 RFT 动态路径优化，基于一定规则进行路径更新，本节在相关研究的基础上，提出如下基于关键点的 RFT 动态路径更新规则：

1）以需求点为关键点的 RFT 动态路径更新规则。

以需求点为关键点的 RFT 动态路径优化，系统服务范围为路网密度低、动态交通信息更新频率较慢的区域，其动态路径更新规则为：车辆在关键点处，系统将新增的实时需求加入到预约需求集合中，车辆根据下游需求信息，以及实时采集的路况信息，选择下一个服务需求点并更新路网状态，然后根据阻抗时间优化后续接驳路径。即车辆在关键点处既要选择下一服务需求点，又要根据实时路况优化路径。路径关键点示意图如图 4.6 所示。

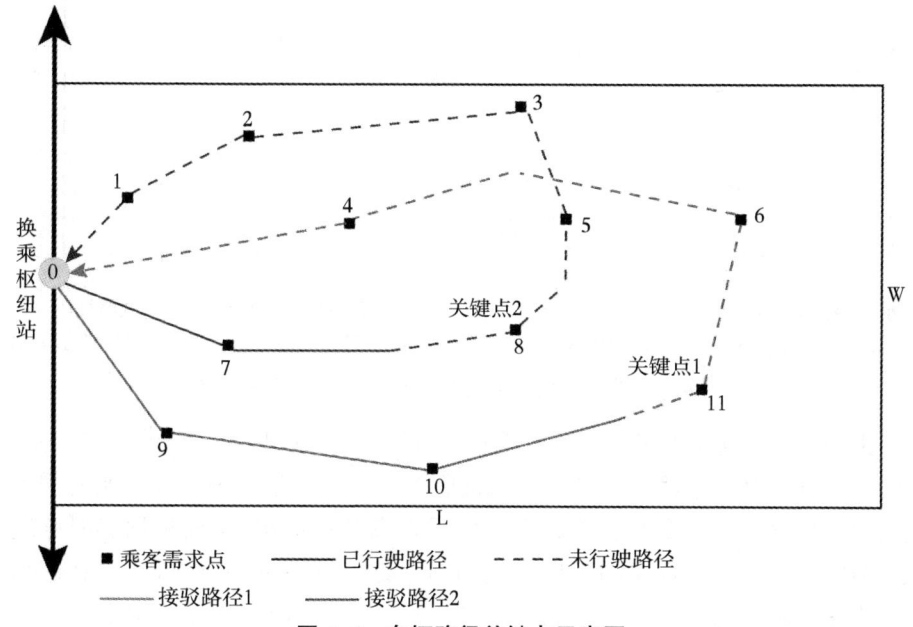

图 4.6　车辆路径关键点示意图

接驳路径 1 顺序为 $0-9-10-11-6-4-0$，关键点为 11 号需求点，已服务乘客需求点集合为 $\overline{I_1} = \{9, 10\}$，未被服务乘客需求点集合为 $\overline{\overline{I_1}} = \{11, 6, 4\}$；接驳路径 2 顺序为 $0-7-8-5-3-2-1-0$，关键点为 8 号需求点，已服务乘客需求点集合为 $\overline{I_2} = \{7\}$，未被服务乘客需求点集合为 $\overline{\overline{I_2}} = \{8, 5, 3, 2, 1\}$。

系统将新增实时需求加入到预约需求集合中后，服务范围内未被服务的需求点集合为 $\overline{\overline{I_1}} \bigcup \overline{\overline{I_2}} = \{1, 2, 3, 4, 5, 6, 8, 11, 1', 2', 3'\}$。两班次任意车辆先到达本车服务的关键需求点时，进行两车到达时刻比较，先到达的车辆，优先在下游未服务需求点中选择下一阶段服务的需求点。然后根据实时路况信息更新路网状态，并优化当前关键点到下一需求点和后续路径。更新后路径示意如图 4.7 所示。

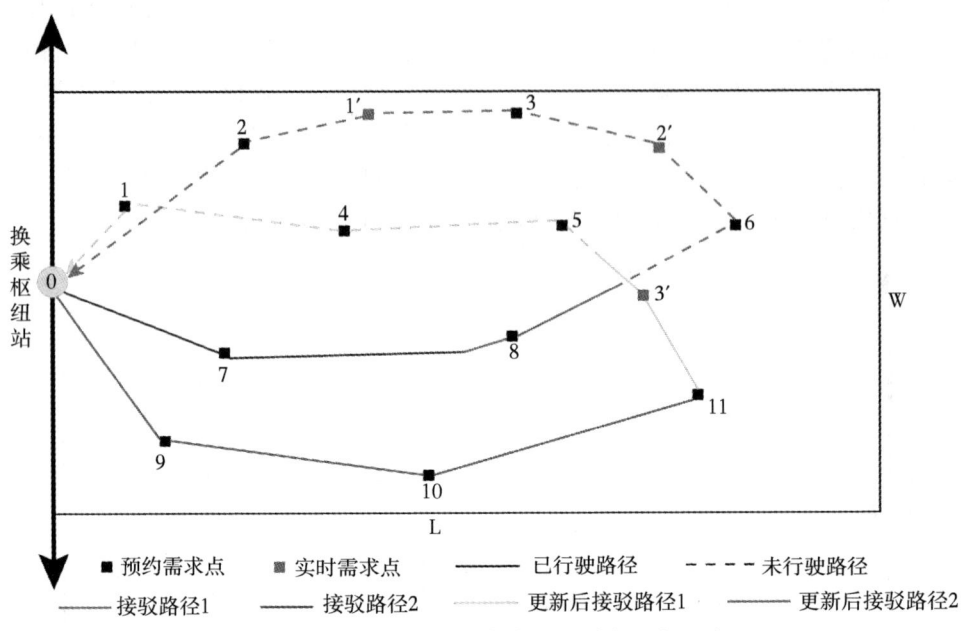

图 4.7 以需求点为关键点的 RFT 路径更新示意图

由图 4.7，线路 1 车辆到达需求点 11 的时刻早于线路 2 车辆到达需求点 8 的时刻，则线路 1 车辆优先在下游未被服务的需求点集合中（包括实时需求和预约需求）选择下一个服务需求点，然后在离开关键点 11 前根据实时路况信息更新路网状态，根据路网阻抗优化当前关键点到下一关键点以及后续路径，路径优化更新后为 $0-9-10-11-3'-5-4-1-0$，车辆前往 $3'$ 号需求点接驳；车辆 2 到达 8 需求点后采取相同方法更新。

2）以节点和需求点为关键点的 RFT 动态路径更新规则。

以节点和需求点为关键点的 RFT 动态路径优化，系统服务范围为路网密度大、动态交通信息更新频率较快的区域，其路径更新规则为：在以需求点为关键点的 RFT 动态路径更新规则的基础上，增加了路网节点为关键点，车辆在节点时，只根据实时路况信息更新路网状态，然后根据路网阻抗优化当前节点到目的地需求点的路径和后续路径，在需求点时，既要更新路径，也要选择下一阶段服务需求点。车辆路径关键点如图 4.8 所示。

接驳路径 1 接驳顺序为 $0-9-10-11-6-4-0$，经过 $n_6$、$n_7$、$n_8$、$n_9$、$n_3$ 节点，当前关键点为 $n_7$ 节点，已服务的乘客需求点集合为 $\overline{I_1}=\{9,10\}$，未被服务的乘客需求点集合为 $\overline{\overline{I_1}}=\{11,6,4\}$；接驳路径 2 接驳顺序为 $0-7-$

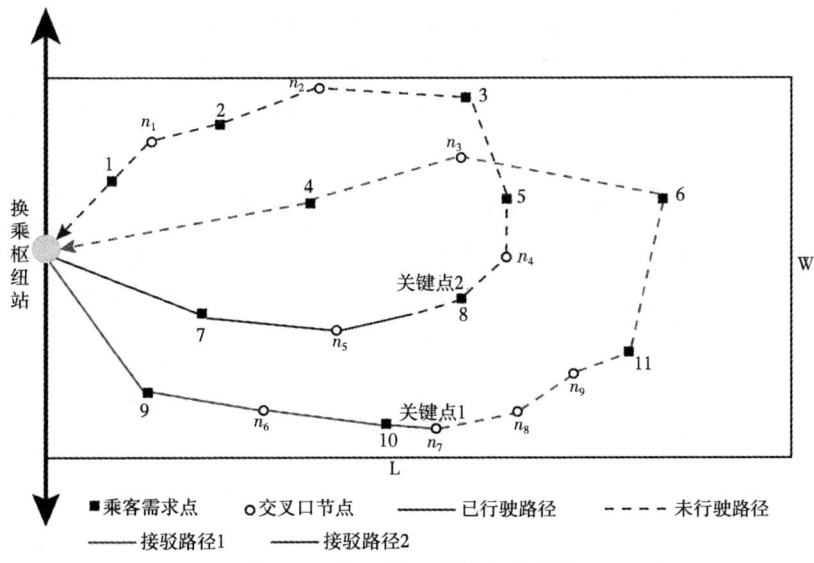

**图 4.8　车辆路径关键点示意图**

$8-5-3-2-1-0$，经过 $n_5$、$n_4$、$n_2$、$n_1$ 节点，当前关键点为 8 号需求点，已服务乘客需求点集合为 $\overline{\overline{I_2}} = \{7\}$，未被服务乘客需求点集合为 $\overline{\overline{I_2}} = \{8, 5, 3, 2, 1\}$。系统将新增实时需求加入到预约需求集合中后，服务区域内未被服务的需求点集合为 $\overline{\overline{I_1}} \bigcup \overline{\overline{I_2}} = \{1, 2, 3, 4, 5, 6, 8, 11, 1', 2', 3'\}$。根据上述更新规则更新后路径示意图如图 4.9 所示。

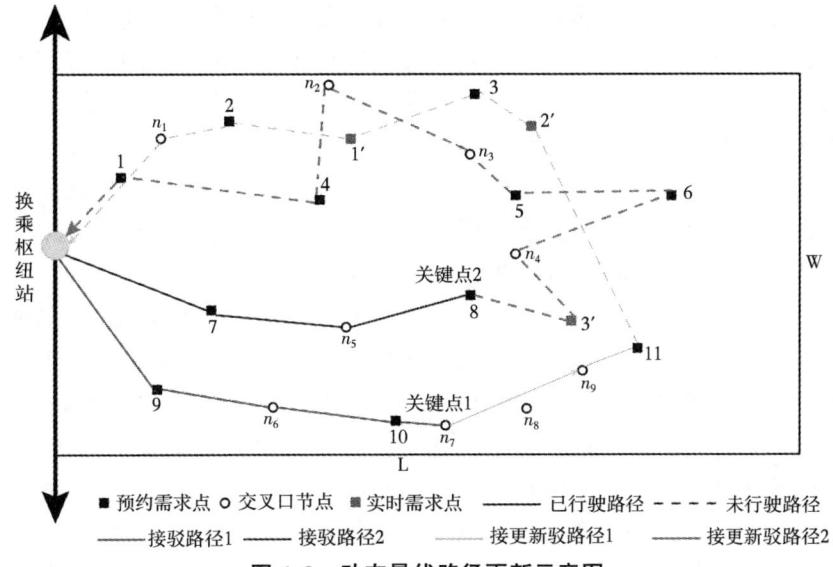

**图 4.9　动态最优路径更新示意图**

以线路 1 为例，车辆到达关键点 $n_7$ 之前，原路径为 $10 - n_7 - n_8 - n_9 - 11$，到达关键点 $n_7$ 时根据实时路况信息更新路网，并优化后续路径，更新后路径为 $10 - n_7 - n_9 - 11$，绕过 $n_8$ 节点直接到达 $n_9$ 节点。车辆行程时间表如表 4-7 所示。

表 4-7 路段行程时间和最优路径更新

| 车辆位置 | 路段行程时间（即计算的当前路段阻抗时间，单位为 min） | | | | | 车辆所在位置到达需求点 11 的最短路 |
|---|---|---|---|---|---|---|
| | $(10, n_7)$ | $(n_7, n_9)$ | $(n_7, n_8)$ | $(n_8, n_9)$ | $(n_9, 11)$ | |
| 10 | 2 | 8 | 3 | 4 | 4 | $10 - n_7 - n_8 - n_9 - 11$ |
| $n_7$ | — | 7 | 4 | 5 | 3 | $n_7 - n_9 - 11$ |
| $n_8$ | — | — | — | 6 | 4 | $n_8 - n_9 - 11$ |
| $n_9$ | — | — | — | — | 4 | $n_9 - 11$ |
| 11 | — | — | — | — | — | 11 |

由表 4-7，从 $n_7$ 按原路径行驶至需求点 11，则行程时间为 12 min；按动态更新后的路径行驶，行程时间为 10 min，行程时间减少 2 min。综上分析，采用一定路径更新规则进行 RFT 动态路径优化具有可行性。

### 4.3.4 基于关键点的 RFT 动态路径协调优化

（1）接驳问题描述：干线公交站点周边区域，有两种类型需要搭乘需求响应接驳公交进行接驳的乘客：一类是从干线公交站点周边区域到干线公交站点的乘客，另一类是从干线公交站点到周边区域乘客。根据不同的乘客需求，在满足乘客需求、车容量和最长运行时间等约束下，以系统总费用最少为目标，根据乘客需求和路网的动态变化，不断调整和优化各车次的运行路径，完成对利用干线公交出行乘客的接驳运输。在一定的时段下，接驳公交运营商可同时以需求点（含干线公交站点）和路网的关键节点为关键点（$\Delta$）更新路段行程时间（图 4.10），并以此对路径进行优化[46]。

（2）模型基本假设：系统中只有一个干线公交站点（换乘站），车辆从换乘站出发完成接驳任务后返回换乘站；乘客需求得到响应后，乘客、车辆均不取消预约；仅考虑换乘站到需求点的乘客需求和需求点到换乘站的乘客需求，不考虑需求点与需求点之间的乘客需求；忽略乘客上、下接驳车花费的时间；乘客时间窗为软时间窗；车辆在需求点、节点之间以最短路运行，并遵守不可逆行插入的规则；路网动态交通信息能实时获取。

（3）模型构建：以同时接送模式的单车型多车辆的响应型接驳公交系统基

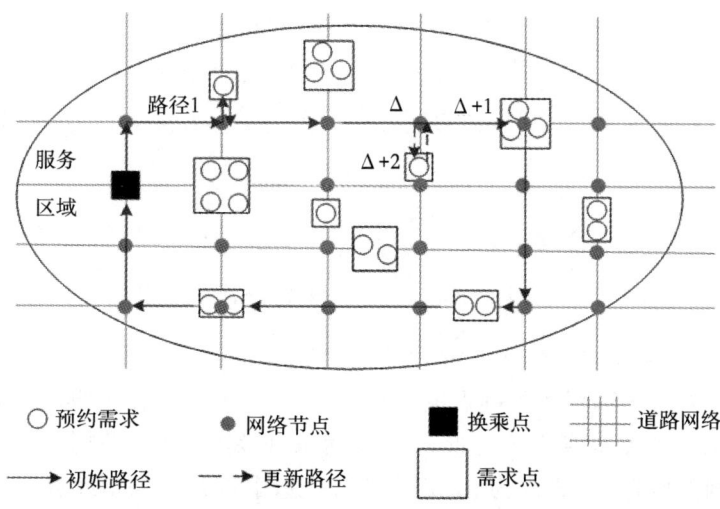

○ 预约需求　　● 网络节点　　■ 换乘点　　▦ 道路网络

━━▶ 初始路径　　--▶ 更新路径　　□ 需求点

**图 4.10 响应型接驳公交系统关键点及路径更新示意图**

础，构建关键点处的路径优化模型。在优化过程中，满足乘客软时间窗、车辆容量和车辆数、单程最大行程时间等约束条件，同时使系统总运营成本最小。设当前关键点为 $\Delta$，车辆到达关键点的时刻为 $\bar{\omega}$，在时刻 $\bar{\omega}$ 所有未完成班次以当前位置为发车点，未出发班次以换乘站为发车点，则关键点 $\Delta$ 处 RFT 系统的路径优化模型为：

$$\min F = \sum_s \left[ u_1 C_q \cdot w_{\bar{\omega}, ks} + u_2 \sum_i \sum_j d_{\bar{\omega}, ij} \cdot x_{\bar{\omega}, ksij} \cdot C_l \right] +$$

$$u_3 \sum_s \sum_i \left[ C_{\bar{\omega}, pe}^i \left( Q_{\bar{\omega}, ks} + \sum_i^{i-1} \varphi_{\bar{\omega}, ksi} \cdot \theta_{\bar{\omega}, ksi} \right) \right] + u_4 \sum_s \sum_i \varphi_{\bar{\omega}, ksi} \cdot C_{\bar{\omega}, pl}^i$$

$$(4.3-6)$$

$$s.t. \quad Q_{\bar{\omega}, ks} + \sum_i x_{\bar{\omega}, ksij} \cdot \theta_{\bar{\omega}, ksi} \leqslant U; \ \forall i \in N_{\bar{\omega}, ks} \quad (4.3-7)$$

$$0 \leqslant Q_{\bar{\omega}, ks} \leqslant U \quad (4.3-8)$$

$$t_{\bar{\omega}, ks} > t_{\bar{\omega}, knh}, \ \forall s > n \quad (4.3-9)$$

$$N_{\bar{\omega}, ks} \bigcap N_{\bar{\omega}, \bar{k}\bar{s}} = \varnothing; \ \forall k \neq \bar{k}, \ \forall s \neq \bar{s} \quad (4.3-10)$$

$$C_{\bar{\omega}, pe}^i = \begin{cases} 0; & ET_i \leqslant t_{\bar{\omega}, ksi} \leqslant LT_i, \ \text{或} \ t_{\bar{\omega}, ksi} < ET_i \\ & \qquad\qquad \text{且} \ \theta_{\bar{\omega}, ksi} = -1 \qquad\qquad ; i \in \mathbf{N}_{\bar{\omega}, ks} \\ \alpha_1 (ET_i - t_{\bar{\omega}, ksi}); & t_{\bar{\omega}, ksi} < ET_i \quad \text{且} \quad \theta_{\bar{\omega}, ksi} = 1 \end{cases}$$

$$(4.3-11)$$

$$C_{pl, \bar{\omega}}^i = \begin{cases} 0; & ET_i \leqslant t_{\bar{\omega}, ksi} \leqslant LT_i \\ \alpha_2 (t_{\bar{\omega}, ksi} - LT_i); & t_{\bar{\omega}, ksi} > LT_i \end{cases} ; \ i \in \mathbf{N}_{\bar{\omega}, ks}。$$

$$(4.3-12)$$

$$E_{\bar{\omega},\,ksi} = \begin{cases} ET_i - t_{\bar{\omega},\,ksi}; & \theta_{\bar{\omega},\,ksi} = 1 \\ 0; & \theta_{\bar{\omega},\,ksi} = -1 \end{cases}° \qquad (4.3-13)$$

$$\sum_i \sum_j [t_{\bar{\omega},\,ij} \cdot x_{\bar{\omega},\,ksij} + \max(E_{\bar{\omega},\,ksi},\,0)] \leqslant T - t_{\bar{\omega},\,ks}; \quad i,\,j \in \mathbf{N}_{\bar{\omega},\,ks}。$$

$$\qquad (4.3-14)$$

$$\sum_i x_{\bar{\omega},\,ksio} = \sum_j x_{\bar{\omega},\,ksoj} = 1; \quad i,\,j \in \mathbf{N} \qquad (4.3-15)$$

$$D_{\bar{\omega},\,i} < t_{\bar{\omega},\,ks}; \quad \forall i \in \mathbf{N}_{\bar{\omega},\,ks} \qquad (4.3-16)$$

$$\sum_s \varphi_{\bar{\omega},\,ksi} = 1, \quad \forall i \qquad (4.3-17)$$

其中，$\bar{\omega}$ 为车辆到达关键点的时刻，$(\cdot)_{\bar{\omega}}$ 为 $(\cdot)$ 在关键时刻 $\bar{\omega}$ 后的状态，$(\cdot)$ 为一个变量或符号，如 $x_{\bar{\omega},\,ksij}$ 表示 $\bar{\omega}$ 时刻后，若 $s$ 班次（使用第 $k$ 辆车）从 $i$ 到 $j$ 则为 1，否则为 0，以下符号变量中带有 $\bar{\omega}$ 均指此意。

$C_q$ 为车辆启动成本；$w_{ks} = (0,1)$，若第 $s$ 班次（使用车场中的第 $k$ 辆车）发出则为 1，否则为 0；$x_{ksij} = (0,1)$，若第 $s$ 班次（使用车场中的第 $k$ 辆车）从 $i$ 点经过 $j$ 点则为 1，否则为 0；$C_l$ 为车辆单位里程行驶成本；$\theta_{ksi} = (0,1)$，若乘客 $i$ 乘坐第 $s$ 班次（使车场中的第 $k$ 辆车）由接驳点前往换乘站则为 1，若乘客 $i$ 乘坐第 $s$ 班次（使车场中的第 $k$ 辆车）由换乘站前往接驳点则为 $-1$；$\varphi_{ksi} = (0,1)$，若 $i$ 点的乘客由第 $s$ 班次（使用车场中的第 $k$ 辆车）接送则为 1，否则为 0；$Q_{ks}$ 为第 $s$ 班次（使用车场中的第 $k$ 辆车）发出时的车内乘客数；$Q_{ksi}$ 为第 $s$ 班次（使用车场中第 $k$ 辆车）到达 $i$ 点时的车内乘客数；$U$ 为车容量；$t_{ks}$ 为第 $s$ 班次（使用 $m$ 车型的第 $k$ 辆车）发出时刻；$t_{knh}$ 为第 $n$ 班次（使用车场中的第 $k$ 辆车）回到换乘站 $h$ 的时刻；$\mathbf{N}_{ks}$ 为乘坐第 $s$ 班次（使用车场中的第 $k$ 辆车）乘客（预约需求）的集合；$t_{ksi}$ 为第 $s$ 班次（使用车场中的第 $k$ 辆车）到达 $i$ 点的时刻；$E_{ksi}$ 为第 $s$ 班次（使用第 $k$ 辆车）提前到达 $i$ 点的等待时长；$t_{ij}$ 为 $i$、$j$ 两点的行驶时间。其他符号同上文。

式（4.3-6）为目标函数，右边 3 项分别为车辆启动成本、运行成本和等待时间成本、车辆早到乘客 $i$ 位置时的车内乘客等待费用、车辆晚到乘客 $i$ 位置时的候车乘客等待费用；式（4.3-7）和式（4.3-8）为车辆容量约束，即途中车上乘客数、发车时车上乘客数均不能超过车辆容量；式（4.3-9）表示 $m$ 车型的第 $k$ 辆车再次被发出时要在车场内；式（4.3-10）表示 1 位乘客只能由 1 个班次服务；式（4.3-11）和式（4.3-12）分别是对车辆早到和晚到的惩罚；式（4.3-13）为早到时间值；式（4.3-14）为单程最大运行时间约束；式（4.3-15）表示车辆从发车点出发回到换乘站；式（4.3-16）表示要晚于发车点乘客的预约时间；式（4.3-17）表示车辆按不可逆行插入的规则运行。

（4）动态路径优化过程：在图 4.10 中，关键点 Δ 包括换乘站、乘客需求点和网络节点，需要在每个关键点 Δ 重新进行路径优化。如在图 4.10 中的关键点 Δ 处，初始路径包括路径 1 等，需重新优化决定路径 1 是否响应需求 Δ＋2，路径 1 未完成的需求 Δ＋1 由哪个班次完成（不一定仍是路径 1）。在图 4.11 的优化过程中，关键点 Δ＋1 是所有班次中最先到达的下游关键点。

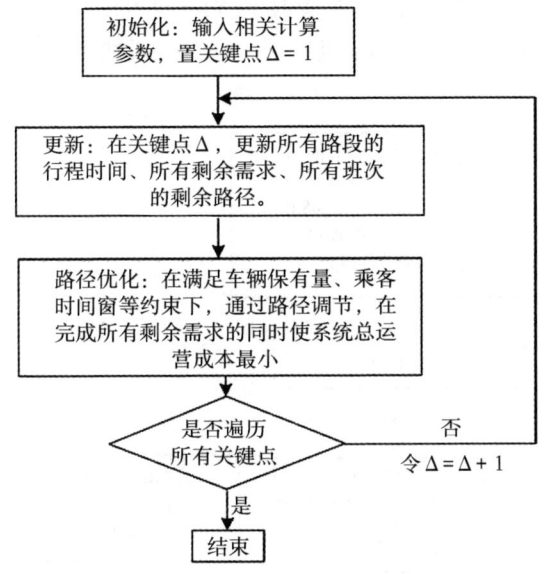

**图 4.11　基于关键点的 RFT 系统动态路径优化过程**

（5）求解算法：采用遗传算法进行求解，对乘客进行自然数编码，以此编码链作为车辆路径。选择操作采用轮盘赌法，以目标函数的倒数作为适应度函数 $f$，交叉概率 $P_c$ 和变异概率 $P_b$ 如式（4.3-18）～（4.3-19）所示：

$$P_c = \begin{cases} k_1 - \dfrac{(k_1 - k_2)(f' - \overline{f})}{f_{\max} - \overline{f}} & f' \geqslant \overline{f} \\[3mm] k_1 & f' \leqslant \overline{f} \end{cases} \qquad (4.3-18)$$

$$P_b = \begin{cases} k_3 - \dfrac{(k_3 - k_4)(f - \overline{f})}{f_{\max} - \overline{f}} & f \geqslant \overline{f} \\[3mm] k_3 & f \leqslant \overline{f} \end{cases} \qquad (4.3-19)$$

式中 $k_1$，$k_2$，$k_3$，$k_4$ 为（0，1）之间的常数；$f'$ 为两个交叉个体适应值中的最大值；$\overline{f}$ 为每代群体中的平均适应值；$f_{\max}$ 为群体中的最大适应值。在交叉过程中，为使父辈优良品质得以保留，而采用多点交叉方式，在父代选择多个交叉位置，子代通过部分基因交换产生新个体；为使子代多样，采用个体内交叉、个体间交叉2种交叉方式。在变异操作中，对于乘客基因$i$，在（0，1）区间内随机生成一个数$r_i$，若$r_i < P_b$，则将乘客基因$i$放入基因库中，并将其从染色体中删除，否则不进行操作；基因库中的基因采用试分配法逐一随机添加到染色体中，并采用适用于自然数编码的染色体ASO变异算子进行变异操作。设变异概率为$P_b$，染色体$\xi = (\xi_1, \xi_2, \cdots, \xi_i, \cdots, \xi_n)$的长度为$n$，则ASO$(\xi) = \xi'$，$\xi'$通过以下操作得到：随机生成0，1之间的随机数$\zeta_i (i=1, 2, \cdots, \sigma)$，当$\zeta_i > P_b$时，$\xi_i = \xi'_i$，其他的$\xi'_i$由$\xi_i$向后移1位得到。

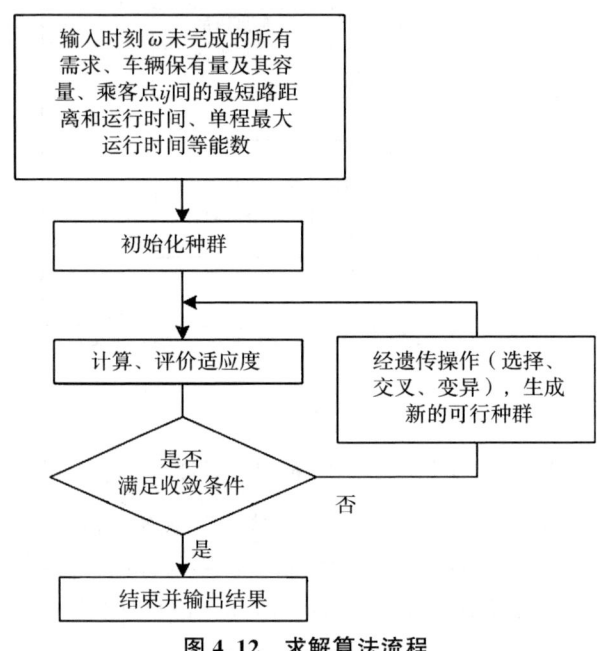

图 4.12　求解算法流程

# 4.4　混合需求下多换乘点响应型接驳公交运行路径的协调

本节提出含多车型、静态需求、动态需求、有换乘站点要求的响应型接驳公交运输问题，采用两阶段调度法对多换乘站点响应型接驳公交路径与发车时间进行协调优化。

### 4.4.1　多换乘点接驳概念

多换乘点 RFT 系统则是指 RFT 系统中有多个换乘枢纽站点可进行换乘接驳，在乘客对换乘点要求方面，多换乘点 RFT 系统与单换乘点 RFT 系统有所不同。对于单换乘点 RFT 的乘客，系统仅含有一个换乘点，接驳车辆在服务区域内将有需求的乘客接至换乘点（或从换乘点送至各需求站点），系统内乘客的终点（起点）都是统一的；对于多换乘点 RFT 的乘客，因存在多个换乘点，乘客对换乘点的要求有以下两种情形：

（1）有指定换乘点要求。即必须到指定的换乘点进行换乘，该情况下，乘客在申请时需选择相应的特定换乘点；

（2）无指定换乘点要求。这类乘客对换乘点无要求，随机安排换乘点。

多换乘点 RFT 系统中，若乘客对换乘点有指定要求，接驳车辆必须将其按要求送到目的换乘点，若乘客对换乘点无指定要求时，接驳车辆可随机接（送）至换乘点。

在包含两个单换乘点的 RFT 系统 A、B（图 4.13 所示），系统 A 中的需求点 S1、系统 B 中的需求点 S2 和 S3 均有乘客提出申请，乘客分属两个系统。乘客对换乘点的要求有两类，一类是有指定换乘点要求，即必须到指定的换乘点进行换乘，该情况下，乘客在申请时需选择相应的指定换乘点；另一类无指定换乘点要求，可随机安排送至任意的换乘点。同时，乘客分为预约需求和实时需求两类。

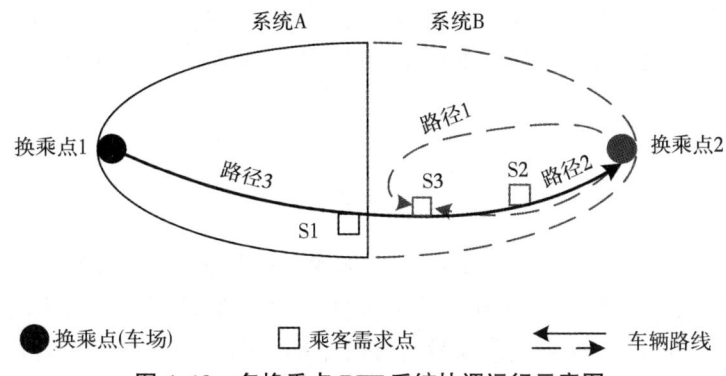

图 4.13　多换乘点 RFT 系统协调运行示意图

### 4.4.2　多换乘点协调的必要性

具有多个换乘点的 RFT 系统与单换乘点 RFT 系统存在较大差异，最主要的差别在于系统中换乘点数量、乘客换乘点要求、车辆起讫点选择和运行路径等方面，其核心差别体现在多换乘点 RFT 系统中，各换乘点可以产生联系而不是独立存在的，换乘点与换乘点之间可进行接驳车辆运行的协调优化，从而实现系统资源的合理配置和 RFT 系统的高效运行，提高服务质量。多换乘点协调的必要性分析如下：

如图 4.13 所示，系统 B 的车辆路线有两条，分别是路径 1（逆时针方向）、路径 2（顺时针方向），若选择路径 1，则车辆空驶距离长；若选择路径 2，则乘客乘车时间长；系统 A 也存在类似问题。因乘客分属两个系统，尽管 A、B 系统中各自车辆容量均有剩余，但仍需分别派出车辆接送，导致车辆满载率低、车辆运行距离长。此时，若乘客时间窗允许，则系统 A、B 可协调运行，系统 A 派出的车辆逆时针方向运行，经需求点 S1，然后分别经过需求点 S3 和 S2，一次就能响应三个需求点。协调后，既能提高满载率，大大减少车辆的总运行距离，也能尽量降低需求点 S3、S2 乘客的车上时间。

### 4.4.3 模型假设

服务区域内有多个换乘点 h（h=1，2，…，n）和多个需求点，车辆从换乘点出发，完成任务后回到出发的换乘点或其他换乘点；车辆以速度 $v$ 运行；乘客需求被响应后不会取消；仅考虑接乘客到换乘点的问题（从换乘点送乘客到需求点是其逆过程），停靠点无乘客下车；需求点每位乘客的服务时间相同；所有车辆容量相同；当前班次不能响应的实时申请均转为预约申请，且被下一班次响应；车辆在往、返途中无逆行，即在到达当前线路的最远点之前或之后，车辆均不会水平方向逆行；每隔一定时间（如高峰期为 20 min 左右，平峰期为 40 min 左右），根据换乘点车辆停放情况重新调整发车间隔。

$$T = \frac{D_s}{v} \tag{4.4-1}$$

$$t_r = \frac{T}{G_r} \tag{4.4-2}$$

式（4.4-1）～（4.4-2）中：$T$ 为车辆单次最大运行时间；$D_s$ 为 S 个需求点间最短路总距离；$G_r$ 为换乘点 $r$ 停放的空闲车辆数；$t_r$ 为某时间段内换乘点 $r$ 的发车间隔。如果换乘点没有等待车辆，则返回的车经短暂休息后随即发车。

### 4.4.4 预约需求下模型构建

以多换乘点响应型接驳公交系统为研究对象，根据确定的发车时间间隔、乘客的预约需求以及软时间窗要求，在满足乘客对换乘点的要求、车容量等约束下，通过各换乘点的车辆运行线路的协调，使系统总费用最低[43]。

①系统总费用（目标函数）$F$ 包括乘客时间费用 $C_p$ 和车辆运营成本 $C_o$ 两部分，见式（4.4-3）：

$$F = u_1 C_p + u_2 C_o \qquad (4.4-3)$$

②乘客时间费用 $C_p$ 包括站点乘客候车时间的惩罚费用 $C_{pl}^i$、车内乘客在需求点的等待时间费用 $C_{pe}^i$、乘客车上花费时间惩罚费用 $C_{pc}^i$ 三部分。其中车内乘客的等待时间费用 $C_{pe}^i$ 包括车辆早到的等待时间、停靠站乘客上车所需时间；乘客等车时间及车上时间约束均为软时间窗，将其转换为时间惩罚费用，计算公式如式（4.4-4）~（4.4-7）所示：

$$C_p = \sum_{i \in N} C_{pl}^i + \sum_{i \in N} C_{pe}^i + \sum_{i \in N} C_{pc}^i \qquad (4.4-4)$$

$$C_{pl}^i = \begin{cases} 0, & ET_i \leqslant t_{hki} \leqslant LT_i \\ \alpha_3 (t_{hki} - LT_i) \cdot \varphi_{hki}, & LT_i < t_{hki} \leqslant BT_i \\ [\alpha_3 (BT_i - LT_i) + \alpha_4 (t_{hki} - BT_i)] \cdot \varphi_{hki}, & t_{hki} > BT_i \end{cases}$$

$$(4.4-5)$$

$$C_{pe}^i = \begin{cases} [Q_i \cdot t_f + (ET_i - t_{hki})] Q_{hki} \cdot \alpha_1, & t_{hki} \leqslant ET_i \\ Q_i \cdot t_f \cdot \alpha_1, & t_{hki} > ET_i \end{cases} \quad \forall h, k$$

$$(4.4-6)$$

$$C_{pc}^i = \begin{cases} 0, & E_a^i \leqslant E_d^i \\ \delta_1 (E_a^i - E_d^i), & E_d^i < E_a^i \leqslant E_b^i \\ \delta_1 (E_b^i - E_d^i) + \delta_2 (E_a^i - E_b^i), & E_a^i > E_b^i \end{cases} \qquad (4.4-7)$$

其中，$h$ 为换乘站（干线公交站点），在多换乘站系统，$h=1, 2\cdots$，表示换乘站1，换乘站2，…；$\alpha_3$ 为车辆在上车乘客容忍时间窗内到达站点乘客等待时间费用系数；$\alpha_4$ 为车辆在上车乘客容忍时间窗后到达站点乘客等待时间费用系数；$t_{hki}$ 为换乘站 $h$ 发出的车辆 $k$ 到达 $i$ 点的时刻；$\varphi_{hki} = (0, 1)$，若 $i$ 点的乘客由换乘点 $h$ 发出的车辆 $k$ 接送则为1，否则为0；$(LT_i, BT_i]$ 为需求点 $i$ 可容忍时间窗；$E_d^i$ 为 $i$ 点乘客期望乘车时长；$Q_i$ 为需求点 $i$ 的乘客数；$t_f$ 为乘客上车平均花费时间；$E_a^i$ 为 $i$ 点乘客实际乘车时长；$E_b^i$ 为 $i$ 点乘客可容忍的最长乘车时长；$Q_{hki}$ 为换乘站 $h$ 发出的车辆 $k$ 到达 $i$ 点时的车内乘客数；$\delta_1$ 为乘客在可容忍乘车时长内的惩罚系数；$\delta_2$ 为乘客在可容忍乘车时长外的惩罚系数。其他符号同上文。

③车辆运营费用 $C_o$ 包括车辆启动费用、路段行驶费用、需求点的停靠费用、车辆早到引起的车辆等待费用 $C_f^i$，计算如式（4.4-8）~（4.4-9）所示：

$$C_o = \sum_h \sum_k w_{hk} \cdot C_q + \sum_h \sum_k \sum_{i \in I \cup H} \sum_{j \in I \cup H} d_{ij} \cdot x_{hkij} \cdot C_l + \sum_{i \in I} Q_i \cdot t_f \cdot \lambda + \sum_{i \in I} C_f^i$$

$$(4.4-8)$$

$$C_f^i = \begin{cases} (ET_i - t_{hki}) \cdot \beta_1, & t_{hki} \leqslant ET_i \\ 0, & t_{hki} > ET_i \end{cases} \quad \forall h, k \qquad (4.4-9)$$

其中，$w_{hk} = (0, 1)$，若换乘点的车辆 $k$ 被使用则为 1，否则为 0；$x_{hkij} = (0, 1)$，若换乘站 $h$ 发出的车辆 $k$ 从 $i$ 点经过 $j$ 点则为 1，否则为 0；$\lambda$ 为车辆在站点服务乘客的时间费用系数；$C_f^i$ 为车辆早到或晚到 $i$ 点的惩罚成本；$\beta_1$ 为车辆在上车乘客预约时间窗前到达车辆的惩罚系数；其他符号同上文。

④协调优化模型

$$\min F \qquad (4.4-10)$$

$$\text{s. t.} \sum_h \sum_k \varphi_{hki} = 1, \quad \forall i \in \mathbf{N} \qquad (4.4-11)$$

$$Q_{hki} + Q_i \leqslant U, \quad \forall h, k \qquad (4.4-12)$$

$$\sum_k w_{hk} \leqslant q_h, \quad \forall h \qquad (4.4-13)$$

$$t_{hkj} - t_{hki} \geqslant \left( \frac{d_{ij}}{v} + Q_i \cdot t_f \right) x_{hkij} + max(ET_i - t_{hki}, 0), \quad \forall i$$

$$(4.4-14)$$

$$\sum_i \sum_j \left[ \left( \frac{d_{ij}}{v} + Q_i \cdot t_f \right) x_{hkij} + max(ET_i - t_{hki}, 0) \right] \leqslant T, \quad \forall h, k$$

$$(4.4-15)$$

$$\theta_{hi} = 1, \quad \forall i \qquad (4.4-16)$$

其中，$q_h$ 为换乘站 $h$ 中车辆保有量；$\theta_{hi} = (0, 1)$，若车辆满足了乘客前往特定换乘点 $h$ 的要求则为 1，否则为 0。其他符号同上文。

式（4.4-10）表示优化目标为系统总费用最小；式（4.4-11）确保各需求点的预约需求均被响应；式（4.4-12）为车辆容量约束，表示服务 $i$ 点的车辆容量大于乘客数；式（4.4-13）为换乘点发出的车辆数约束；式（4.4-4）表示车辆到达站点 $j$ 的时刻与到达站点 $i$ 时刻的时间差不小于车辆在站点 $i$ 的停靠时间、站点 $ij$ 间的最短路行驶时间以及站点 $i$ 车辆早到的等待时间这三部分时间总和；式（4.4-15）为车辆行程时间约束；式（4.4-16）表示车辆应满足了乘客对换乘点的要求。

## 4.4.5 实时需求响应

第一阶段进行了预约需求下多换乘点响应接驳公交运行线路的协调优化，

以第一阶段为基础，第二阶段关键是解决实时需求申请的响应。

（1）实时需求响应规则。

考虑到实际运营过程中车辆的容量约束、车辆的单次最大运行时间等条件的约束，并非所有新增实时申请都能在当前被响应，因而需要建立规则对新增实时需求能否响应进行判别。

规则1：以社会公益服务为出发点，将实时需求中的老年人、残疾人等弱势群体的交通出行需求作为一类特殊需求进行处理，对于这类特殊实时需求，不论初始运行线路方案下的接驳车辆是否具备响应能力，均必须响应这类特殊实时需求。即若接驳车辆有剩余载客数和运行时间，则将特殊需求点插入运行路径中；若接驳车辆无剩余载客数和运行时间，则也必须优先响应特殊实时需求，调用第一阶段模型对未响应的预约需求重新进行协调优化选择。

规则2：若当前的实时需求申请为一般实时需求，且在当前班次的运行线路上，则无须更新路径，如果接受当前申请仍满足车辆载客数约束，则响应当前申请，否则拒绝，被拒绝的实时需求申请增加惩罚后转为预约申请，且被下一班次响应。

规则3：若当前实时申请为一般实时需求，但不在当前班次的运行线路上，则需要调整当前班次的运行线路。此时首先应进行车辆载客数约束的判别，然后进行车辆行程时间约束的判别。若响应站点 $i$、$j$ 间站点 $u$ 的实时申请，则将增加行程时间 $T_u$，包括行驶时间增加值、停靠时间增加值、车辆早到的等待时间增加值3部分，计算如式（4.4-17）所示：

$$T_u = \frac{d_{iu} + d_{uj} - d_{ij}}{v} + Q_u \cdot t_f + \max(ET_u - t_{hku},\ 0) \quad (4.4-17)$$

在响应实时需求点时，新增行程时间 $T_u$ 应满足式（4.4-18）

$$T_u \leqslant T - \sum_i \sum_j \left[ \left( \frac{d_{ij}}{v} + Q_i \cdot t_f \right) x_{hkij} + \max(ET_i - t_{hki},\ 0) \right],\ \forall h,\ k$$

$$(4.4-18)$$

其中，$d_{iu}$、$d_{uj}$ 分别为站点（$i$，$u$）、（$u$，$j$）的最短距离；$Q_u$ 为接驳车辆在新增站点 $u$ 响应的实时需求人数。

基于上述判别规则，实时需求是否响应的判别流程如图4.14所示：

对比2.2.5节中典型两阶段法的分析以及图4.14实时需求响应判别流程可知，本节提出的实时需求判别规则与现有判别规则相比，进行了以下改进：

①将老年人、残疾人等弱势群体发出的交通出行需求作为一类特殊实时需求处理，采取必须予以响应的原则，本节中的实时需求判别规则更加凸显了多换乘点响应接驳型公交的公益性质，具有更高的社会价值；

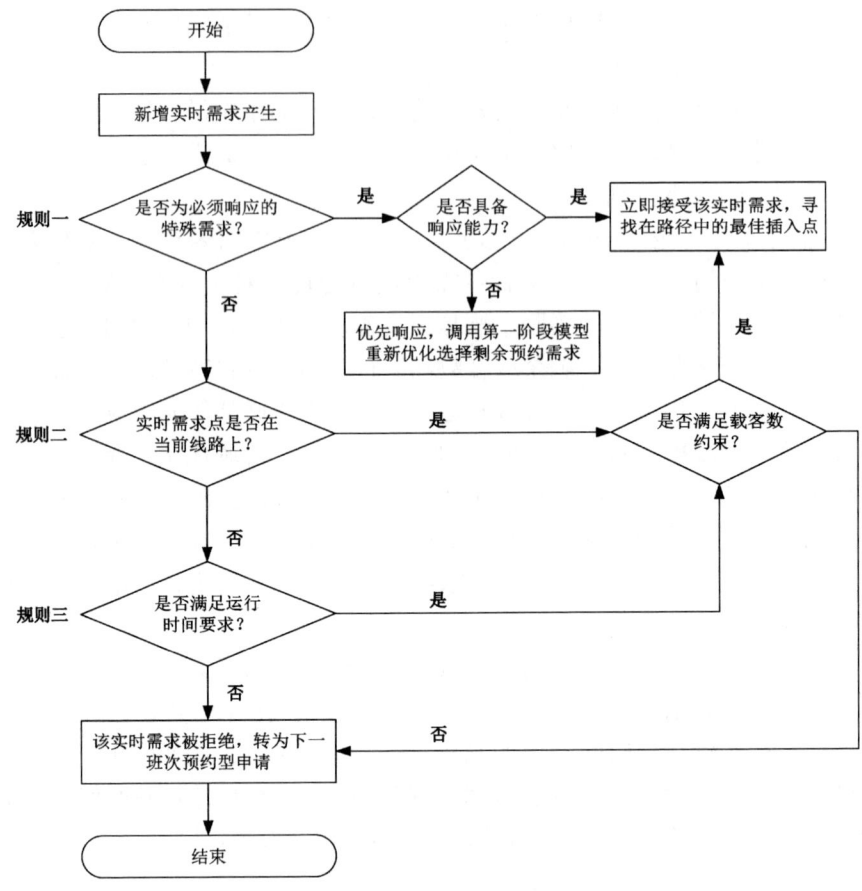

**图 4.14   实时需求响应判别流程图**

②在对普通实时需求的响应过程中，无论站点是否在第一阶段初始路径中，从车辆载客量和单次最大行程时间两个重要的实际条件进行考虑，满足条件就能被当前车辆接受。

基于这样的规则判别实时需求的响应，既充分考虑到了接驳车辆实际运营条件，又能提高了车辆的满载率，全方位地服务乘客，更大程度地满足乘客的出行需求。

（2）实时需求下运行线路的调整。

实时需求的响应将增加路段行驶费用、乘客等车时间惩罚费用、乘客车上时间惩罚费用，此时应根据响应的实时需求点的位置调整运行线路并重新计算目标函数值；若实时需求被拒绝，被拒绝的实时需求增加惩罚后转为预约申请，且要求被下一班次响应，此时，应调用第一阶段模型重新优化后续班次的运行线路，而且优化条件发生了如下变化：

①增加了预约需求（即为被拒绝的实时需求）和需求点。

②增加了约束条件，即被拒绝的实时需求须被后续的第一班次响应。

③系统总成本函数变化为 $F' = u_1 C_p + u_2 C_O + u_3 C_{re} \cdot |\mathbf{N}'_2|$

### 4.4.6　求解算法

混合需求下运行路线的协调优化模型的求解关键是第一阶段模型的求解。第二阶段则是在第一阶段的基础上，先判断需求能否被接受，若能接受，则在初始路径基础上将新增需求插入合适位置获得最优路径，仍可按照第一阶段算法求解。

（1）第一阶段：基于模拟退火算法（SA）构建的第一阶段模型的求解算法流程如图 4.15 所示。站点编码采用自然数编码，根据车辆从换乘点出发后

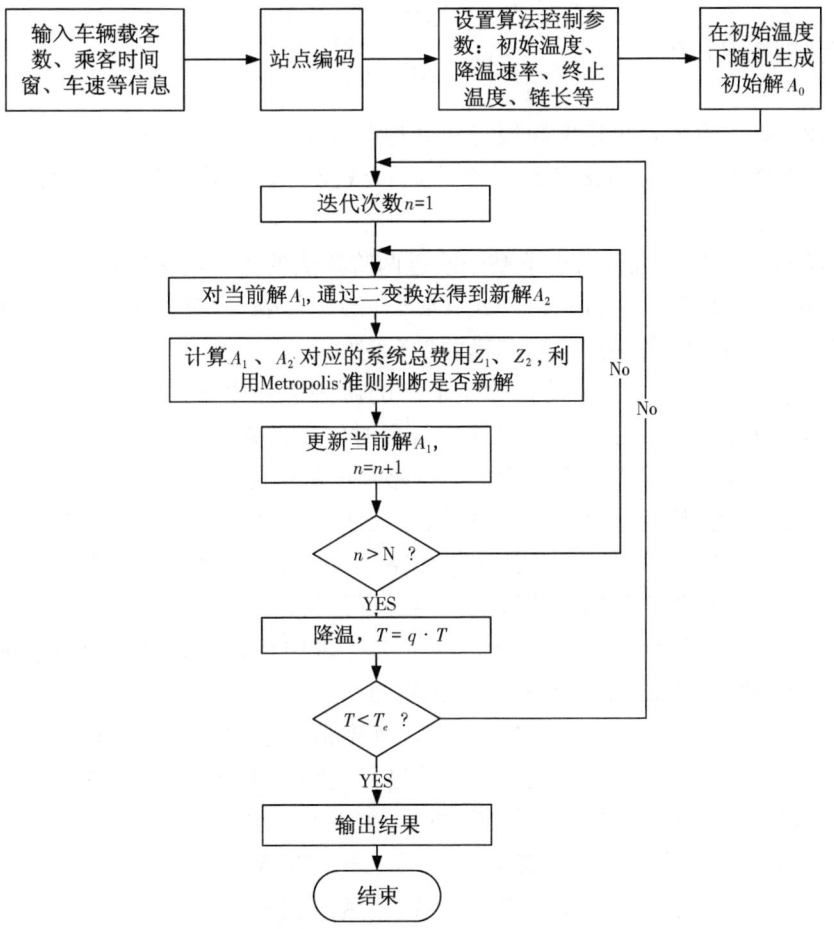

**图 4.15　模拟退火算法求解流程**

经过的站点进行排序。若 1，2，…，$S$ 为需求点编号（时间窗不同，即使需求点位置相同，需求点编号也不同），$S+1$，$S+2$，…，$S+R$ 为换乘点编号，用一组自然数的排列即可表示一个路径解。如当 $S=10$，$R=2$，数组（11，4，2，8，11，9，3，7，5，12）表示由两辆车完成 7 个站点的服务：路径 1：1 号换乘点→4→2→8→1 号换乘点；路径 2：1 号换乘点→9→3→7→5→2 号换乘点。算法的主要控制参数有降温速率 $q$、初始温度 $T_0$、结束温度 $T_e$、链长 $N$。

采用的二变换法是指在［1，$S$］随机产生两个整数 $S_1$、$S_2$，并确定 $S_1$、$S_2$ 在解 $A_1$ 中的位置，将位置对换，即产生新解 $A_2$。

Metropolis 接受准则：当前温度 $T_d$ 下的当前解 $A_1$ 的总费用为 $F_1$，二变换后新解 $A_2$ 的总费用为 $F_2$，则费用差值 $\Delta F = F_2 - F_1$，以差值定义新解 $A_2$ 的接受概率 $P$，$P = \begin{cases} 1, & \Delta F < 0 \\ \exp\left(-\dfrac{\Delta F}{T_d}\right), & \Delta F \geqslant 0 \end{cases}$。

（2）第二阶段：采用两阶段思想处理混合需求，构建基于两阶段法的混合需求下多换乘点响应型接驳公交系统运行线路协调优化方法，优化流程如图 4.16 所示。

根据图 4.16，混合需求下基于改进两阶段法的协调优化流程如下：

Step1：根据式（4.4-1）、式（4.4-2），每隔一定时间，根据各换乘点的车辆停放数确定各换乘点各车辆的发车时间；

Step2：调用 4.4.4 节的预约需求下的协调优化模型，以系统成本最小化为目标，满足车辆载客数、单次最大行程时间以及乘客软时间窗等约束条件，进行预约需求下多换乘点多车辆的运行路径的协调优化；

Step3：利用第一阶段中基于模拟退火法所设计的求解算法，获得预约需求下多换乘点响应接驳公交的协调优化路径，该路径方案为第一阶段预约需求的路径方案，也将作为第二阶段的初始运行路径；

Step4：若车辆运行过程中未产生实时需求申请，则各换乘点各车辆按照 Step3 中的路径方案运行至结束，否则转至 Step5；

Step5：对于出现的实时申请需求，其申请信息实时发送至调度中心，基于一定的规则对能否响应当前实时申请进行判别，并即时给出判别结果，若能响应则转至 Step6；若不能在当前班次即时响应，则转至 Step7；

Step6：新增实时需求能够响应的情况下，综合考虑车上乘客时间窗要求以及实时申请的乘客时间窗要求等因素的影响，寻找实时需求点的最佳插入位置，将该实时需求插入到 Step3 中的运行路径中，调整运行路线方案；

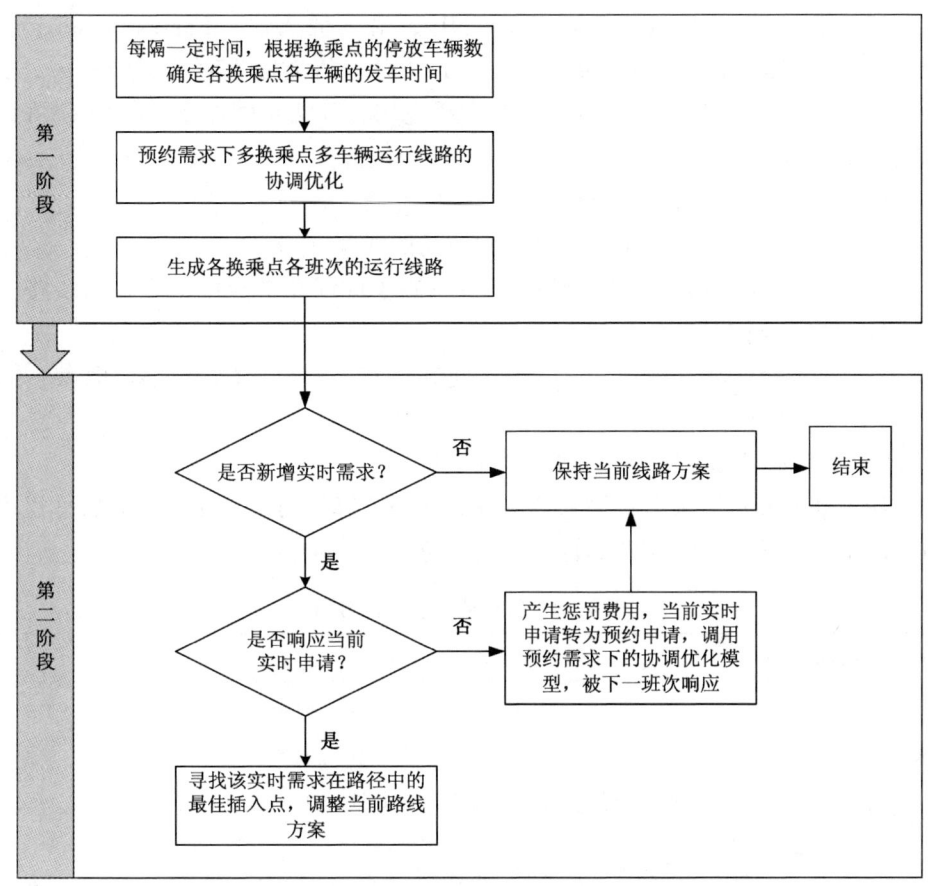

图 4.16　基于改进两阶段法的运行线路协调优化流程图

Step7：当前实时需求不能在当前班次即时响应的情况下，则系统增加惩罚费用，当前实时需求转为后续车辆的预约需求，调用第一阶段处理预约需求的协调优化模型生成运行线路方案被后续车辆响应。

（3）基于插入法的实时需求插入点确定。

基于图 4.14 的实时需求响应判别流程，若该实时需求能被响应，依照图 4.16 中两阶段协调优化流程中的 Step6，需基于插入法确定该实时需求在运行路径中的插入点。

①插入算法选取。

当实时需求依照图 4.14 判别后能被当前车辆响应时，若实时需求站点位置在原初始路径中时，车辆可依照当前线路方案运行，而对于站点位置不在原运行路径中却又能即时被响应的实时需求，需设计合适的插入法求解其在初始运行路径中的最佳插入位置。对于这类插入问题的求解，常见的几种插入法有：最近插入法（Nearest Insertion，NI）、最远插入法（Fastest Insertion，FI）、最节约插入法（Cheapest Insertion，CI）、凸集插入算法（Convex Set Insertion）[97-98]，其中最近插入算法被广泛应用，算法步骤如下（其中 $C$ 可为距离或费用）：

Step1：取源点 0 作为起点；

Step2：找到点 $l$，使 $C_{0l}$ 最小，构成初始线路 $0-l-0$；

Step3：对于已形成的初始线路，在不属于此线路的点中，寻找离线路上的点最近的点 $k$；

Step4：在线路上寻找弧 $(i，j)$，使满足 $C_{ik}+C_{kj}-C_{ij}$ 最小，把点 $k$ 插入点 $i$ 与点 $j$ 之间；

Step5：返回 Step3，直到站点访问完毕。

最远插入算法、最节约插入算法等其他插入算法与最近插入算法的过程相似，区别在于选择插入位置的标准不同，总结如表 4-8：

表 4-8  各类插入法对比分析

| 插入法名称 | 插入标准 |
|---|---|
| 最近插入法 | 满足 $C_{ik}+C_{kj}-C_{ij}$ 最小 |
| 最远插入法 | 满足 $C_{ik}+C_{kj}-C_{ij}$ 最大 |
| 最节约插入法 | 在局部线路中寻找 $(i，j)$ 及不属于此线路上的点 $k$，满足 $C_{ik}+C_{kj}-C_{ij}$ 最小 |
| 凸集插入算法 | 对每个不在线路上的点 $k$，找到 $C_{ik}+C_{kj}-C_{ij}$ 最小的 $(i，j)$，对所有的 $(i，k，j)$，确定 $(i^*，k^*，j^*)$，使得 $(C_{i^*k^*}+C_{k^*j^*})/C_{i^*j^*}$ 最小 |

本节对第二阶段实时需求的加入是即收即理，且实时需求的产生和分布是未知的、随机的，不能如最近插入法 Step2 中依照距离线路上的站点最近而确定需求站点 $k$，故本节不采用最近插入法，由表 4-8 对比分析可知，最节约插入算法最适合求解本节提出的第二阶段实时需求站点的插入位置求解，但是本节中新增实时站点的插入需要考虑车辆容量和行驶时间等因素影响，因此，需结合多换乘点 RFT 的运营过程对传统最节约插入算法进行一些改进。

②最节约插入算法改进。

根据图 4.14 实时需求响应判别规则，对于能响应的且站点不在初始运行线路中的实时需求需要利用插入算法寻找在运行路径中的最佳插入位置。如图 4.17 所示，若第一阶段已生成响应预约需求的初始路径，车辆运行过程产生位置不在原线路上的实时需求点 $k$，且经判别可以被响应，$k$ 在运行线路中有多个可行插入位置，应采用改进的最节约插入算法寻找其最佳插入位置。

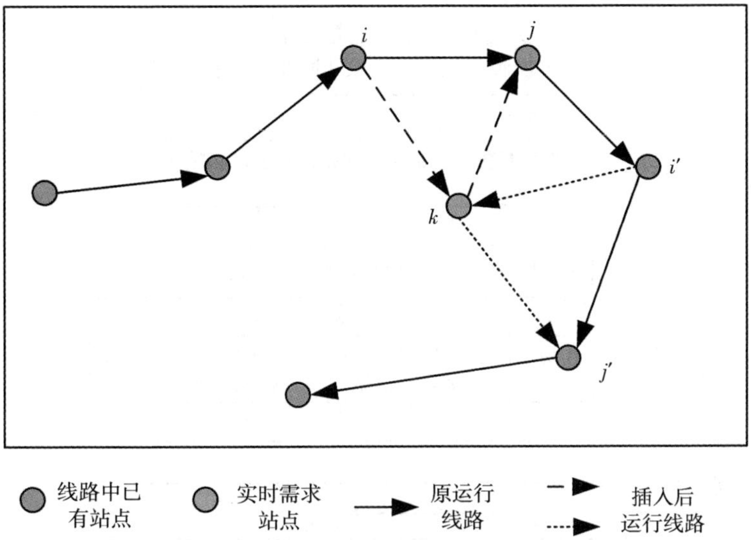

**图 4.17　实时需求站点插入示意图**

新增实时需求能被响应，则表明经判别满足载客数要求，若插入路径（$i$，$j$）后的新增的车辆运行时间极小，则无论是对车上已有乘客或未上车乘客，其影响都是极小的，故选取插入后 $\Delta T$ 最小的路径（$i$，$j$）将 $k$ 插入，修正为路径（$i$，$k$，$j$）。

$$\Delta T = \frac{d_{ik} + d_{kj} - d_{ij}}{V} \tag{4.4-19}$$

综上，改进后的最节约插入算法具体算法流程如图 4.18 所示：

如图 4.18 所示，改进后的最节约插入算法步骤为：

Step1：产生实时需求点 $k$，调度中心获得其时间窗要求及换乘点要求等信息；

Step2：根据实时需求信息，将其分配至合适接驳时间和对应目的换乘点的接驳车辆初始路径，其站点集合为 $S_1 = \{s_1, s_2, s_3, \cdots, s_n\}$；

Step3：满足式（4.4-17）、式（4.4-18）车辆行程时间约束的前提下，在初始路径站点集 $H$ 中寻找所有可插入路段（$s_i$，$s_j$），所有可插路径站点按顺序排列构成集合为 $S_2 = \{s_1, s_2, s_3, \cdots, s_m\}$（$S_2 \subset S_1$），若有集合 $S_2$ 中共有 $m$ 个站点，则有 $m-1$ 条可插路段；

Step4：依次计算集合 $S_2$ 中各路段的 $\Delta T$，直至计算完所有可插入路段的 $\Delta T$ 值；

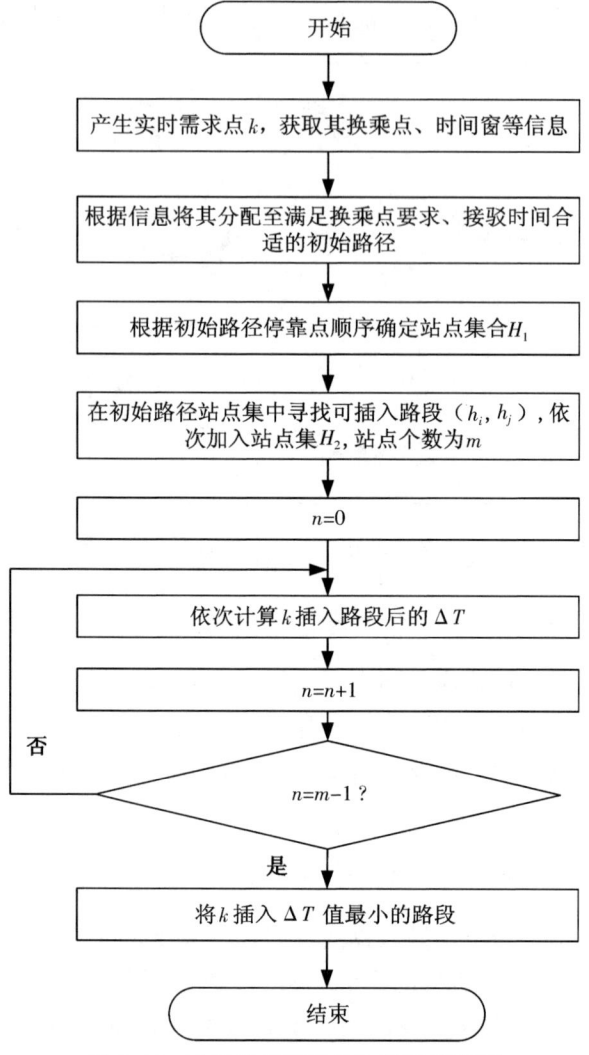

图 4.18 改进的最节约插入算法流程图

Step5：找到最小 $\Delta T$ 值的路段 $(s_i, s_j)$，将实时需求点 $k$ 插入，得到修正后的车辆运行路径。

### 4.4.7 案例分析

考虑如图 4.13 所示的两个 RFT 系统，比较分析两个系统独自运行（单个 RFT 系统的优化模型与多换乘点的模型类似，但系统仅含一个换乘点）和协调运行时的车辆运行路径、系统总成本，并分析发车间隔固定和分时段调整情况下系统总成本的变化情况。设换乘点 $h_1$、$h_2$ 的坐标分别为（2.70，1.80）、

（2.50，3.00），两个换乘点各有车辆 3 台，车辆额定载客数为 15 人，车辆单次最大行驶时间为 $T=0.5$ h，车辆运行速度为 $v=30$ km/h。设每辆接驳车的启动成本 $C_q=10$ 元、每辆接驳车每千米的运输成本 $C_l=3$ 元/km、模型中的时间价值费用系数 $\lambda$、$\alpha_3$、$\alpha_4$、$\alpha_1$、$\delta_1$、$\delta_2$、$\beta_1$ 的取值分别为每分钟对应经济费用 0.5 元、0.5 元、1 元、0.5 元、0.5 元、1 元、0.5 元。设模拟退火算法控制参数 $q=0.9$、$T_0=1000$、$T_e=0.001$、$N=200$。设乘客服务时间为 15 s，系统 $A$、$B$ 中预约需求情况分别如表 4-9、4-10 所示（为了进行比较，设乘客均有特定换乘点要求）。

表 4-9　到换乘站 $h_1$ 的乘客信息情况

| 需求点号 | 横坐标 | 纵坐标 | 站点人数/人 | 期望上车时间窗 | 可容忍上车时间窗 | 期望车上时间/min | 可容忍车上时间/min |
|---|---|---|---|---|---|---|---|
| 1 | 4.0736 | 4.2456 | 5 | [8:03, 8:05] | [8:05, 8:10] | 8 | 15 |
| 2 | 4.5290 | 4.6700 | 4 | [8:15, 8:17] | [8:17, 8:22] | 12 | 17 |
| 3 | 0.6349 | 3.3937 | 3 | [8:38, 8:40] | [8:40, 8:46] | 10 | 15 |
| 4 | 4.5669 | 3.7887 | 2 | [8:11, 8:13] | [8:13, 8:18] | 10 | 16 |
| 5 | 3.1618 | 3.7157 | 3 | [8:22, 8:24] | [8:20, 8:31] | 12 | 18 |
| 6 | 0.4877 | 1.9611 | 3 | [8:33, 8:35] | [8:35, 8:40] | 10 | 15 |
| 7 | 1.3925 | 3.2774 | 2 | [8:40, 8:42] | [8:42, 8:46] | 12 | 15 |
| 8 | 2.7344 | 0.8559 | 2 | [8:42, 8:44] | [8:44, 8:48] | 8 | 13 |
| 9 | 4.7875 | 3.5302 | 4 | [8:52, 8:54] | [8:54, 8:58] | 10 | 15 |
| 10 | 1.8244 | 2.2592 | 2 | [8:21, 8:23] | [8:23, 8:29] | 6 | 10 |
| 11 | 1.4881 | 0.9846 | 4 | [8:31, 8:33] | [8:33, 8:37] | 8 | 14 |
| 12 | 3.5530 | 1.2309 | 4 | [8:02, 8:04] | [8:04, 8:10] | 10 | 16 |
| 13 | 4.7858 | 0.4857 | 3 | [8:55, 8:57] | [8:57, 9:02] | 12 | 15 |
| 14 | 2.4269 | 4.1173 | 3 | [8:14, 8:16] | [8:16, 8:20] | 10 | 15 |
| 15 | 4.0014 | 3.4741 | 2 | [8:21, 8:23] | [8:23, 8:27] | 9 | 14 |
| 16 | 0.7094 | 1.5855 | 2 | [8:44, 8:46] | [8:46, 8:54] | 8 | 12 |
| 17 | 2.1088 | 4.7511 | 2 | [8:57, 8:59] | [8:59, 9:04] | 12 | 18 |
| 18 | 4.1787 | 0.1722 | 3 | [8:48, 8:50] | [8:50, 8:55] | 10 | 14 |

**续表**

| 需求点号 | 横坐标 | 纵坐标 | 站点人数/人 | 期望上车时间窗 | 可容忍上车时间窗 | 期望车上时间/min | 可容忍车上时间/min |
|---|---|---|---|---|---|---|---|
| 19 | 3.9610 | 2.1937 | 3 | [8:11, 8:13] | [8:13, 8:18] | 9 | 15 |
| 20 | 4.7975 | 1.9078 | 3 | [8:05, 8:07] | [8:07, 8:14] | 10 | 15 |

表 4-10  到换乘站 $h_2$ 的乘客信息情况

| 需求点号 | 横坐标 | 纵坐标 | 站点人数/人 | 期望上车时间窗 | 可容忍上车时间窗 | 期望车上时间/min | 可容忍车上时间/min |
|---|---|---|---|---|---|---|---|
| 21 | 4.0736 | 4.2456 | 1 | [8:14, 8:16] | [8:16, 8:22] | 12 | 18 |
| 22 | 4.5290 | 4.6700 | 2 | [8:43, 8:46] | [8:46, 8:52] | 10 | 14 |
| 23 | 0.6349 | 3.3937 | 4 | [8:02, 8:04] | [8:04, 8:09] | 12 | 18 |
| 24 | 4.5669 | 3.7887 | 2 | [8:21, 8:23] | [8:23, 8:28] | 10 | 15 |
| 25 | 3.1618 | 3.7157 | 2 | [8:11, 8:13] | [8:13, 8:18] | 13 | 18 |
| 26 | 0.4877 | 1.9611 | 3 | [8:32, 8:34] | [8:34, 8:39] | 6 | 10 |
| 27 | 1.3925 | 3.2774 | 2 | [8:04, 8:06] | [8:06, 8:13] | 12 | 17 |
| 28 | 2.7344 | 0.8559 | 3 | [8:18, 8:20] | [8:20, 8:26] | 12 | 16 |
| 29 | 4.7875 | 3.5302 | 2 | [8:09, 8:11] | [8:11, 8:16] | 10 | 15 |
| 30 | 1.8244 | 2.2592 | 2 | [8:41, 8:43] | [8:43, 8:48] | 11 | 16 |
| 31 | 1.4881 | 0.9846 | 2 | [8:15, 8:17] | [8:17, 8:22] | 12 | 18 |
| 32 | 3.5530 | 1.2309 | 2 | [8:07, 8:09] | [8:09, 8:14] | 10 | 14 |
| 33 | 4.7858 | 0.4857 | 3 | [8:41, 8:43] | [8:43, 8:48] | 11 | 16 |
| 34 | 2.4269 | 4.1173 | 2 | [8:24, 8:27] | [8:27, 8:32] | 13 | 18 |
| 35 | 4.0014 | 3.4741 | 4 | [8:52, 8:55] | [8:55, 8:59] | 9 | 15 |
| 36 | 0.7094 | 1.5855 | 2 | [8:33, 8:35] | [8:35, 8:39] | 10 | 14 |
| 37 | 2.1088 | 4.7511 | 3 | [8:28, 8:30] | [8:30, 8:37] | 10 | 15 |
| 38 | 4.1787 | 0.1722 | 2 | [8:53, 8:55] | [8:55, 9:00] | 12 | 18 |
| 39 | 3.9610 | 2.1937 | 3 | [8:34, 8:36] | [8:36, 8:42] | 8 | 14 |
| 40 | 4.7975 | 1.9078 | 3 | [8:57, 8:59] | [8:59, 9:03] | 6 | 12 |

①预约需求对比:当仅存在预约需求时,对两个系统独自运行和协调运行进行比较。发车间隔分时段(每隔 20 min)根据式(4.4-1)、式(4.4-2)进行确定,高峰时段为 10 min,平峰时段为 15 min。在表 4-9、4-10 预约需求情况下,根据模型及算法,比较分析两个系统独自运行、协调运行的最优路径和系统总成本。两个系统独自运行、协调运行的路径情况如表 4-11、4-12所示。

**表 4-11 两个系统独自运行时车辆的发车时刻及路径情况**

| 到达的换乘点 | 发车时刻 | 发车的换乘点及路径 | 到达时刻 | 到达的换乘点 | 发车时刻 | 发车的换乘点及路径 | 到达时刻 |
|---|---|---|---|---|---|---|---|
| $h_1$ | 8:00 | $h_1 \to 12 \to 20 \to 1 \to h_1$ | 8:22 | $h_2$ | 8:00 | $h_2 \to 27 \to 23 \to 32 \to 29 \to h_2$ | 8:25 |
| | 8:10 | $h_1 \to 2 \to 19 \to 4 \to 14 \to h_1$ | 8:28 | | 8:10 | $h_2 \to 21 \to 25 \to 31 \to 28 \to h_2$ | 8:32 |
| | 8:20 | $h_1 \to 15 \to 5 \to 10 \to 11 \to h_1$ | 8:39 | | 8:20 | $h_2 \to 24 \to 34 \to 37 \to 26 \to 36 \to h_2$ | 8:44 |
| | 8:35 | $h_1 \to 6 \to 3 \to 7 \to 16 \to 8 \to h_1$ | 8:57 | | 8:35 | $h_2 \to 39 \to 33 \to 22 \to 30 \to h_2$ | 8:49 |
| | 8:50 | $h_1 \to 18 \to 13 \to 9 \to 17 \to h_1$ | 9:20 | | 8:50 | $h_2 \to 35 \to 40 \to 38 \to h_2$ | 9:07 |
| | 总人数 59 人,平均满载率=78.7%,总运行距离 = 47.5 km,F1=231.47 元 | | | | 总人数 49 人,平均满载率=65.3%,总运行距离=40.2 km,F2=156.79 元 | | |

**表 4-12 两个系统协调运行时车辆的发车时刻及路径情况**

| 到达的换乘点 | 发车时刻 | 发车的换乘点及路径 | 到达时刻 | 到达的换乘点 | 发车时刻 | 发车的换乘点及路径 | 到达时刻 |
|---|---|---|---|---|---|---|---|
| $h_1$ | 8:00 | $h_2 \to 1 \to 20 \to 12 \to 2 \to h_1$ | 8:18 | $h_2$ | 8:00 | $h_1 \to 23 \to 27 \to 29 \to 32 \to 21 \to h_2$ | 8:19 |
| | 8:10 | $h_1 \to 19 \to 4 \to 14 \to h_1$ | 8:25 | | 8:10 | $h_2 \to 25 \to 31 \to 28 \to h_2$ | 8:27 |
| | 8:20 | $h_1 \to 15 \to 5 \to 10 \to 11 \to h_1$ | 8:39 | | 8:20 | $h_2 \to 24 \to 34 \to 37 \to 26 \to 36 \to h_2$ | 8:44 |
| | 8:35 | $h_1 \to 6 \to 3 \to 7 \to 16 \to 8 \to h_1$ | 8:57 | | 8:35 | $h_2 \to 39 \to 33 \to 22 \to 30 \to h_2$ | 8:49 |
| | 8:50 | $h_2 \to 18 \to 13 \to 9 \to 17 \to h_1$ | 9:12 | | 8:50 | $h_2 \to 35 \to 40 \to 38 \to h_2$ | 9:07 |
| | 总乘客数 59 人,平均满载=78.7%,总运行距离 = 44.5 km,F3=173.98 元 | | | | 总乘客数 49 人,平均满载率=65.3%,总运行距离=38.5 km,F4=137.52 元 | | |

由表 4-11、表 4-12 可知,在预约需求阶段,换乘点之间协调运营与否会影响车辆的总运行距离和系统的总成本。与两系统独自运行相比,在换乘点协调运行情况下,虽然平均满载率没有变化(因为均完成了所有预约需求),但系统响应每位乘客所需的平均运行距离、平均总成本分别为 768.52 m、2.88 元,分别减少了 5.4%、19.8%,优化效果明显。

②混合需求对比：在表 4 - 9、表 4 - 10 预约需求情况下，系统 A、B 新增的实时需求如表 4 - 13 所示（乘客均有特定换乘点要求）。设每位实时需求乘客被拒绝的惩罚费用为 10 元，系数 $u_1$、$u_2$、$u_3$ 分别为 0.3、0.5、0.2。

表 4 - 13  新增实时需求信息情况

**到换乘点 $h_1$ 的新增实时需求信息**

| 需求点号 | 横坐标 | 纵坐标 | 人数/人 | 期望上车时间窗 | 可容忍上车时间窗 | 期望车上时间/min | 可容忍车上时间/min |
|---|---|---|---|---|---|---|---|
| 41 | 4.5290 | 4.6700 | 2 | [8:04, 8:06] | [8:06, 8:12] | 10 | 15 |
| 42 | 4.5669 | 3.7887 | 2 | [8:16, 8:18] | [8:18, 8:26] | 8 | 12 |
| 43 | 0.4877 | 1.9611 | 2 | [8:10, 8:12] | [8:12, 8:17] | 12 | 16 |
| 44 | 2.7344 | 0.8559 | 2 | [8:51, 8:53] | [8:53, 8:59] | 10 | 17 |
| 45 | 4.7875 | 3.5302 | 2 | [8:33, 8:35] | [8:35, 8:40] | 12 | 18 |
| 46 | 1.8244 | 2.2592 | 2 | [8:42, 8:44] | [8:44, 8:50] | 10 | 16 |
| 47 | 2.4269 | 4.1173 | 1 | [8:55, 8:57] | [8:57, 9:04] | 11 | 15 |
| 48 | 0.7094 | 1.5855 | 1 | [8:24, 8:26] | [8:26, 8:33] | 10 | 14 |
| 49 | 2.1088 | 4.7511 | 1 | [8:39, 8:41] | [8:41, 8:47] | 11 | 16 |
| 50 | 4.1787 | 0.1722 | 2 | [8:27, 8:29] | [8:29, 8:34] | 9 | 15 |

**到换乘点 $h_2$ 的新增实时需求信息**

| 需求点号 | 横坐标 | 纵坐标 | 人数/人 | 期望上车时间窗 | 可容忍上车时间窗 | 期望车上时间/min | 可容忍车上时间/min |
|---|---|---|---|---|---|---|---|
| 51 | 4.5290 | 4.6700 | 2 | [8:21, 8:23] | [8:23, 8:27] | 10 | 15 |
| 52 | 1.3925 | 3.2774 | 1 | [8:46, 8:48] | [8:48, 8:54] | 11 | 16 |
| 53 | 2.7344 | 0.8559 | 1 | [8:09, 8:11] | [8:11, 8:15] | 12 | 16 |
| 54 | 4.7875 | 3.5302 | 1 | [8:35, 8:37] | [8:37, 8:45] | 11 | 15 |
| 55 | 1.4881 | 0.9846 | 1 | [8:15, 8:17] | [8:17, 8:22] | 9 | 14 |
| 56 | 3.553 | 1.2309 | 1 | [8:57, 8:59] | [8:59, 9:05] | 10 | 14 |
| 57 | 2.4269 | 4.1173 | 2 | [8:28, 8:30] | [8:30, 8:36] | 13 | 17 |

在新增表 4 - 13 所示的实时需求后，应用本节模型及算法，比较分析两个系统独自运行、协调运行的最优路径和系统总成本。两个系统独自运行、协调运行的路径情况如表 4 - 14、表 4 - 15 所示。

**表 4-14 新增实时需求后两个系统独自运行时车辆的发车时刻及路径情况**

| 到达的换乘点 | 发车时刻 | 发车的换乘点及路径 | 到达时刻 | 到达的换乘点 | 发车时刻 | 路径 | 到达时刻 |
|---|---|---|---|---|---|---|---|
| $h_1$ | 8:00 | $h_1 \to 41 \to 12 \to 20 \to 1 \to h_1$ | 8:26 | $h_2$ | 8:00 | $h_2 \to 27 \to 23 \to 53 \to 32 \to 29 \to h_2$ | 8:26 |
| | 8:10 | $h_1 \to 43 \to 2 \to 19 \to 4 \to 14 \to h_1$ | 8:31 | | 8:10 | $h_2 \to 21 \to 25 \to 31 (55) \to 51 \to 28 \to h_2$ | 8:34 |
| | 8:20 | $h_1 \to 42 \to 15 \to 5 \to 10 \to 48 \to 11 \to h_1$ | 8:41 | | 8:20 | $h_2 \to 24 \to 37 \to 14 (57) \to 26 \to 36 \to h_2$ | 8:46 |
| | 8:35 | $h_1 \to 6 \to 3 \to 49 \to 7 \to 16 \to 8 (44) \to h_1$ | 9:05 | | 8:35 | $h_2 \to 54 \to 39 \to 33 \to 22 \to 30 \to 52 \to h_2$ | 9:01 |
| | 8:50 | $h_1 \to 18 \to 13 \to 9 \to 47 \to 17 \to h_1$ | 9:20 | | 8:50 | $h_2 \to 35 \to 40 \to 56 \to 38 \to h_2$ | 9:08 |
| | 总乘客数 70 人,平均满载率=93.3%,总运行距离=54.8 km,F5=294.20 元 | | | | 总人数 58 人,平均满载率=77.3%,总运行距离=49.3 km,F6=233.76 元 | | |

**表 4-15 新增实时需求后两个系统协调运行时车辆的发车时刻及路径情况**

| 到达的换乘点 | 发车时刻 | 发车的换乘点及路径 | 到达时刻 | 到达的换乘点 | 发车时刻 | 发车的换乘点及路径 | 到达时刻 |
|---|---|---|---|---|---|---|---|
| $h_1$ | 8:00 | $h_2 \to 1 \to 41 \to 20 \to 12 \to h_1$ | 8:21 | $h_2$ | 8:00 | $h_1 \to 23 \to 27 \to 53 \to 29 \to 32 \to 21 \to h_2$ | 8:22 |
| | 8:10 | $h_1 \to 43 \to 2 \to 19 \to 4 \to 14 \to 48 \to h_1$ | 8:34 | | 8:10 | $h_2 \to 25 \to 31 (55) \to 51 \to 28 \to 24 \to h_2$ | 8:30 |
| | 8:20 | $h_1 \to 42 \to 15 \to 5 \to 10 \to 11 \to h_1$ | 8:39 | | 8:20 | $h_2 \to 37 \to 14 (57) \to 26 \to 36 \to h_2$ | 8:42 |
| | 8:35 | $h_1 \to 6 \to 3 \to 49 \to 7 \to 16 \to 8 (44) \to h_1$ | 9:05 | | 8:35 | $h_2 \to 54 \to 39 \to 33 \to 22 \to 30 \to 52 \to h_2$ | 9:01 |
| | 8:50 | $h_2 \to 18 \to 13 \to 46 \to 9 \to 47 \to 17 \to h_1$ | 9:17 | | 8:50 | $h_2 \to 35 \to 40 \to 56 \to 38 \to h_2$ | 9:08 |
| | 总乘客数 72 人,平均满载率=96%,总运行距离=54.1 km,F7=240.01 元 | | | | 总乘客数 58 人,平均满载率=77.3%,总运行距离=50.1 km,F8=179.86 元 | | |

比较表 4-14、表 4-15 可知,在两换乘点协调运行模式下,仅拒绝换乘点 $h_1$ 的实时需求 4 人,其站点坐标为 (1.8244,2.2592)、(4.1787,0.1722),总响应乘客数 130 人,响应人数比两个系统独自运行时多 2 人,其平均满载率也稍有提高;在系统总运行距离几乎没有增加的情况下,多响应乘客 2 位,响应率提

升了 1.6%；系统响应每位乘客所需的平均运行距离、平均总成本分别为 801.54 m、3.23 元，分别减少了 1.4%、21.7%，协调优化效果明显。

③发车间隔对比：在预约需求（如表 4-9、表 4-10 所示）以及新增实时需求（如表 4-13 所示）情况下，比较发车间隔固定（均为 10 min）、发车间隔分时段调整情况下（高峰时段发车间隔为 10 min，平峰时段发车间隔为 15 min）的系统总成本。发车间隔固定为 10 min 时，得到的车辆发车时间及路径情况如表 4-16、表 4-17 所示。

表 4-16 仅存在预约需求时发车间隔固定情况下车辆的发车时刻及路径情况

| 到达的换乘点 | 发车时刻 | 发车的换乘点及路径 | 到达时刻 | 到达的换乘点 | 发车时刻 | 发车的换乘点及路径 | 到达时刻 |
|---|---|---|---|---|---|---|---|
| $h_1$ | 8:00 | $h_2 \to 1 \to 20 \to 12 \to h_1$ | 8:20 | $h_2$ | 8:00 | $h_1 \to 27 \to 23 \to 32 \to 29 \to h_2$ | 8:25 |
| | 8:10 | $h_1 \to 2 \to 19 \to 4 \to 14 \to h_1$ | 8:28 | | 8:10 | $h_2 \to 25 \to 21 \to 28 \to 31 \to h_2$ | 8:31 |
| | 8:20 | $h_1 \to 5 \to 10 \to 15 \to h_1$ | 8:38 | | 8:20 | $h_2 \to 24 \to 34 \to 37 \to h_2$ | 8:33 |
| | 8:30 | $h_1 \to 11 \to 6 \to 3 \to 7 \to h_1$ | 8:48 | | 8:30 | $h_1 \to 26 \to 36 \to 30 \to h_2$ | 8:43 |
| | 8:40 | $h_1 \to 16 \to 8 \to 18 \to h_1$ | 8:56 | | 8:40 | $h_2 \to 39 \to 33 \to 22 \to h_2$ | 9:02 |
| | 8:50 | $h_1 \to 13 \to 9 \to 17 \to h_1$ | 9:16 | | 8:50 | $h_2 \to 35 \to 38 \to 40 \to h_2$ | 9:10 |
| | 总乘客数 59 人，平均满载率 = 65.6%，运行距离 = 54.7 km，$F_9$ = 201.51 元 | | | | 总乘客数 49 人，平均满载率 = 54.4%，运行距离 = 46.8 km，$F_{10}$ = 174.64 元 | | |

表 4-17 新增实时需求后发车间隔固定情况下车辆的发车时刻及路径情况

| 到达的换乘点 | 发车时刻 | 发车的换乘点及路径 | 到达时刻 | 到达的换乘点 | 发车时刻 | 发车的换乘点及路径 | 到达时刻 |
|---|---|---|---|---|---|---|---|
| $h_1$ | 8:00 | $h_2 \to 1 \to 41 \to 20 \to 12 \to h_1$ | 8:21 | $h_2$ | 8:00 | $h_1 \to 27 \to 23 \to 53 \to 32 \to 29 \to h_2$ | 8:26 |
| | 8:10 | $h_1 \to 43 \to 2 \to 19 \to 4 \to 14 \to 48 \to h_1$ | 8:34 | | 8:10 | $h_2 \to 25 \to 21 \to 28 \to 51 \to 31 (55) \to h_2$ | 8:34 |
| | 8:20 | $h_1 \to 42 \to 5 \to 10 \to 15 \to 50 \to h_1$ | 8:50 | | 8:20 | $h_2 \to 24 \to 37 \to 34 (57) \to h_2$ | 8:36 |
| | 8:30 | $h_1 \to 11 \to 6 \to 3 \to 7 \to 45 \to h_1$ | 8:58 | | 8:30 | $h_2 \to 36 \to 26 \to 30 \to 54 \to 52 \to h_2$ | 8:59 |
| | 8:40 | $h_1 \to 16 \to 46 \to 8 \to 18 \to 47 \to h_1$ | 9:06 | | 8:40 | $h_2 \to 39 \to 33 \to 22 \to h_2$ | 9:02 |
| | 8:50 | $h_1 \to 44 \to 13 \to 9 \to 17 \to h_1$ | 9:16 | | 8:50 | $h_2 \to 35 \to 56 \to 38 \to 40 \to h_2$ | 9:13 |
| | 总乘客数 75 人，平均满载率 = 83.3%，运行距离 = 74.9 km，$Z_{11}$ = 335.62 元 | | | | 总乘客数 58 人，平均满载率 = 77.3%，运行距离 = 58.3 km，$Z_{12}$ = 237.43 元 | | |

　　比较表 4-12（表 4-12 和表 4-15 均为发车间隔分时段调整时车辆在发车时刻及路径）、表 4-16 可知，在发车间隔分时段调整情况下，研究时段内发车班次比发车间隔固定为 10 min 时减少了 1 次，而且仅存在预约需求时，平均满载率增加了 20%，系统响应每位乘客所需的平均运行距离、平均总成本分别为 768.52 m、2.88 元，分别减少了 18.2%、17.2%；比较表 4-15、表 4-17 可知，在发车间隔分时段调整情况下，研究时段内响应的需求人数比发车间隔固定为 10 min 时略有减少，但平均满载率增加了 7.9%，系统响应每位乘客所需的平均运行距离、平均总成本分别为 801.54 m、3.23 元，分别减少了 19.97%、25.06%，效益明显。

　　重要结果：通过实验仿真，在上文给定的案例中，得出以下结论：

　　①在仅有预约需求且需求条件相同情况下，与两个换乘点接驳系统独自运行相比，换乘点协调运行系统响应每位乘客所需的平均运行距离、平均总成本分别减少了 5.4%、19.8%，协调效果明显。

　　②在混合需求且需求条件相同情况下，与两个换乘点接驳系统独自运行相比，换乘点协调运行系统总运行距离在几乎没有增加的情况下，多响应乘客 2 位，响应率提升了 1.6%；系统响应每位乘客所需的平均运行距离、平均总成本分别减少了 1.4%、21.7%，协调效果显著。

　　③研究发现，与固定发车间隔相比，分时段调整发车间隔，能有效降低运送全部响应乘客所需的平均运行距离和平均总成本，仅有预约需求时分别降低 18.2%、17.2%，新增实时需求后分别减少 19.97%、25.06%。

# 第五章　多车场需求响应接驳公交的协调优化

上一章节对不同场景下的需求响应接驳公交路径与发车时间协调进行了分析，研究了同时接送、多换乘点、混合需求（预约需求、实时需求）响应型接驳公交，本章在上一章的基础上，分别研究多车场单换乘站混合需求、多车场多换乘站混合需求响应型接驳公交的协调优化。

## 5.1　多车场单换乘点响应型接驳公交的协调优化

本节提出较大服务区域内多车场响应型接驳公交运输问题，考虑多车场、多车型以及同时存在静态预约需求、动态预约需求的情况，并采用两阶段调度法进行调度优化[45]。

### 5.1.1　多车场协同概念

根据系统中车场数量可将响应型接驳公交系统可划分为单车场与多车场的响应型接驳公交系统。多车场响应型接驳公交系统的运营模式又可分为多车场的独立运行与协同运行的运营模式。多车场独立运行是指在多车场响应型接驳公交系统内各车场车辆仅服务各自服务范围内的乘客，从各自车场出发最终回到各自车场；多车场协同运行模式则是指多车场系统内各车场之间进行协调，为了使系统效率最高、费用最低，车辆可从一个车场发出返回其他车场，所有车场的服务范围合并为整个多车场系统的服务范围。多车场独立运行和协同运行模式分别如图 5.1（a）与图 5.1（b）所示。

多车场协调的响应型接驳公交完全根据乘客需求制定调度方案，其次多车场协调运行的系统能通过合理调度多车场存放的不同车型车辆，保证合理的发车间隔、发出车型，满足乘客的不同需求并降低运营成本。在社会效益上，多

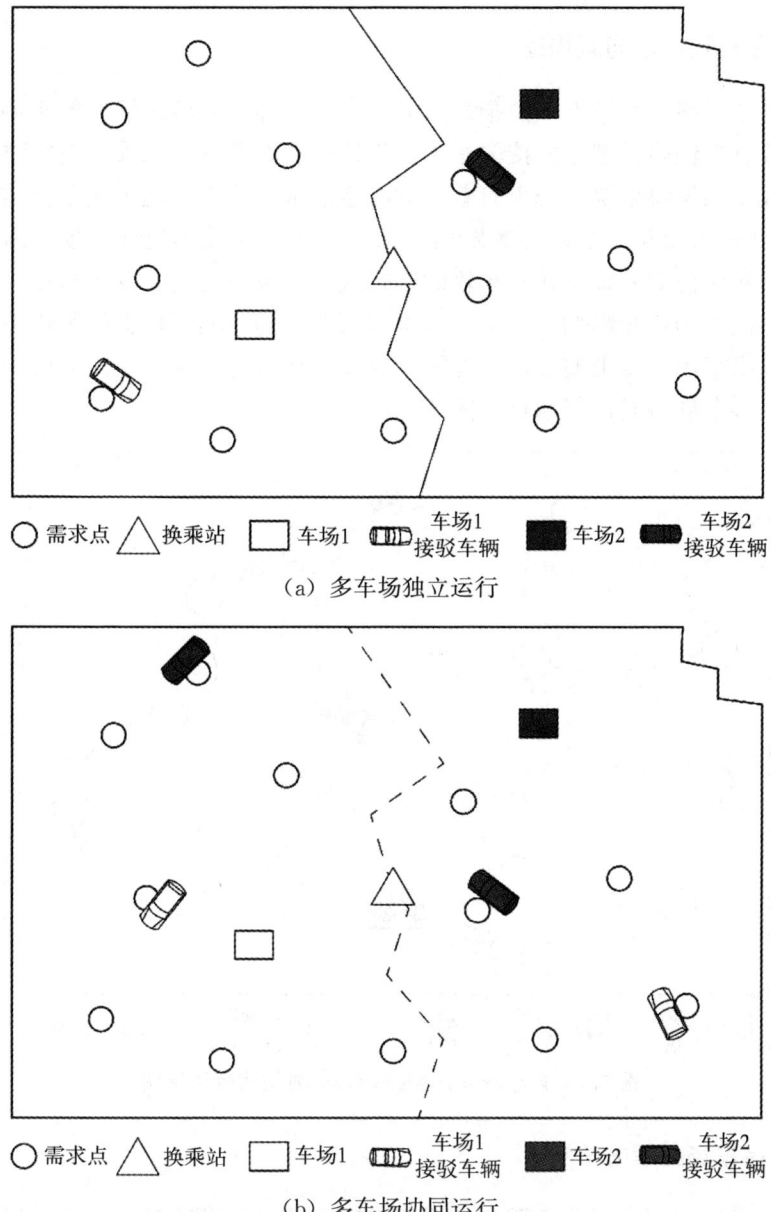

(a) 多车场独立运行

(b) 多车场协同运行

**图 5.1 多车场独立运行与协同运行示意**

车场协调的响应型接驳公交具有常规公共无可比拟的优势[99]。在乘客需求差异化较大的区域内，多车场协调模式可以在车辆型号、数量有限情况下满足系统的调度，规划费用最低的路径，降低运营成本。

### 5.1.2 多车场接驳问题描述

在某个干线公交站点（换乘站）周边有多个停放接驳车辆的停车场，各车场中停放有多辆多种型号的接驳车辆。系统中存在预约需求乘客与实时需求乘客，接驳车辆需将系统中若干有着不同时空需求的乘客接至干线公交站点（换乘站）。车辆可以从一个停车场发出，回到原停车场或其他停车场，因此多车场响应型接驳公交系统中接驳车辆的运行线路、发出时间、发出车场、发出车型以及返回车场相互影响，且上一班次接驳车辆的返回车场也会影响下一班次车辆的发出车场与发出型号，因此需要对多车场响应型接驳公交的协同运行进行研究，多车场协同运行示意见图 5.2。

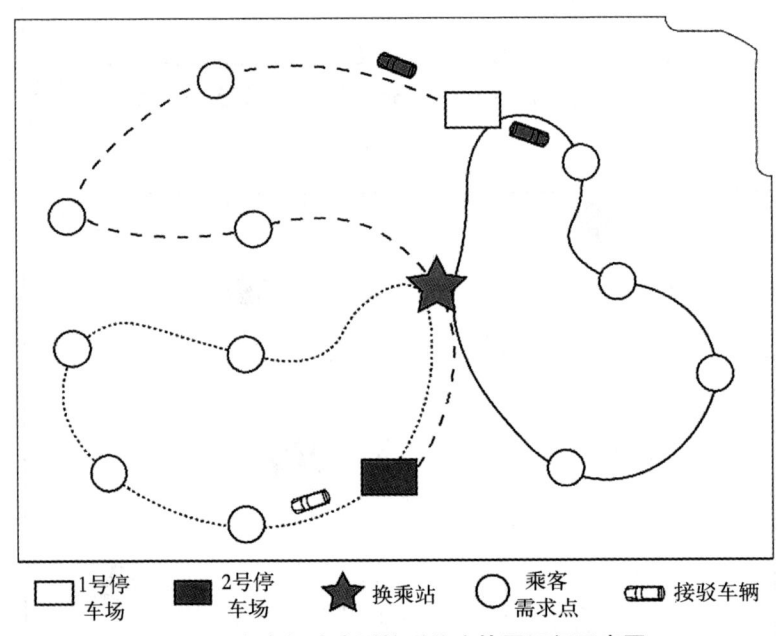

图 5.2 多车场响应型接驳公交协同运行示意图

### 5.1.3 多车场处理方法

多车场响应型接驳公交调度问题属于车辆路径问题范畴中的多配送中心车辆路径问题。已有的多配送中心车辆路径问题的研究主要集中在如何将多配送中心转化为单配送中心，由单个配送中心固定负责一个区域客户的服务[100]。这种将多车场问题转化为多个单车场问题的方法难以有效利用资源，在乘客较为分散的响应型接驳公交系统采用这种方法则更难适应实际需求情况。为了更好地处理多车场问题，本节引入虚拟车场方法，在多车场响应型接驳公交系统中添加一个虚拟的点,这个点连接到系统中的每一个车场,但连线上的所有费用均为0。车场中每次发出车辆均假设从虚拟车场发出,第一个点经过实际发出车场,之后才是需求点与换乘站,当车辆返回车场后也需从返回车场运行至虚拟车场,从而将多车场转化成单车场,简化问题难度。虚拟车场的设置要求如下:

①虚拟车场是系统中虚拟的唯一车辆停靠地,其位置任选。

②虚拟车场与所有实际车场相连,但连接费用(包括距离、阻抗等)均为0。

③实际车场均变为特殊的需求点,但需求均为0。

④引入虚拟车场后,乘客将不固定隶属于某个实际车场的服务范围。

### 5.1.4　模型假设

系统中只有一个干线公交站点(换乘站);车辆沿各需求点间最短路行驶且行驶速度恒为 $v$;仅考虑在需求点接乘客到换乘站(从换乘站送乘客至需求点为其逆过程);乘客只能在预约的需求点上车,在换乘站下车;乘客需求一旦被系统响应便不会取消预约;车辆从停车场出发,完成接驳后回到停车场;同一需求点的乘客时间窗相同,乘客时间窗为软时间窗。

### 5.1.5　预约需求下模型构建

本节提出的多车场响应型接驳公交协调模型的目标是使由车辆运营成本 $C_o$ 和乘客等待费用 $C_p$ 构成的系统总费用 $F$ 最小:

$$\min F = u_1 C_o + u_2 C_p \tag{5.1-1}$$

$$C_o = \sum_s C_q^m \min\left(1, \sum_{j \in N} x_{mksij}\right) + \sum_s \sum_{i \in A} \sum_{j \in A} x_{mksij} \cdot d_{ij} \cdot C_l^m + \sum_s \sum_{i \in A} C_f^i \tag{5.1-2}$$

$$C_f^i = \begin{cases} \beta_1(ET_i - t_{mksi})x_{mksji} & t_{mksi} < ET_i \\ 0 & ET_i \leqslant t_{mksi} \leqslant LT_i \\ \beta_3(t_{mksi} - LT_i)x_{mksji} & LT_i < t_{mksi} \leqslant BT_i \\ \beta_4(t_{mksi} - BT_i)x_{mksji} & t_{mksi} > BT_i \end{cases}, \quad \forall s \tag{5.1-3}$$

$$C_p = \sum_s \sum_{i \in A} C_{pl}^i + \sum_s \sum_{i \in A} C_{pe}^i \tag{5.1-4}$$

$$C_{pl}^i = \begin{cases} 0 & t_{mksi} \leqslant LT_i \\ \alpha_3(t_{mksi} - LT_i)x_{mksij} & LT_i < t_{mksi} \leqslant BT_i \\ \alpha_3(BT_i - LT_i)x_{mksij} + \alpha_4(t_{mksi} - BT_i)x_{mksij} & t_{mksi} > BT_i \end{cases} \tag{5.1-5}$$

$$C_{pe}^{i} = \begin{cases} \alpha_1 Q_{mksi}(T_i - t_{mksi} + Q_i \cdot t_f) & t_{mksi} < T_i \\ \alpha_2 Q_{mksi} \cdot Q_i \cdot t_f & t_{mksi} \geqslant T_i \end{cases} \quad (5.1-6)$$

$A$ 为实际车场、需求点、换乘站的集合；$\beta_3$ 为车辆在上车乘客容忍时间窗内到达车辆的惩罚系数；$\beta_4$ 为车辆在上车乘客容忍时间窗后到达车辆的惩罚系数。其他符号同上文。式（5.1-2）中 $\min\left(1, \sum_{j \in N} x_{mksij}\right)$ 表示若班次 $s$ 发出则取 1，否则取 0；式（5.1-3）～（5.1-6）分别为车辆早到或晚到费用、乘客总等待费用、站点乘客等车费用、车辆早到时车内乘客等待费用。

$$s.t. \quad q_{\gamma, ms} \geqslant 1, \, if \, x_{r,mjs} = 1, \, \forall j, \, s, \, m \quad (5.1-7)$$

$$\sum_{\gamma} q_{\gamma, ms} + q_{ms} = q_m \quad (5.1-8)$$

$$0 \leqslant q_{\gamma, ms} \leqslant q_m \quad \forall \gamma, \, m, \, s \quad (5.1-9)$$

$$0 \leqslant q_{ms} \leqslant q_m \quad \forall m, \, s \quad (5.1-10)$$

$$\sum_{i} \varphi_{mksi} = n, \, \forall m, \, k, \, s \quad (5.1-11)$$

$$Q_{mksi} \leqslant U_m \, \forall s \quad (5.1-12)$$

$$\frac{\sum_{i} \sum_{j} x_{mksij} \cdot d_{ij}}{v} + \sum_{i} x_{mksij} \cdot Q_i \cdot t_f \leqslant T \, i, j \in A \quad (5.1-13)$$

其中，$\gamma$ 为车场；$x_{\gamma, mjs} = (0, 1)$，若班次 $s$（使用 $m$ 车型）发出的车辆经过车场 $\gamma$ 则为 1，否则为 0；$q_{\gamma, ms}$ 为第 $s$ 班次发出前车场 $\gamma$ 中车型 $m$ 车辆的保有量；$q_{ms}$ 为第 $s$ 班次发出前正在路上行驶的车型为 $m$ 的车辆数。其他符号同上文。

式（5.1-7）为发车约束，班次 $s$ 经过车场 $r$，即能从车场 $r$ 发出说明车场 $r$ 相应车型的车辆保有量大于 0；式（5.1-8）～（5.1-10）为各车型车辆运行数量与车场保有量的约束；式（5.1-11）保证所有乘客均被服务；式（5.1-12）为车辆容量约束；式（5.1-13）为车辆单程最大行驶时间约束。

### 5.1.6 实时需求响应

（1）实时需求响应规则：实时需求分为残疾人、老年人等发出的特殊实时需求和其他人发出的一般实时需求，特殊实时需求必须优先响应。一般实时需求则根据规则判别是否响应：按一般实时需求点的位置与当前所有班次车辆的距离从小到大的顺序依次判断，若采用最节约插入法插入后依然满足最大运行时间约束和车辆容量约束，则接受，否则不接受。不接受的实时需求转为预约需求应被下一班次响应。

（2）实时需求响应后再优化：实时需求被响应后，系统将调用第一阶段模型对当前班次的剩余线路及返回车场、后续班次的运行线路进行重新优化；若实时需求被拒绝，该实时需求应被下一班次响应，以此为约束，调用第一阶段模型优化后续班次的运行线路。此时，第二阶段调用第一阶段的模型进行优化时，发生了以下变化：

1) 增加了应被响应的实时需求约束。

2) 车辆运行成本 $C_o$ 中增加了因拒绝实时需求引起的惩罚成本，故 $C_o$ 由式 (5.1-2) 变为式 (5.1-14)：

$$C_o = \sum_s C_q^m \cdot \min(1, \sum_{j \in N_A} x_{sij}) + \sum_s \sum_{i \in A'} \sum_{j \in A'} x_{sij} \cdot d_{ij} \cdot C_l^m + \sum_s \sum_{i \in A'} C_f^i + C_{re} \cdot |\mathbf{N}_2'|$$

$$(5.1-14)$$

其中，$\mathbf{N}_A$ 为混合需求的集合，包括预约乘客与实时响应乘客；$\mathbf{A}'$ 为混合需求下实际车场、混合需求点、换乘站的集合；$\mathbf{N}_2'$ 为拒绝的实时需求集合；$C_{re}$ 拒绝实时需求的惩罚成本。其他符号同上文。

### 5.1.7　求解算法

基于遗传算法设计求解方法，针对提出的模型，对编码方式、交叉变异等操作进行改进，改进的遗传算法如下所示。

①编码：编码采用自然数编码，每个染色体包括 $m$ 个班次 $n$ 个需求点，每个班次的基因包括虚拟车场、发出车场、需求点、换乘站、返回车场、虚拟车场，如图 5.3 所示，故每条染色体的长度为 $n+3m+1$；生成种群时将所有需求点随机排序后，按序随机插入虚拟车场—发出车场、换乘点—返回车场 $m$ 次，重复多次即可得到种群。

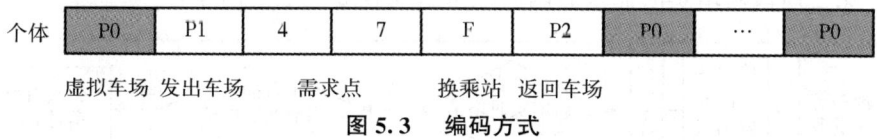

图 5.3　编码方式

②种群生成：先将 $n$ 个需求点的随机顺序生成，再在各个染色体中插入虚拟车场、换乘站及发出、返回车场，即可得到按照上述方式编码的种群。

③适应度评价函数：取 $\mathrm{fit}(x) = \dfrac{1}{F(x)}$，$F$ 越小的个体越优秀。

④交叉变异：设交叉概率为 $P_c$，选择两个个体进行交叉操作，在两个个体间随机选择交叉点，将选中的基因相互交换得到子代。设变异概率为 $P_b$，对个体进行变异操作：首先识别变异点，若为需求点，则随机在 $[1, n]$ 间产生变异基因，执行变异；若为车场，则随机产生 $[1, \Gamma]$ 间的变异基因，

执行变异操作；若为换乘站，则不变异。交叉变异时，为确保染色体的合理性，要删除重复基因补充缺失基因，还要对交叉和变异的基因进行校对，即当前基因为需求基因时，其前置基因只能为实际车场基因和需求基因等。

第一阶段遗传算法求解流程如图 5.4 所示：

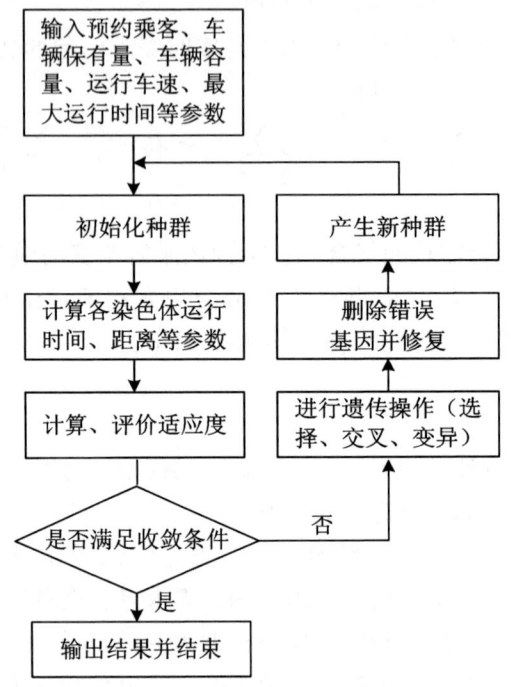

**图 5.4　第 1 阶段遗传算法求解流程**

第二阶段新增实时需求后两阶段求解流程如图 5.5 所示：

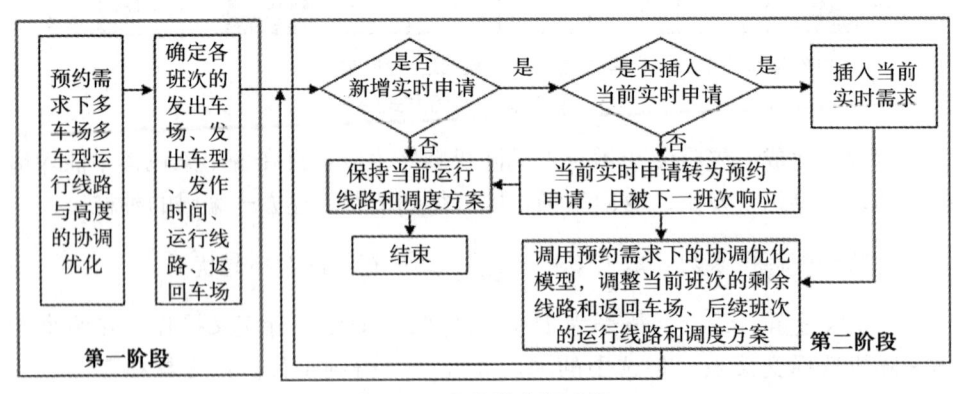

**图 5.5　两阶段求解流程**

# 5.2 多车场多换乘点响应型接驳公交的协调优化

当多车场响应型接驳公交系统中存在两个及以上的干线公交换乘站时，乘客会有指定换乘站的要求，且由于换乘站位置的不同，接驳车辆的运行距离及时间等将发生变化，从而对车辆调度将产生影响。本节在上节的基础上增加系统中换乘站的数量，构建多换乘站下多车场响应型接驳公交调度的协调优化模型，并设计求解算法。

## 5.2.1 问题描述

（1）多车场多换乘站响应型接驳公交系统是指在多车场响应型接驳公交系统服务区域内，存在 2 个及以上数量的干线公交换乘站，系统内的乘客对前往的换乘站有指定要求。因此对比单换乘站下的多车场响应型接驳公交系统，二者最主要的差别在于换乘站的数量、乘客对换乘站的要求。

（2）具有多个换乘站时系统同样存在多车场独立运营模式与各车场相互联系的多车场协同运营模式。多车场间进行协同运行有利于资源的合理利用，混合需求下多车场多换乘站响应型接驳公交系统协同运营模式如图 5.6 所示。

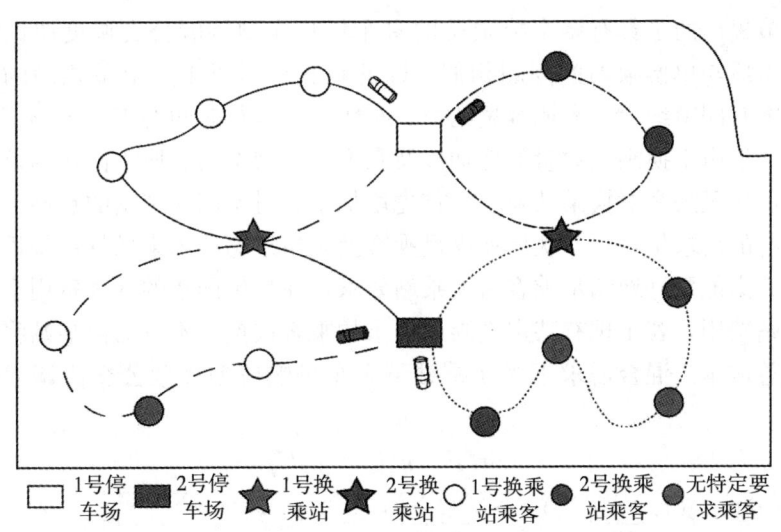

**图 5.6 多换乘站多车场响应型接驳公交协同运行示意图**

（3）系统要在满足乘客对上车地点、上车时间、期望时间窗、换乘站意愿、车容量、最大运行时间的约束下，使系统总成本最低。

## 5.2.2 模型假设

综合考虑多车场多换乘站响应型接驳公交系统的实际运行过程、更合理地构建模型，作如下假设：

（1）服务范围内有多个换乘站，多个接驳车辆停车场。

（2）乘客的出行需求是随机分布的且乘客的申请被系统响应后不会取消。

（3）车辆均从接驳车辆停车场出发，经过乘客需求点与换乘站便回到接驳车辆停车场。

（4）乘客的换乘站意愿在发出申请后不会更改，且乘客只去意愿换乘站进行换乘。

（5）服务范围内车辆以恒定的车速 $v$ 沿各点间的最短路径行驶。

（6）仅考虑从需求点接乘客到换乘站（从换乘站送乘客至各需求点为其逆过程）的问题，乘客只能在预约的需求点上车，在换乘站下车。

（7）所有乘客均在预约的上车时间到达需求点，当乘客上车后立即发车。

（8）同一需求点乘客的时间窗及意愿换乘站相同。

（10）实时需求乘客在发出申请时明确知晓当前班次车辆的目的换乘站。

## 5.2.3 模型构建

本节提出的是具有多个换乘站的多车场响应型接驳公交调度协调优化问题，其本质与单换乘站的问题相似，因此在建模时可采用上节相同的目标函数、乘客时间窗约束、车辆容量约束、车辆最大运行时间约束、车场车辆保有量约束。但由于换乘站数量的增加以及乘客对换乘站的意愿不同，因此在建模时需增加满足乘客对换乘站要求。首先增加乘客对不同换乘站的意愿、不同换乘站意愿的需求集合；其次增加满足乘客换乘站意愿的约束条件；最后，为使得最终方案能更好地满足乘客对换乘站要求，在目标函数的乘客费用中添加乘客换乘站费用，若出现有特定换乘站要求的乘客被接至不符的换乘站将大幅增大系统总成本。混合需求下多换乘站下多车场响应型接驳公交协调优化模型如下：

$$\min F = u_1 C_o + u_2 C_p \tag{5.2-1}$$

$$C_o = \sum_s C_q^m \min\left(1, \sum_{j \in N} x_{mksij}\right) + \sum_s \sum_{i \in A} \sum_{j \in A} x_{mksij} \cdot d_{ij} \cdot C_l^m + \sum_s \sum_{i \in A} C_f^i + C_{re} \cdot |\mathbf{N}_2'|$$

$$\tag{5.2-2}$$

$$C_f^i = \begin{cases} \beta_1(ET_i - t_{mksi})x_{mksji} & t_{mksi} < ET_i \\ 0 & ET_i \leqslant t_{mksi} \leqslant LT_i \\ \beta_3(t_{mksi} - LT_i)x_{mksji} & LT_i < t_{mksi} \leqslant BT_i \\ \beta_4(t_{mksi} - BT_i)x_{mksji} & t_{mksi} > BT_i \end{cases}, \quad \forall s \qquad (5.2-3)$$

$$C_p = \sum_s \sum_{i \in A} C_{pl}^i + \sum_s \sum_{i \in A} C_{pe}^i + \sum_s \sum_{i \in A} C_{pm}^i \qquad (5.2-4)$$

$$C_{pl}^i = \begin{cases} 0 & t_{mksi} \leqslant LT_i \\ \alpha_3(t_{mksi} - LT_i)x_{mksij} & LT_i < t_{mksi} \leqslant BT_i \\ \alpha_3(BT_i - LT_i)x_{mksij} + \alpha_4(t_{mksi} - BT_i)x_{mksij} & t_{mksi} > BT_i \end{cases}$$

$$(5.2-5)$$

$$C_{pe}^i = \begin{cases} \alpha_1 Q_{mksi}(T_i - t_{mksi} + Q_i \cdot t_f) & t_{mksi} < T_i \\ \alpha_2 Q_{mksi} \cdot Q_i \cdot t_f & t_{mksi} \geqslant T_i \end{cases} \qquad (5.2-6)$$

$$C_{pm}^i = \begin{cases} 0 & \theta_{hi} = 1 \\ \tau \cdot Q_i, & \theta_{hi} = 0 \end{cases} \qquad (5.2-7)$$

$$\boldsymbol{s.t.} \quad q_{\gamma, ms} \geqslant 1, \ if \ x_{r, mjs} = 1, \ \forall j, s, m \qquad (5.2-8)$$

$$\sum_\gamma q_{\gamma, ms} + q_{ms} = q_m \qquad (5.2-9)$$

$$0 \leqslant q_{\gamma, ms} \leqslant q_m \quad \forall \gamma, m, s \qquad (5.2-10)$$

$$0 \leqslant q_{ms} \leqslant q_m \quad \forall m, s \qquad (5.2-11)$$

$$\sum_i \varphi_{mksi} = n, \quad \forall m, k, s \qquad (5.2-12)$$

$$Q_{mksi} \leqslant U_m \quad \forall s \qquad (5.2-13)$$

$$\frac{\sum_i \sum_j x_{mksij} \cdot d_{ij}}{v} + \sum_i x_{mksij} \cdot Q_i \cdot t_f \leqslant T \quad i, j \in \mathbf{A} \qquad (5.2-14)$$

$$\sum_h \theta_{hi} = 1, \ \forall i \qquad (5.2-15)$$

$$\sum_s x_{mksij} = 1 \quad \forall i, j \qquad (5.2-16)$$

其中，$C_{pm}^i$ 表示车辆未将乘客送至乘客指定换乘站的惩罚，$\tau$ 为足够大的整数，其他符号同上文。

对比上节单换乘站下的优化模型，多换乘站下新增公式为：式（5.2-7）为乘客换乘站惩罚的计算公式，若存在一位乘客被送往与其意愿换乘站不符的换乘站时，给系统成本增加一个较大的惩罚值，否则不增加，以此迫使系统给出满足所有乘客换乘站意愿的最终方案；式（5.2-15）表示系统应至少调度车辆将乘客送至某一个换乘站；式（5.2-16）表示同一需求点的所有乘客被同一个班次服务。其他约束含义同 5.1 节。

### 5.2.4　求解算法

在多换乘站问题中，由于每个需求点的乘客有不同的换乘站意愿，若依旧采用上一章节的方法将其简单插入将较大概率出现乘客被编入与意愿换乘站不符的换乘站，因此需另寻解法。多染色体遗传算法区别于传统遗传算法的单链编码，它从更贴近生物遗传进化规律的角度衍生出了多链编码方式，即一个个体含有多条染色体，在处理"多车场"和"多车型"的 VRP 问题时，能够较好地表达各车辆的路径，并且在交叉时能够避免过多地产生不可行解。且具有较强的全局搜索能力与鲁棒性，若将多个换乘站的车辆路径分别用多个染色体代表，编码难度将得到降低。

采用多染色体遗传算法对本节提出的模型进行求解，在进行编码时，首先将乘客需求点进行分类，将具有相同意愿换乘站的乘客需求点编入同一染色体，再在染色体中插入对应的换乘站基因。但在乘客当中有一类乘客无特定换乘站要求，当此类乘客数量较少时，若按照上述方法依旧将其单独编入一条染色体，则染色体数较多，因此在本节在实际计算此类需求点时将其插入具有意愿换乘站的染色体中。与 5.1 节中染色体基因序列相似，每条染色体均为由虚拟车场串联的多条车辆路径，每条路径包括：虚拟车场-发出车场-需求点-意愿换乘站-返回车场-虚拟车场，由此计算时多链个体编码方式如下：

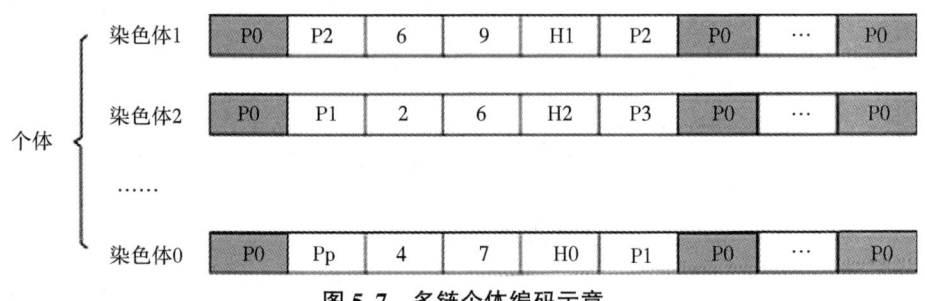

**图 5.7　多链个体编码示意**

图 5.7 所示的多链个体编码中，$P0$ 表示用来串联多条车辆路径的虚拟车场；其后的 $Pn$ 为当前班次的发出车场，与换乘站 $H_n$ 之间为本班次将经过的乘客需求点；换乘站 $H_n$ 之后的 $Pn$ 为当前班次的返回车场；再重复利用虚拟车场将所有目标为同一换乘站的所有班次串联。适应度函数取优化模型目标函数的倒数，在迭代过程中采取个体间同序染色体的交叉操作。在遗传交叉操作中，由于是多链结构，因此交叉操作包含个体内交叉与个体间交叉两种形式。

本节基于多染色体遗传算法设计的多车场响应型接驳公交系统在多换乘站

下考虑混合需求的调度协调优化模型两阶段计算流程如图 5.8 所示。

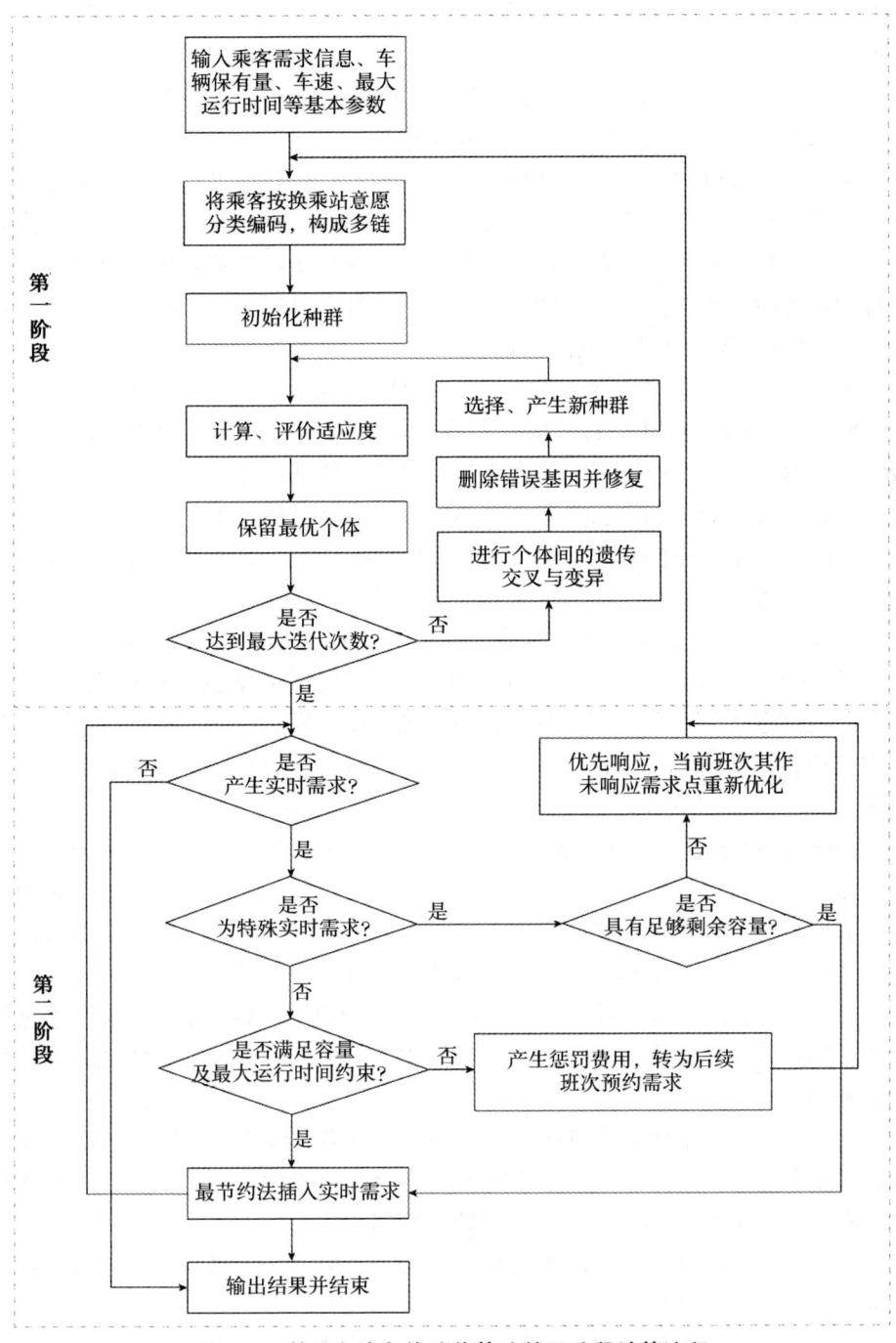

**图 5.8　基于多染色体遗传算法的两阶段计算流程**

Step1：初始化，输入路网、乘客需求点、上车时间、换乘站意愿、各车场车辆保有量信息、接驳车辆运行速度、车辆最大运行时间等基本参数，计算系统中各点的距离矩阵；

Step2：将乘客需求点按照意愿换乘站的不同分成 $o$ 个集合，将无特定换乘站需求的乘客需求点随机分入 $o$ 个集合中；

Step3：通过自然数编码，根据预设的种群大小生成初始种群，种群中个体为多链结构，每条染色体的基因包括虚拟车场、发出车场、需求点、换乘站、返回车场等；生成种群时首先分别在 $o$ 个集合中，将集合内所有需求点随机排列，然后分集合按序随机插入虚拟车场-发出车场，意愿换乘站-返回车场 $m_f$ 次，重复多次即可得到初始种群；

Step4：对当前种群所有染色体逐一计算相邻基因间距离以及行驶时间；

Step5：根据上一步骤计算所得距离及行驶时间计算各染色体的适应度函数值，若有个体的适应度函数值大于当前最佳个体适应度函数值，则将其中适应函数值最大的个体更新为最佳个体，否则最佳个体不更新；

Step6：判断当前是否运行至最大迭代次数，若达到最大迭代次数则转至Step12，否则转至 Step7；

Step7：个体间交叉操作，对当前父代种群所有染色体逐一判断，系统随机生成一个浮点数，若浮点数大于交叉率 $P_c$，则当前染色体进行交叉操作，交叉前随机选择种群中另一染色体，两个染色体随机选择交叉点，将同序染色体中选中的交叉段基因相互交换，若浮点数不小于交叉率 $P_c$ 则不进行交叉操作；

Step8：变异操作，对当前父代种群所有染色体逐一判断，系统随机生成一个浮点数，若浮点数大于变异率 $P_b$，则当前染色体进行变异操作，对当前个体的所有染色体随机选择变异点，并随机生成变异基因，将变异基因替代变异点基因，若浮点数不小于变异率 $P_b$，则不进行变异操作；

Step9：选择操作，采用锦标赛选择法，每次从父代种群中取预设数量的个体，选择其中适应函数值最大的个体进入子代种群，重复操作直至达到设置的种群规模；

Step10：检查子代各染色体，子代种群所有染色体逐一判断，若存在重复基因则将其删除，若存在基因缺失则补充，为确保子代个体的合法性，个体的基因顺序需严格按照图 5.3 中展示的顺序排列；

Step11：检查完毕的子代成为新一代种群，作为下一次迭代的父代种群，返回至 Step4 继续循环操作。

Step12：判断系统是否新增实时需求，有新增则转至 Step13，否则输出当前最佳方案并结束；

Step13：判断当前实时需求是否为特殊需求，若是特殊需求则继续判断实时需求申请班次是否具有足够的剩余容量，有足够剩余容量则转至Step15，无足够剩余容量则转至Step16；若当前实时需求非特殊需求，则转至Step14；

Step14：判断实施需求申请班次是否具有足够的剩余容量与运行时间，若有则转至Step15，若无则转为预约需求并返回至Step2进行重新优化；

Step15：将当前实时需求按照5.1节中介绍的最节约插入法插入申请班次的路径中，且当前班次后续路径保持不变，返回Step12；

Step16：将当前特殊实时需求按照5.1节中介绍的最节约插入法插入申请班次的路径中，当前班次后续路径上的需求点与后续班次暂未服务的需求点返回Step2进行重新优化。

# 5.3　案例分析

## 5.3.1　多车场单换乘站案例分析

设干线公交换乘站的坐标为（3.00，3.00）；随机生成3个接驳车辆停车场的坐标分别为$\gamma_1$（1.77，4.55）、$\gamma_2$（2.04，1.84）、$\gamma_3$（4.23，3.82）；第一阶段乘客预约需求信息见表5-1，系统中需求点、车场、换乘站的分布见图5.9。

表5-1　预约乘客信息

| 需求点 | 乘客数 | 坐标 | 车场 | $[ET_i, LT_i]$ | $BT_i$ | 需求点 | 乘客数 | 坐标 | 车场 | $[ET_i, LT_i]$ | $BT_i$ |
|---|---|---|---|---|---|---|---|---|---|---|---|
| 1 | 3 | (1.77, 5.36) | $\gamma_1$ | [8:01, 8:03] | 8:05 | 26 | 2 | (2.25, 5.82) | $\gamma_1$ | [8:04, 8:06] | 8:12 |
| 2 | 3 | (3.92, 5.75) | $\gamma_1$ | [8:11, 8:13] | 8:15 | 27 | 2 | (2.49, 1.54) | $\gamma_2$ | [8:04, 8:06] | 8:12 |
| 3 | 2 | (4.68, 5.37) | $\gamma_3$ | [8:41, 8:43] | 8:45 | 28 | 3 | (1.96, 1.37) | $\gamma_2$ | [8:48, 8:50] | 8:55 |
| 4 | 3 | (2.19, 4.75) | $\gamma_1$ | [8:53, 8:55] | 9:00 | 29 | 3 | (2.85, 4.45) | $\gamma_1$ | [8:07, 8:09] | 8:14 |
| 5 | 1 | (1.59, 4.31) | $\gamma_1$ | [8:18, 8:20] | 8:22 | 30 | 3 | (4.55, 4.44) | $\gamma_3$ | [8:34, 8:36] | 8:42 |
| 6 | 3 | (3.84, 4.43) | $\gamma_3$ | [8:46, 8:48] | 8:52 | 31 | 3 | (1.15, 3.94) | $\gamma_1$ | [8:04, 8:06] | 8:12 |

**续表**

| 需求点 | 乘客数 | 坐标 | 车场 | $[ET_i, LT_i]$ | $BT_i$ | 需求点 | 乘客数 | 坐标 | 车场 | $[ET_i, LT_i]$ | $BT_i$ |
|---|---|---|---|---|---|---|---|---|---|---|---|
| 7 | 2 | (3.63, 4.28) | $\gamma_1$ | [8:03, 8:05] | 8:10 | 32 | 3 | (2.33, 3.87) | $\gamma_1$ | [8:44, 8:46] | 8:50 |
| 8 | 5 | (2.39, 3.72) | $\gamma_1$ | [8:50, 8:52] | 8:56 | 33 | 3 | (3.03, 3.85) | $\gamma_1$ | [8:36, 8:38] | 8:42 |
| 9 | 1 | (3.73, 3.83) | $\gamma_3$ | [8:03, 8:05] | 8:08 | 34 | 2 | (4.20, 3.17) | $\gamma_3$ | [8:06, 8:08] | 8:15 |
| 10 | 3 | (5.06, 3.34) | $\gamma3$ | [8:26, 8:28] | 8:32 | 35 | 5 | (1.40, 3.01) | $\gamma_2$ | [8:58, 9:00] | 9:03 |
| 11 | 1 | (1.07, 3.07) | $\gamma_1$ | [8:51, 8:53] | 9:00 | 36 | 2 | (3.94, 2.84) | $\gamma_3$ | [8:29, 8:31] | 8:37 |
| 12 | 2 | (1.55, 2.87) | $\gamma_2$ | [8:15, 8:17] | 8:21 | 37 | 1 | (3.56, 2.14) | $\gamma_2$ | [8:48, 8:50] | 8:55 |
| 13 | 2 | (3.24, 3.71) | $\gamma_1$ | [8:49, 8:51] | 8:56 | 38 | 4 | (4.39, 2.17) | $\gamma_3$ | [8:32, 8:34] | 8:40 |
| 14 | 2 | (4.24, 3.42) | $\gamma_3$ | [8:08, 8:10] | 8:15 | 39 | 3 | (4.14, 1.77) | $\gamma_3$ | [8:08, 8:10] | 8:16 |
| 15 | 3 | (3.82, 5.51) | $\gamma_1$ | [8:18, 8:20] | 8:25 | 40 | 4 | (4.66, 1.68) | $\gamma_3$ | [8:43, 8:45] | 8:50 |
| 16 | 1 | (2.26, 2.45) | $\gamma_2$ | [8:01, 8:03] | 8:08 | 41 | 2 | (3.30, 5.00) | $\gamma_1$ | [8:19, 8:21] | 8:24 |
| 17 | 2 | (1.47, 2.20) | $\gamma_2$ | [8:12, 8:14] | 8:20 | 42 | 3 | (4.71, 4.01) | $\gamma3$ | [8:29, 8:31] | 8:36 |
| 18 | 4 | (2.37, 2.23) | $\gamma_2$ | [8:46, 8:48] | 8:52 | 43 | 5 | (4.48, 2.86) | $\gamma3$ | [8:43, 8:45] | 8:50 |
| 19 | 4 | (1.59, 1.99) | $\gamma_2$ | [8:45, 8:47] | 8:52 | 44 | 2 | (3.01, 4.56) | $\gamma_1$ | [8:07, 8:09] | 8:12 |
| 20 | 2 | (2.97, 2.06) | $\gamma_2$ | [8:23, 8:25] | 8:31 | 45 | 3 | (1.46, 1.35) | $\gamma_2$ | [8:12, 8:14] | 8:20 |
| 21 | 2 | (1.67, 1.70) | $\gamma_2$ | [8:03, 8:05] | 8:11 | 46 | 2 | (2.72, 1.85) | $\gamma_2$ | [8:10, 8:12] | 8:17 |
| 22 | 3 | (5.04, 1.77) | $\gamma_3$ | [8:11, 8:13] | 8:15 | 47 | 2 | (3.23, 1.67) | $\gamma_2$ | [8:34, 8:36] | 8:41 |
| 23 | 2 | (1.97, 3.97) | $\gamma_1$ | [8:52, 8:54] | 9:00 | 48 | 3 | (1.83, 4.04) | $\gamma_1$ | [8:35, 8:37] | 8:42 |
| 24 | 1 | (4.45, 1.79) | $\gamma_2$ | [8:49, 8:51] | 8:55 | 49 | 2 | (2.69, 3.47) | $\gamma_1$ | [8:24, 8:26] | 8:31 |
| 25 | 4 | (1.40, 1.51) | $\gamma_2$ | [8:38, 8:40] | 8:45 | 50 | 4 | (1.52, 3.18) | $\gamma_1$ | [8:14, 8:16] | 8:22 |

图 5.9 中的圈为 3 个接驳车辆停车场，中间的实心点为换乘站，"+"型点为乘客预约需求点。设定 $\beta_1 = 0.6$ 元/分钟、$\beta_3 = 0.6$ 元/分钟、$\beta_4 = 1.2$ 元/分钟、$\alpha_3 = 0.6$ 元/分钟、$\alpha_4 1.2$ 元/分钟、$\alpha_1 = 0.6$ 元/分钟、$\alpha_2 = 0.6$ 元/分钟；$\mu_1$、$\mu_2$ 分别取值为 0.4、0.6；车辆最大运行时间 $T = 30$ min，车辆行驶速度 $v$ 为 30 km/h，假设车辆其他成本为常数 0。初始时刻 3 个停车场的接驳车辆保有量及各车型车辆特征见表 5-2、表 5-3。

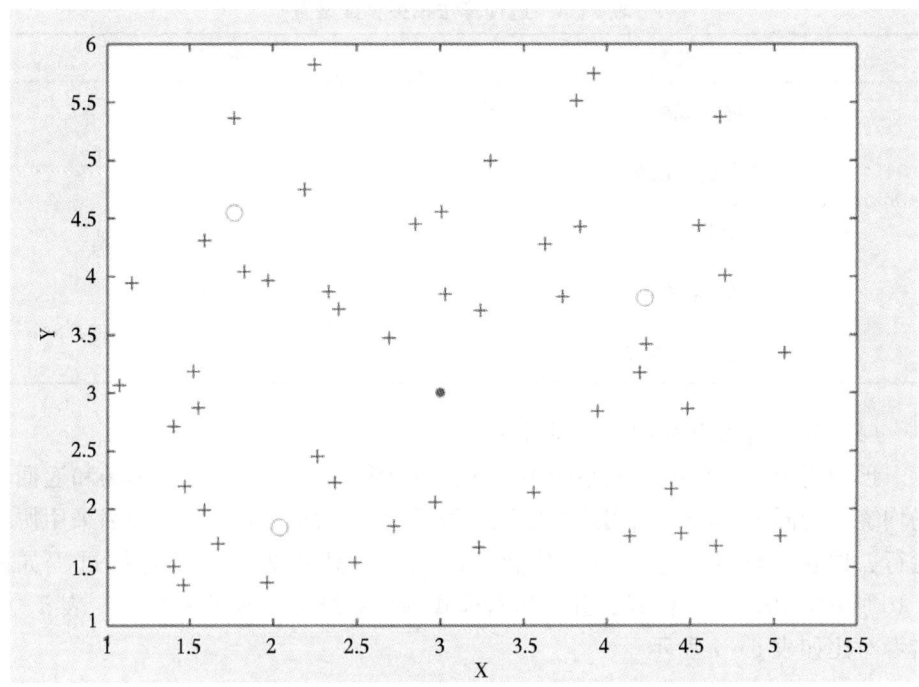

**图 5.9 预约需求点、换乘站及车场位置**

**表 5-2 初始时刻各车场不同车型车辆保有量**

|  | $m_1$ | $m_2$ | $m_3$ |
|---|---|---|---|
| $\gamma_1$ | 2 | 2 | 2 |
| $\gamma_2$ | 2 | 2 | 2 |
| $\gamma_3$ | 2 | 2 | 2 |

**表 5-3 各车型车辆特征**

|  | $m_1$ | $m_2$ | $m_3$ |
|---|---|---|---|
| 容量 | 10 | 15 | 20 |
| 车辆启动成本 | 5 | 10 | 15 |
| 单位行驶成本 | 1 | 1.5 | 2 |

如表 5-2、表 5-3 所示，3 个车场均配有车型分别为 $m_1$、$m_2$ 和 $m_3$ 的接驳车辆且在初始时刻各车场 3 种型号的车辆均为 2 辆。遗传算法的相关参数设置见表 5-4。

表 5-4　遗传算法相关参数设置

| 相关参数 | 参数设置 |
|---|---|
| 种群规模 | 100 |
| 最大迭代次数 | 100 |
| 交叉概率 $p_m$ | 0.40 |
| 变异概率 $p_c$ | 0.15 |
| 锦标赛个体数 | 5 |

（1）预约需求下两种运营模式对比。

预约需求下，单换乘站系统中车场独立运行时，只需将发出车场和返回车场均统一为同一车场，调用两阶段法计算即可。在所设条件下，分别采用协同运行、独立运营模式进行调度优化，以系统总费用为纵轴的迭代过程如图 5.10 所示，协同运营模式、独立运营模式的计算结果分别见表 5-5、表 5-6，二者对比如表 5-7 所示。

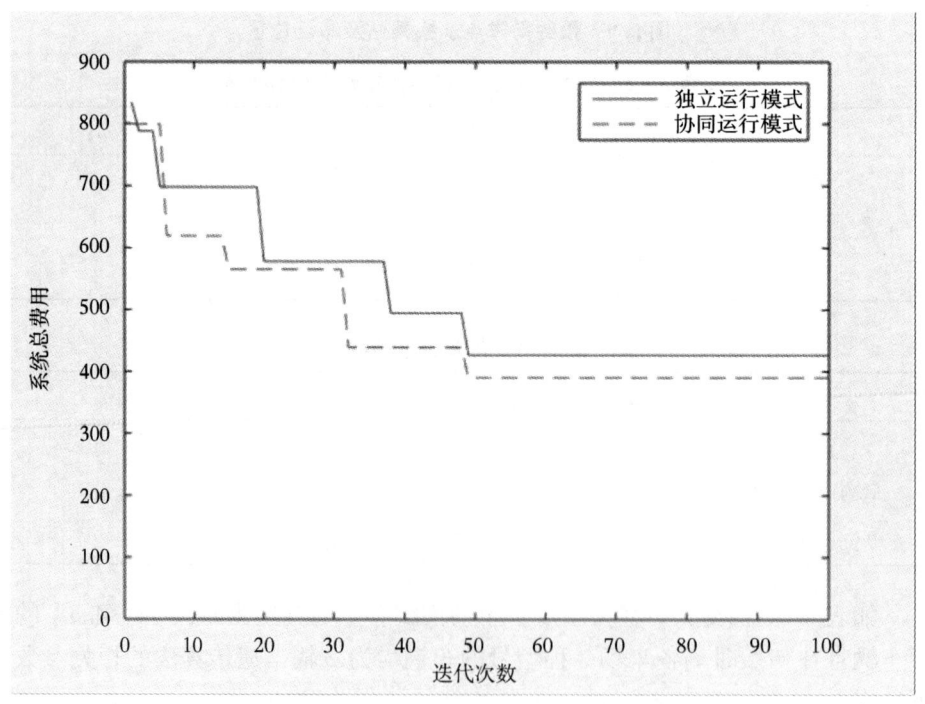

图 5.10　单换乘站预约需求下迭代过程图

表 5-5　单换乘站预约需求下多车场协同运营结果

| 班次 | 发出时间 | 发出车型 | 发出车场-运行路径-到达车场 | 返回时间 |
|---|---|---|---|---|
| 1 | 7:54 | $m_1$ | $\gamma_2 \to 1 \to 31 \to h \to \gamma_3$ | 8:10 |
| 2 | 7:58 | $m_1$ | $\gamma_3 \to 16 \to 21 \to 44 \to h \to \gamma_3$ | 8:15 |
| 3 | 7:58 | $m_2$ | $\gamma_2 \to 7 \to 39 \to 50 \to 12 \to h \to \gamma_3$ | 8:22 |
| 4 | 7:59 | $m_1$ | $\gamma_1 \to 9 \to 34 \to 17 \to 45 \to h \to \gamma_1$ | 8:22 |
| 5 | 8:01 | $m_1$ | $\gamma_1 \to 26 \to 29 \to 22 \to 41 \to h \to \gamma_3$ | 8:27 |
| 6 | 8:04 | $m_1$ | $\gamma_1 \to 46 \to 27 \to 36 \to 37 \to 24 \to h \to \gamma_3$ | 8:26 |
| 7 | 8:06 | $m_2$ | $\gamma_1 \to 2 \to 15 \to 30 \to 14 \to 3 \to h \to \gamma_1$ | 8:30 |
| 8 | 8:17 | $m_1$ | $\gamma_3 \to 5 \to 20 \to 49 \to h \to \gamma_1$ | 8:30 |
| 9 | 8:19 | $m_2$ | $\gamma_2 \to 10 \to 42 \to 48 \to h \to \gamma_2$ | 8:42 |
| 10 | 8:25 | $m_3$ | $\gamma_1 \to 38 \to 47 \to 25 \to 43 \to h \to \gamma_1$ | 8:52 |
| 11 | 8:33 | $m_3$ | $\gamma_1 \to 33 \to 40 \to 32 \to 18 \to 8 \to h \to \gamma_3$ | 8:57 |
| 12 | 8:39 | $m_2$ | $\gamma_3 \to 19 \to 28 \to 11 \to 4 \to 35 \to h \to \gamma_1$ | 9:07 |
| 13 | 8:40 | $m_1$ | $\gamma_1 \to 6 \to 13 \to 23 \to h \to \gamma_2$ | 8:57 |

表 5-6　单换乘站预约需求下多车场独立运营结果

| 车场 | 班次 | 发出时间 | 发出车型 | 发出车场-运行路径-到达车场 | 返回时间 |
|---|---|---|---|---|---|
| $\gamma_1$ | 1 | 8:00 | $m_2$ | $\gamma_1 \to 1 \to 7 \to 29 \to 2 \to h \to \gamma_1$ | 8:21 |
| | 2 | 8:03 | $m_2$ | $\gamma_1 \to 31 \to 26 \to 44 \to 50 \to h \to \gamma_1$ | 8:26 |
| | 3 | 8:18 | $m_1$ | $\gamma_1 \to 5 \to 15 \to 41 \to 49 \to h \to \gamma_1$ | 8:39 |
| | 4 | 8:34 | $m_1$ | $\gamma_1 \to 48 \to 33 \to h \to \gamma_1$ | 8:46 |
| | 5 | 8:43 | $m_3$ | $\gamma_1 \to 8 \to 11 \to 23 \to 4 \to 35 \to h \to \gamma_1$ | 9:10 |
| | 6 | 8:48 | $m_1$ | $\gamma_1 \to 32 \to 13 \to h \to \gamma_1$ | 9:08 |
| $\gamma_2$ | 1 | 8:00 | $m_1$ | $\gamma_2 \to 16 \to 21 \to 27 \to h \to \gamma_2$ | 8:15 |
| | 2 | 8:09 | $m_2$ | $\gamma_2 \to 46 \to 45 \to 17 \to 12 \to 20 \to h \to \gamma_2$ | 8:34 |
| | 3 | 8:32 | $m_1$ | $\gamma_2 \to 47 \to 25 \to h \to \gamma_2$ | 8:45 |
| | 4 | 8:44 | $m_2$ | $\gamma_2 \to 19 \to 18 \to 28 \to h \to \gamma_2$ | 8:59 |
| | 5 | 8:45 | $m_1$ | $\gamma_2 \to 37 \to 24 \to h \to \gamma_2$ | 8:56 |
| $\gamma_3$ | 1 | 8:02 | $m_2$ | $\gamma_3 \to 9 \to 34 \to 39 \to 14 \to 22 \to h \to v_3$ | 8:32 |
| | 2 | 8:25 | $m_1$ | $\gamma_3 \to 10 \to 36 \to 30 \to h \to \gamma_3$ | 8:44 |
| | 3 | 8:28 | $m_1$ | $\gamma_3 \to 42 \to 38 \to h \to \gamma_3$ | 8:42 |
| | 4 | 8:38 | $m_2$ | $\gamma_3 \to 3 \to 40 \to 43 \to 6 \to h \to \gamma_3$ | 9:00 |

表 5-7　单换乘站预约需求下两种运营模式比较

| 运营模式 | 系统总费用 | 运行时间 | 发车次数 | 平均满载率 |
|---|---|---|---|---|
| 独立运行 | 426.9 元 | 298min | 15 | 72.1% |
| 协同运行 | 390.2 元 | 282min | 13 | 80.6% |

由表 5-5 至表 5-7 可知，在预约需求情况下，与独立运行相比，3 个车场协同运行系统总费用降低了 8.6%，平均满载率增加了 8.5%，总运行时间和发车次数分别减少了 5.7% 和 2 次；而且班次 5 发出后，车场 $\gamma_1$ 车型 $m_1$ 的数量为 0，班次 8 返回车场 $\gamma_1$ 后使得班次 13 能在车场 $\gamma_1$ 发出车型为 $m_1$ 的车辆，说明模型能有效地提升车场的发车能力；独立运营模式中，车型 $m_3$ 仅在车场 $\gamma_1$ 发出 1 次，而在协同运营模式中，$m_3$ 型号的车辆发出次数增加至 2 次，说明协同运营模式下，增加了大型车利用次数，平衡了各车型的利用率；因此预约需求下 3 车场协同运营模式效果显著。

（2）混合需求下两种运营模式对比。

系统新增的实时需求信息见表 5-8。设拒绝实时需求的惩罚为 10 元/人，以系统总费用为纵轴的迭代过程如图 5.11 所示。比较多车场独立运行、协同运行的运行结果，二者的运行结果分别见表 5-9、表 5-10，二者对比如表 5-11 所示。

表 5-8　实时需求乘客信息

| 需求点 $i$ | 坐标 | 站点人数 | 隶属车场 | 需求类型 | $[ET_i, LT_i]$ | $BT_i$ |
|---|---|---|---|---|---|---|
| 51 | (2.32, 3.01) | 3 | $\gamma_1$ | 一般需求 | [8:05, 8:07] | 8:12 |
| 52 | (3.88, 5.79) | 2 | $\gamma_3$ | 一般需求 | [8:12, 8:14] | 8:19 |
| 53 | (1.67, 3.28) | 2 | $\gamma_1$ | 一般需求 | [8:41, 8:43] | 8:45 |
| 54 | (2.19, 4.75) | 3 | $\gamma_1$ | 一般需求 | [8:13, 8:15] | 8:18 |
| 55 | (2.43, 4.00) | 1 | $\gamma_1$ | 一般需求 | [8:18, 8:20] | 8:22 |
| 56 | (2.78, 3.13) | 2 | $\gamma_1$ | 特殊需求 | [8:46, 8:48] | 8:52 |
| 57 | (4.58, 3.96) | 1 | $\gamma_3$ | 一般需求 | [8:30, 8:32] | 8:35 |
| 58 | (2.84, 2.96) | 3 | $\gamma_2$ | 特殊需求 | [8:26, 8:28] | 8:36 |
| 59 | (4.78, 3.28) | 4 | $\gamma_3$ | 一般需求 | [8:03, 8:05] | 8:08 |
| 60 | (1.96, 1.85) | 2 | $\gamma_2$ | 一般需求 | [8:33, 8:35] | 8:40 |

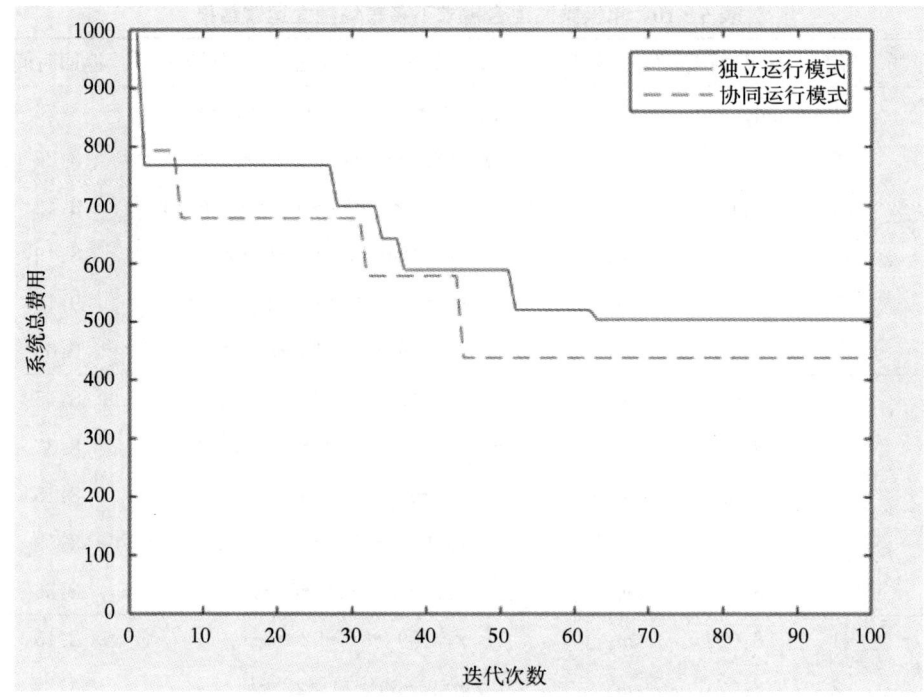

**图 5.11　单换乘站混合需求下迭代过程图**

**表 5-9　单换乘站混合需求下多车场协同运营结果**

| 班次 | 发出时间 | 发出车型 | 发出车场-运行线路-到达车场 | 返回时间 |
|---|---|---|---|---|
| 1 | 7:54 | $m_1$ | $\gamma_2 \to 1 \to 31 \to 51 \to h \to \gamma_3$ | 8:11 |
| 2 | 7:58 | $m_1$ | $\gamma_3 \to 16 \to 21 \to 44 \to 54 \to 55 \to h \to \gamma_3$ | 8:21 |
| 3 | 7:58 | $m_2$ | $\gamma_2 \to 7 \to 39 \to 50 \to 12 \to h \to \gamma_3$ | 8:22 |
| 4 | 7:59 | $m_1$ | $\gamma_1 \to 9 \to 34 \to 17 \to 45 \to h \to \gamma_1$ | 8:22 |
| 5 | 8:01 | $m_1$ | $\gamma_1 \to 26 \to 29 \to 22 \to 41 \to h \to \gamma_3$ | 8:27 |
| 6 | 8:03 | $m_2$ | $\gamma_1 \to 59 \to 46 \to 27 \to 36 \to 37 \to 24 \to h \to \gamma_3$ | 8:31 |
| 7 | 8:06 | $m_2$ | $\gamma_1 \to 2 \to 52 \to 15 \to 30 \to 14 \to 3 \to h \to \gamma_1$ | 8:30 |
| 8 | 8:17 | $m_1$ | $\gamma_3 \to 5 \to 20 \to 49 \to 58 \to 60 \to h \to \gamma_1$ | 8:35 |
| 9 | 8:19 | $m_2$ | $\gamma_2 \to 10 \to 42 \to 57 \to 48 \to h \to \gamma_2$ | 8:46 |
| 10 | 8:25 | $m_3$ | $\gamma_1 \to 38 \to 47 \to 25 \to 43 \to h \to \gamma_1$ | 8:52 |
| 11 | 8:33 | $m_3$ | $\gamma_1 \to 33 \to 40 \to 32 \to 56 \to 18 \to 8 \to h \to \gamma_3$ | 9:01 |
| 12 | 8:39 | $m_2$ | $\gamma_3 \to 19 \to 28 \to 11 \to 4 \to 35 \to h \to \gamma_1$ | 9:09 |
| 13 | 8:40 | $m_1$ | $\gamma_1 \to 53 \to 6 \to 13 \to 23 \to h \to \gamma_2$ | 8:57 |

表 5-10　单换乘站混合需求下多车场独立运营结果

| 车场 | 班次 | 发出时间 | 发出车型 | 发出车场-运行线路-到达车场 | 返回时间 |
|---|---|---|---|---|---|
| $\gamma_1$ | 1 | 8:00 | $m_2$ | $\gamma_1 \to 1 \to 7 \to 51 \to 29 \to 2 \to h \to \gamma_1$ | 8:26 |
| | 2 | 8:03 | $m_2$ | $\gamma_1 \to 31 \to 26 \to 44 \to 50 \to h \to \gamma_1$ | 8:26 |
| | 3 | 8:13 | $m_3$ | $\gamma_1 \to 54 \to 55 \to 5 \to 15 \to 41 \to 49 \to h \to \gamma_1$ | 8:43 |
| | 4 | 8:34 | $m_1$ | $\gamma_1 \to 48 \to 33 \to 53 \to h \to \gamma_1$ | 8:49 |
| | 5 | 8:43 | $m_3$ | $\gamma_1 \to 8 \to 11 \to 23 \to 4 \to 35 \to h \to \gamma_1$ | 9:10 |
| | 6 | 8:45 | $m_1$ | $\gamma_1 \to 56 \to 32 \to 13 \to h \to \gamma_1$ | 9:08 |
| $\gamma_2$ | 1 | 8:00 | $m_1$ | $\gamma_2 \to 16 \to 21 \to 27 \to h \to \gamma_2$ | 8:15 |
| | 2 | 8:09 | $m_2$ | $\gamma_2 \to 46 \to 45 \to 17 \to 12 \to 20 \to 58 \to h \to \gamma_2$ | 8:37 |
| | 3 | 8:32 | $m_1$ | $\gamma_2 \to 60 \to 47 \to 25 \to h \to \gamma_2$ | 8:48 |
| | 4 | 8:44 | $m_2$ | $\gamma_2 \to 19 \to 18 \to 28 \to h \to \gamma_2$ | 8:59 |
| | 5 | 8:45 | $m_1$ | $\gamma_2 \to 37 \to 24 \to h \to \gamma_2$ | 8:56 |
| $\gamma_3$ | 1 | 8:01 | $m_1$ | $\gamma_3 \to 59 \to 34 \to 52 \to h \to \gamma_3$ | 8:15 |
| | 2 | 8:02 | $m_2$ | $\gamma_3 \to 9 \to 39 \to 14 \to 22 \to h \to \gamma_3$ | 8:32 |
| | 3 | 8:25 | $m_1$ | $\gamma_3 \to 10 \to 36 \to 30 \to h \to \gamma_3$ | 8:43 |
| | 4 | 8:28 | $m_1$ | $\gamma_3 \to 42 \to 57 \to 38 \to h \to \gamma_3$ | 8:43 |
| | 5 | 8:38 | $m_2$ | $\gamma_3 \to 3 \to 40 \to 43 \to 6 \to h \to \gamma_3$ | 9:00 |

表 5-11　单换乘站混合需求下两种运营模式比较

| 运营模式 | 系统总费用 | 运行时间 | 发车次数 | 平均满载率 |
|---|---|---|---|---|
| 独立运行 | 504 元 | 328 min | 16 | 76.2% |
| 协同运行 | 438.3 元 | 287 min | 13 | 91.4% |

由表 5-9 至表 5-11 可知，混合需求下，与独立运营模式相比，协同运营模式系统总费用降低了 13%，系统总运行时间减少了 12.5%，发车次数减少了 3 次，平均满载率增加了 15.2%，说明在混合需求下，协同运行的效率优于独立运行；由表 5-7、表 5-11 可知，在新增 10 个实时需求后，与独立运营模式相比，协同运营模式系统总费用增加率少 5.8%，系统总运行时间增加量少 25 min，说明协同运行能更快速更经济地响应实时需求。

### 5.3.2 多车场多换乘站案例分析

在 5.3.1 的基本数据的基础上,将系统中的换乘站设置改为 2 个,坐标分别为 $h_1$(1.21,2.61)、$h_2$(3.68,2.47)。停车场和乘客需求点的位置不变,乘客的意愿换乘站信息见表 5-12 所示。系统的车场初始车辆保有量、车辆特征、参数取值及遗传算法等相关参数取值均与 5.3.1 节相同。以下将对多换乘站下的系统协同运营模式与独立运营模式的优化模型结果进行分析。

**表 5-12 系统中乘客意愿换乘站信息**

| 需求点 | 意愿换乘站 | 需求点 | 意愿换乘站 | 需求点 | 意愿换乘站 |
|---|---|---|---|---|---|
| 1 | $h_1$ | 21 | 无 | 41 | $h_2$ |
| 2 | $h_2$ | 22 | 无 | 42 | $h_2$ |
| 3 | $h_2$ | 23 | $h_1$ | 43 | $h_2$ |
| 4 | $h_1$ | 24 | $h_2$ | 44 | $h_2$ |
| 5 | $h_1$ | 25 | $h_1$ | 45 | $h_1$ |
| 6 | $h_2$ | 26 | $h_1$ | 46 | $h_2$ |
| 7 | $h_2$ | 27 | 无 | 47 | $h_2$ |
| 8 | 无 | 28 | $h_1$ | 48 | $h_1$ |
| 9 | $h_2$ | 29 | $h_2$ | 49 | 无 |
| 10 | $h_2$ | 30 | $h_2$ | 50 | $h_1$ |
| 11 | $h_1$ | 31 | $h_1$ | 51 | $h_1$ |
| 12 | 无 | 32 | $h_1$ | 52 | 无 |
| 13 | $h_2$ | 33 | $h_2$ | 53 | 无 |
| 14 | $h_2$ | 34 | $h_2$ | 54 | $h_1$ |
| 15 | $h_2$ | 35 | $h_1$ | 55 | $h_1$ |
| 16 | $h_1$ | 36 | $h_2$ | 56 | $F_2$ |
| 17 | $h_1$ | 37 | $h_2$ | 57 | 无 |
| 18 | $h_1$ | 38 | $h_2$ | 58 | $h_2$ |
| 19 | $h_1$ | 39 | $h_2$ | 59 | $h_2$ |
| 20 | $h_2$ | 40 | $h_2$ | 60 | $h_1$ |

（1）预约需求下两种运营模式对比。

在所设条件下，分别采用协同运营、独立运营模式进行多换乘站下多车场响应型接驳公交调度优化，协同运营模式、独立运营模式的迭代结果见图5.12，计算结果分别见表 5‑13、表 5‑14，二者对比如表 5‑15 所示。

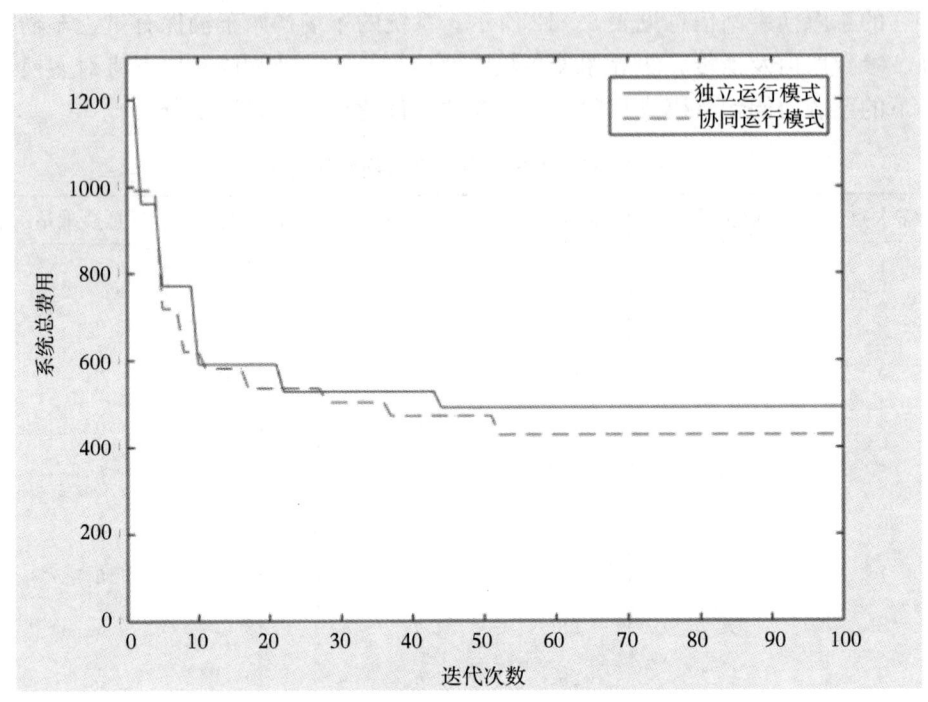

图 5.12　多换乘站预约需求下迭代过程

表 5‑13　多换乘站预约需求下多车场协同运营结果

| 班次 | 发出时间 | 发出车型 | 发出车场‑运行路径‑到达车场 | 返回时间 |
|---|---|---|---|---|
| 1 | 7:56 | $m_1$ | $\gamma_1 \rightarrow 16 \rightarrow 31 \rightarrow 45 \rightarrow h_1 \rightarrow \gamma_1$ | 8:20 |
| 2 | 7:58 | $m_1$ | $\gamma_1 \rightarrow 1 \rightarrow 21 \rightarrow 27 \rightarrow 22 \rightarrow h_1 \rightarrow \gamma_3$ | 8:23 |
| 3 | 7:59 | $m_2$ | $\gamma_1 \rightarrow 7 \rightarrow 9 \rightarrow 34 \rightarrow 14 \rightarrow 2 \rightarrow 15 \rightarrow h_2 \rightarrow \gamma_2$ | 8:26 |
| 4 | 8:01 | $m_2$ | $\gamma_1 \rightarrow 26 \rightarrow 17 \rightarrow 50 \rightarrow 12 \rightarrow 5 \rightarrow h_1 \rightarrow \gamma_1$ | 8:28 |
| 5 | 8:04 | $m_1$ | $\gamma_3 \rightarrow 44 \rightarrow 29 \rightarrow 39 \rightarrow h_2 \rightarrow \gamma_1$ | 8:17 |
| 6 | 8:08 | $m_1$ | $\gamma_2 \rightarrow 46 \rightarrow 20 \rightarrow 49 \rightarrow 36 \rightarrow h_2 \rightarrow \gamma_3$ | 8:35 |
| 7 | 8:18 | $m_2$ | $\gamma_3 \rightarrow 41 \rightarrow 10 \rightarrow 42 \rightarrow 30 \rightarrow 33 \rightarrow h_2 \rightarrow \gamma_1$ | 8:46 |
| 8 | 8:28 | $m_1$ | $\gamma_3 \rightarrow 38 \rightarrow 47 \rightarrow 40 \rightarrow h_2 \rightarrow \gamma_3$ | 8:50 |
| 9 | 8:33 | $m_3$ | $\gamma_1 \rightarrow 48 \rightarrow 32 \rightarrow 8 \rightarrow 23 \rightarrow 35 \rightarrow h_1 \rightarrow \gamma_1$ | 9:02 |

续表

| 班次 | 发出时间 | 发出车型 | 发出车场-运行路径-到达车场 | 返回时间 |
|---|---|---|---|---|
| 10 | 8:35 | $m_1$ | $\gamma_2 \rightarrow 25 \rightarrow 18 \rightarrow 11 \rightarrow h_1 \rightarrow \gamma_1$ | 8:58 |
| 11 | 8:38 | $m_2$ | $\gamma_3 \rightarrow 3 \rightarrow 43 \rightarrow 6 \rightarrow 37 \rightarrow 13 \rightarrow 24 \rightarrow h_2 \rightarrow \gamma_3$ | 8:57 |
| 12 | 8:43 | $m_1$ | $\gamma_2 \rightarrow 19 \rightarrow 28 \rightarrow 4 \rightarrow h_1 \rightarrow \gamma_2$ | 9:02 |

表 5‑14　多换乘站预约需求下多车场独立运营结果

| 车场 | 班次 | 发出时间 | 发出车型 | 发出车场—运行路径—到达车场 | 返回时间 |
|---|---|---|---|---|---|
| $\gamma_1$ | 1 | 7:59 | $m_2$ | $\gamma_1 \rightarrow 1 \rightarrow 26 \rightarrow 31 \rightarrow 50 \rightarrow h_1 \rightarrow \gamma_1$ | 8:21 |
| | 2 | 8:01 | $m_2$ | $\gamma_1 \rightarrow 7 \rightarrow 29 \rightarrow 44 \rightarrow 2 \rightarrow h_2 \rightarrow \gamma_1$ | 8:28 |
| | 3 | 8:10 | $m_1$ | $\gamma_1 \rightarrow 15 \rightarrow 5 \rightarrow 41 \rightarrow h_2 \rightarrow \gamma_1$ | 8:32 |
| | 4 | 8:21 | $m_1$ | $\gamma_1 \rightarrow 49 \rightarrow 48 \rightarrow h_1 \rightarrow \gamma_1$ | 8:43 |
| | 5 | 8:33 | $m_1$ | $\gamma_1 \rightarrow 33 \rightarrow 13 \rightarrow 4 \rightarrow h_2 \rightarrow \gamma_1$ | 9:01 |
| | 6 | 8:42 | $m_2$ | $\gamma_1 \rightarrow 32 \rightarrow 8 \rightarrow 11 \rightarrow 23 \rightarrow h_1 \rightarrow \gamma_1$ | 9:01 |
| $\gamma_2$ | 1 | 8:00 | $m_1$ | $\gamma_2 \rightarrow 16 \rightarrow 21 \rightarrow 27 \rightarrow h_1 \rightarrow \gamma_2$ | 8:16 |
| | 2 | 8:07 | $m_2$ | $\gamma_2 \rightarrow 46 \rightarrow 20 \rightarrow 58 \rightarrow 47 \rightarrow h_2 \rightarrow \gamma_2$ | 8:37 |
| | 3 | 8:09 | $m_2$ | $\gamma_2 \rightarrow 17 \rightarrow 45 \rightarrow 12 \rightarrow h_1 \rightarrow \gamma_2$ | 8:23 |
| | 4 | 8:35 | $m_3$ | $\gamma_2 \rightarrow 25 \rightarrow 19 \rightarrow 18 \rightarrow 28 \rightarrow 35 \rightarrow h_1 \rightarrow \gamma_2$ | 9:05 |
| | 5 | 8:43 | $m_1$ | $\gamma_2 \rightarrow 37 \rightarrow 24 \rightarrow h_2 \rightarrow \gamma_2$ | 8:49 |
| $\gamma_3$ | 1 | 8:02 | $m_1$ | $\gamma_3 \rightarrow 9 \rightarrow 34 \rightarrow 14 \rightarrow h_2 \rightarrow \gamma_3$ | 8:22 |
| | 2 | 8:04 | $m_1$ | $\gamma_3 \rightarrow 39 \rightarrow 22 \rightarrow h_2 \rightarrow \gamma_3$ | 8:19 |
| | 3 | 8:24 | $m_1$ | $\gamma_3 \rightarrow 10 \rightarrow 36 \rightarrow 42 \rightarrow h_2 \rightarrow \gamma_3$ | 8:40 |
| | 4 | 8:28 | $m_1$ | $\gamma_3 \rightarrow 38 \rightarrow 30 \rightarrow h_2 \rightarrow \gamma_3$ | 8:53 |
| | 5 | 8:37 | $m_2$ | $\gamma_3 \rightarrow 3 \rightarrow 40 \rightarrow 43 \rightarrow 6 \rightarrow h_2 \rightarrow \gamma_3$ | 9:01 |

表 5‑15　多换乘站预约需求下两种运营模式比较

| 运营模式 | 系统总费用 | 运行时间 | 发车次数 | 平均满载率 |
|---|---|---|---|---|
| 独立运行 | 492.3 元 | 336min | 16 | 68.0% |
| 协同运行 | 428.7 元 | 283min | 12 | 90.6% |

如表 5‑13 至表 5‑15 所示，所有乘客的换乘站要求均被满足，且在预约需求下多换乘站的系统中，3 个车场的协同运行比独立运行总费用降低了

12.9%，总运行时间和发车次数分别减少了 15.8% 和 4 次，而平均满载率增加了 22.6%，可见多换乘站下的系统中，多车场协同运行有着更低的成本与更高的效率；可发现独立运营模式中车场 $\gamma_1$ 的班次 2 和车场 $\gamma_2$ 的班次 2 乘客总量为 10 人，由于车场中小车型 $m_1$ 的保有量不足，而调用了中等车型 $m_2$，综上，所构建的模型在预约需求下可以有效地获得多换乘站下多车场响应型接驳公交运行线路方案。

（2）混合需求下两种运营模式对比。

根据 5.3.1 中的实时需求乘客的上车地点、时间等信息以及 5.3.2 中实时需求乘客的换乘站信息，调用所设计的算法对构建的混合需求下多换乘站系统的优化模型进行求解，以系统总费用为纵轴的迭代过程见图 5.13 所示，各车场协同运营模式、独立运营模式及二者结果对比如表 5‑16 至表 5‑18 所示。

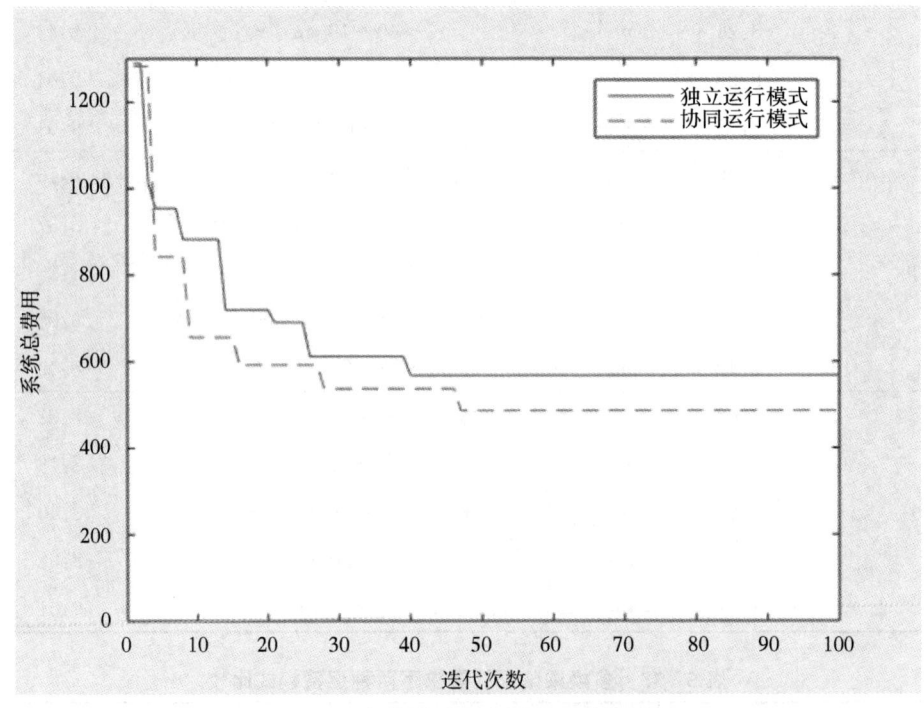

**图 5.13　多换乘站混合需求下迭代过程**

**表 5‑16　多换乘站混合需求下多车场协同运营结果**

| 班次 | 发出时间 | 发出车型 | 发出车场-运行路径-到达车场 | 返回时间 |
| --- | --- | --- | --- | --- |
| 1 | 7:56 | $m_1$ | $\gamma_1 \rightarrow 16 \rightarrow 31 \rightarrow 51 \rightarrow 52 \rightarrow h_1 \rightarrow \gamma_1$ | 8:24 |
| 2 | 7:58 | $m_2$ | $\gamma_1 \rightarrow 1 \rightarrow 21 \rightarrow 27 \rightarrow 22 \rightarrow 54 \rightarrow h_1 \rightarrow \gamma_3$ | 8:23 |

**续表**

| 班次 | 发出时间 | 发出车型 | 发出车场-运行路径-到达车场 | 返回时间 |
|---|---|---|---|---|
| 3 | 7:59 | $m_2$ | $\gamma_1 \rightarrow 7 \rightarrow 9 \rightarrow 34 \rightarrow 14 \rightarrow 2 \rightarrow 58 \rightarrow h_2 \rightarrow \gamma_2$ | 8:26 |
| 4 | 8:01 | $m_2$ | $\gamma_2 \rightarrow 26 \rightarrow 17 \rightarrow 45 \rightarrow 50 \rightarrow 12 \rightarrow 5 \rightarrow 55 \rightarrow h_1 \rightarrow \gamma_1$ | 8:30 |
| 5 | 8:02 | $m_1$ | $\gamma_3 \rightarrow 59 \rightarrow 15 \rightarrow h_2 \rightarrow \gamma_2$ | 8.11 |
| 6 | 8:04 | $m_1$ | $\gamma_3 \rightarrow 44 \rightarrow 29 \rightarrow 39 \rightarrow h_2 \rightarrow \gamma_1$ | 8:17 |
| 7 | 8:08 | $m_1$ | $\gamma_2 \rightarrow 46 \rightarrow 20 \rightarrow 49 \rightarrow 36 \rightarrow 57 \rightarrow h_2 \rightarrow \gamma_2$ | 8:35 |
| 8 | 8:18 | $m_2$ | $\gamma_3 \rightarrow 41 \rightarrow 10 \rightarrow 42 \rightarrow 30 \rightarrow 33 \rightarrow h_2 \rightarrow \gamma_1$ | 8:46 |
| 9 | 8:28 | $m_1$ | $\gamma_3 \rightarrow 38 \rightarrow 47 \rightarrow 53 \rightarrow 40 \rightarrow h_2 \rightarrow \gamma_3$ | 8:50 |
| 10 | 8:33 | $m_3$ | $\gamma_1 \rightarrow 60 \rightarrow 48 \rightarrow 32 \rightarrow 8 \rightarrow 23 \rightarrow 35 \rightarrow h_1 \rightarrow \gamma_1$ | 9:02 |
| 11 | 8:35 | $m_1$ | $\gamma_2 \rightarrow 25 \rightarrow 18 \rightarrow 11 \rightarrow h_1 \rightarrow \gamma_1$ | 8:58 |
| 12 | 8:38 | $m_3$ | $\gamma_3 \rightarrow 3 \rightarrow 43 \rightarrow 6 \rightarrow 56 \rightarrow 37 \rightarrow 13 \rightarrow 24 \rightarrow h_2 \rightarrow \gamma_3$ | 8:57 |
| 13 | 8:43 | $m_1$ | $\gamma_2 \rightarrow 19 \rightarrow 28 \rightarrow 4 \rightarrow h_1 \rightarrow \gamma_2$ | 9:02 |

表 5－17　多换乘站混合需求下多车场独立运营结果

| 车场 | 班次 | 发出时间 | 发出车型 | 发出车场-运行路径-到达车场 | 返回时间 |
|---|---|---|---|---|---|
| $\gamma_1$ | 1 | 7:59 | $m_2$ | $\gamma_1 \rightarrow 1 \rightarrow 26 \rightarrow 31 \rightarrow 54 \rightarrow 50 \rightarrow h_1 \rightarrow \gamma_1$ | 8:21 |
| | 2 | 8:01 | $m_2$ | $\gamma_1 \rightarrow 7 \rightarrow 29 \rightarrow 44 \rightarrow 2 \rightarrow h_2 \rightarrow \gamma_1$ | 8:28 |
| | 3 | 8:10 | $m_1$ | $\gamma_1 \rightarrow 15 \rightarrow 5 \rightarrow 41 \rightarrow h_2 \rightarrow \gamma_1$ | 8:32 |
| | 4 | 8:19 | $m_1$ | $\gamma_1 \rightarrow 51 \rightarrow 55 \rightarrow 49 \rightarrow 48 \rightarrow h_1 \rightarrow \gamma_1$ | 8:43 |
| | 5 | 8:33 | $m_1$ | $\gamma_1 \rightarrow 33 \rightarrow 56 \rightarrow 13 \rightarrow 4 \rightarrow h_2 \rightarrow \gamma_1$ | 9:03 |
| | 6 | 8:42 | $m_2$ | $\gamma_1 \rightarrow 32 \rightarrow 53 \rightarrow 8 \rightarrow 11 \rightarrow 23 \rightarrow h_1 \rightarrow \gamma_1$ | 9:05 |
| $\gamma_2$ | 1 | 8:00 | $m_1$ | $\gamma_2 \rightarrow 16 \rightarrow 21 \rightarrow 27 \rightarrow h_1 \rightarrow \gamma_2$ | 8:16 |
| | 2 | 8:07 | $m_2$ | $\gamma_2 \rightarrow 46 \rightarrow 20 \rightarrow 58 \rightarrow 47 \rightarrow h_2 \rightarrow \gamma_2$ | 8:37 |
| | 3 | 8:09 | $m_1$ | $\gamma_2 \rightarrow 17 \rightarrow 45 \rightarrow 12 \rightarrow 60 \rightarrow h_1 \rightarrow \gamma_2$ | 8:39 |
| | 4 | 8:35 | $m_3$ | $\gamma_2 \rightarrow 25 \rightarrow 19 \rightarrow 18 \rightarrow 28 \rightarrow 35 \rightarrow h_1 \rightarrow \gamma_2$ | 9:05 |
| | 5 | 8:43 | $m_1$ | $\gamma_2 \rightarrow 37 \rightarrow 24 \rightarrow h_2 \rightarrow \gamma_2$ | 8:49 |
| $\gamma_3$ | 1 | 8:02 | $m_1$ | $\gamma_3 \rightarrow 9 \rightarrow 59 \rightarrow 34 \rightarrow 14 \rightarrow h_2 \rightarrow \gamma_3$ | 8:26 |
| | 2 | 8:03 | $m_1$ | $\gamma_3 \rightarrow 39 \rightarrow 22 \rightarrow 52 \rightarrow h_2 \rightarrow \gamma_3$ | 8:23 |
| | 3 | 8:24 | $m_1$ | $\gamma_3 \rightarrow 10 \rightarrow 36 \rightarrow 42 \rightarrow 57 \rightarrow h_2 \rightarrow \gamma_3$ | 8:43 |
| | 4 | 8:28 | $m_1$ | $\gamma_3 \rightarrow 38 \rightarrow 30 \rightarrow h_2 \rightarrow \gamma_3$ | 8:53 |
| | 5 | 8:37 | $m_2$ | $\gamma_3 \rightarrow 3 \rightarrow 40 \rightarrow 43 \rightarrow 6 \rightarrow h_2 \rightarrow \gamma_3$ | 9:01 |

表 5-18　多换乘站混合需求下两种运营模式比较

| 运营模式 | 系统总费用 | 运行时间 | 发车次数 | 平均满载率 |
|---|---|---|---|---|
| 独立运行 | 568.1 元 | 393min | 16 | 79.0% |
| 协同运行 | 486.4 元 | 298min | 13 | 92.9% |

如表 5-16 至表 5-18 所示，相比独立运营模式，在多换乘站下考虑混合需求的多车场协同运营模式的系统总费用减少了 14.4%，总运行时间和发车次数分别减少了 24.2% 和 3 次，平均满载率增加了 13.9%；系统协同运行时的班次 2，由于 54 号实时需求被班次 1 拒绝插入，因此被当作班次 2 的预约需求进行重新优化，而 54 号需求点 3 位乘客的加入，班次 2 发车车型也由小车型 $m_1$ 调整为 $m_2$；其次多车场独立运行时 $\gamma_1$ 与 $\gamma_2$ 的班次 2，实际乘车人数均为 10，但由于车场 $m_1$ 车型的保有量限制，两个班次应调用的小车型 $m_1$ 只能被调整为中车型 $m_2$。

**重要结果：**通过实验仿真，在上文给定的案例中，得出以下结论：

①无论是预约需求还是混合需求下，与多车场独立运行方式相比，多车场的协同运行均能显著增加系统的运营效率；在给定相同的预约需求和混合需求下，与独立运行相比，协同运行的总费用分别降低了 8.6%、13.0%，车辆总运行时间分别减少了 5.7%、12.5%；多车场的协同运行有效地提高了运营效率。

②车型比例对系统总费用有显著影响，多车场协同运行时，宜适当增加小型车比例。小型车比例增加 50%、大型车比例同时减少 50% 时，系统总费用的变化率在独立运行和协同运行方式下分别达到了 11.2% 和 5.9%，车型比例对系统运行费用具有显著影响。

# 第六章　需求响应接驳公交分区协调优化

因公交车或乘客出行时长的限制，在较大服务区域内一般需要运行多条响应公交线路，可采用分区设计方法，将较大服务区域进行细分，在每个分区布设线路。在一定车辆数量、乘客出行特征、车辆及其运行特征等条件下，基于分区设计方法构建需求响应接驳公交分区调度的协同优化模型。

## 6.1　需求响应接驳公交分区调度的协调优化

本节提出基于分区设计的方法对较大服务区域内需求响应接驳公交分区协调优化进行研究，考虑多车型、静态需求、硬时间窗等，将服务区域划分多个子区域，研究分区对需求响应接驳系统运行效率的影响。

### 6.1.1　分区基本概念

常见的分区方法有重心分区法、中垂线分区法[101]、模糊聚类分区[102]、扫描分区[103] 等。

（1）重心分区法：通过连接服务区域内所有换乘枢纽站点的几何重心和相邻两个换乘枢纽站点的中点的射线将服务区域分成不同区块，此方法对换乘枢纽站点呈伞状分布更为适用，可是对一般的换乘枢纽站的布局，效果并不明显。

（2）中垂线分区法：以相邻两换乘枢纽连线的中垂线作为分区依据。设有 $n-1$ 个换乘枢纽站，则 $n$ 条中垂线可将服务区分成 $n$ 个互不叠加的子服务区，位于中垂线上的需求点指定属于其左侧区域，根据"先圈先占"准则，已归入某区的需求点不再归入另一区。如此每个需求点对应唯一的换乘站，同样地，每个换乘站有确定的需求点。

（3）模糊聚类分区法：根据道路网交通特性或空间分布特性，如道路等级、客流密度[104]、运用指数相似系数法来表达不同道路之间的相似关系，交通特性相近的区域下，依照某种控制诱导策略，将毗邻道路归并为一个区，能大大改善整个系统的公共交通效益。

（4）扫描分区法：该方法是一种逐次逼近法，如在地理平面上建立极坐标系，按需求点极坐标角大小依次对需求点进行编号，然后基于相关约束依次将需求点的乘客安排到车辆中，并将这些需求点分为一个区[104]。扫描分区方法未必能得到问题的最优解，但能有效地得到问题的满意解。当服务范围较小，公交网络结构不太繁杂时用扫描方法运算求解时计算量较小。但是对于大范围服务区，线路较复杂时，计算量将成倍增加。

### 6.1.2 分区必要性

因乘客乘车时长、车辆容量等的限制，较大服务区域内可能需要开通多条线路、运行多辆车，为尽量减少运行费用，故应考虑进一步细分服务区域，明确各线路、各车辆的服务区域；Quadrifoglio L 等对不同形状的服务地区的出行需求采用插入式启发算法进行了大量的仿真分析，仿真结果证明相比在其他形状的服务区域内，需求响应接驳型公交系统在狭长型服务区域内运行效果更好[105]。Quadrifoglio L 等也研究了将一个整体大矩形区域切割成一系列小的矩形区域，以便以更小的运营成本为乘客出行提供更好的服务，同时使操作更加简单[106]。Chung-Wei 将分区情况与传统的没有分区的案例进行了比较，得出在分区结构下，需求响应接驳公交的分区设计能改善乘客出行成本以及效率[107]。Hongtao Lei 等运用大型邻域搜索启发式算法模拟和解决了随机客户的组合车辆路线和分区问题，发现分区设计能够有效提高运输效率[108]。

### 6.1.3 分区接驳问题描述

服务区域为 $L \times W$ 矩形；车场中心点（换乘点）为 0、车场内有 $m$ 种车型共 $M$ 辆车；服务区域内分布一些预约需求乘客，需要排车辆将其接至换乘站（0）；本节采用几何分区和扫描分区法相结合的方法，以换乘站点为坐标中心点，将服务区域划分 $z$ 个矩形小区，分区 $Z=1, 2, \cdots, z$，分区的调整可通过分界线的移动来实现，见图 6.1 所示；安排车辆将 $z$ 个分区内的乘客接至车场 0，每个分区内的车辆只在其所属的分区内运行[109]。

### 6.1.4 分区模型假设

乘客为预约需求；只研究需求点与换乘站间接（送）乘客问题，不考虑需求点间出行需求；车辆只接或只送；车辆以车速 $v$ 运行；乘客时间窗为硬时

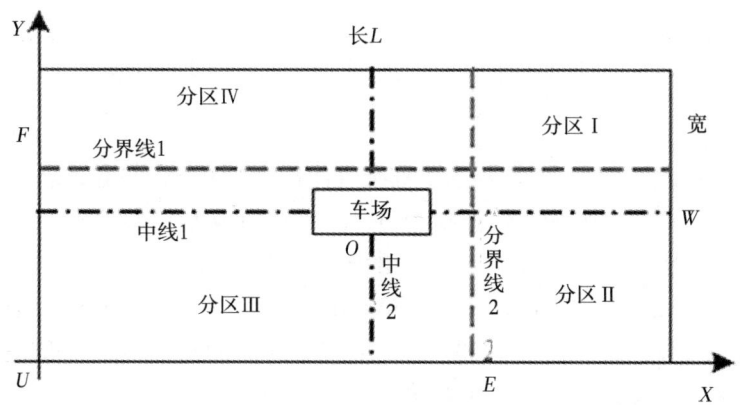

**图 6.1 分区示意图**

间窗；车辆只在其所属的分区内运行，分区的大小可以调整。

## 6.1.5 模型构建

确定时段和分区划分后，针对每个时段和分区，根据初选的发车间隔及发出车型，构建分区路径优化模型，获取每个时段所有分区的优化路径，实现总费用 $F$ 最小。

$$\min F = u_1 \sum_s \sum_i \sum_j d_{ij} \cdot x_{zmksij} \cdot C_l^m + u_2 \sum_s \sum_i \max(T_i - t_{zmksi}, 0)\tau$$

$$+ u_3 \sum_s C_q^m \cdot w_{zmks} \tag{6.1-1}$$

$$s.t. \quad \sum_{i \in I} Q_{zi} \cdot \varphi_{zmksi} \leqslant U_m, \ \forall s \tag{6.1-2}$$

$$\sum_s \varphi_{zmksi} = 1, \ \forall i \tag{6.1-3}$$

$$\sum_i x_{zmksij} = 1, j = 1, 2, \cdots, i \in \mathbf{I} \tag{6.1-4}$$

$$\sum_j x_{zmksij} = 1, i = 1, 2, \cdots, j \in \mathbf{I} \tag{6.1-5}$$

$$\sum_j x_{zmks0j} = 1, j \in \mathbf{I} \tag{6.1-6}$$

$$\sum_i x_{zmksi0} = 1, i \in \mathbf{I} \tag{6.1-7}$$

$$if \quad w_{zmks} = 1, \ then \quad k \in \mathbf{B}_Z \tag{6.1-8}$$

$$ET_{zi} \leqslant t_{zmksi} \leqslant LT_{zi} \tag{6.1-9}$$

$$t_{zmksi} = \frac{t_{zmks(i-1)} + d_{zi(i-1)}}{v} + \max(T_{i-1} - t_{zmks(i-1)}, 0) \tag{6.1-10}$$

$$\max(T_i - t_{zmksi}, 0) \leqslant E_{\max} \tag{6.1-11}$$

$$\frac{\sum\limits_{i}\sum\limits_{j}x_{zmksi} \cdot d_{zij}}{v} + \sum_{i}\max(T_i - t_{zmksi}, 0) \cdot \varphi_{zmksi} \leqslant T, \ i, j \in \mathbf{I}, \ \forall s, z, k$$

$$(6.1-12)$$

其中，$\boldsymbol{x}_{zmksij}=(0,1)$，若第 $s$ 班次（使用车场中 $m$ 车型的第 $k$ 辆车）从 $z$ 区的 $i$ 点经过 $j$ 点则为 1，否则为 0；$\tau$ 为时间成本换算系数；$w_{zmks}=(0,1)$，若第 $s$ 班次（使用车场中 $m$ 车型的第 $k$ 辆车）从 $z$ 区发出则为 1，否则为 0；$t_{zmksi}$ 为第 $s$ 班次（使用 $m$ 车型的第 $k$ 辆车）到达 $z$ 区 $i$ 点的时刻；$Q_{zi}$ 为 $z$ 区需求点 $i$ 的乘客数；$\varphi_{zmksi}=(0,1)$，若 $z$ 区 $i$ 点的乘客由第 $s$ 班次（使用 $m$ 车型第 $k$ 辆车）接送则为 1，否则为 0；$B_z$ 为 $z$ 区车辆集合；$(ET_{zi}, LT_{zi})$ 为 $z$ 区需求点 $i$ 的时间窗；$d_{zij}$ 为 $z$ 区需求点 $i$、$j$ 间的距离；$E_{max}$ 为车辆早到需求点时车辆的最长等待时长。其他符号同上文。

式（6.1-1）为车辆总费用最小，总费用包括路段运行成本、等待成本和发车成本；式（6.1-2）为车辆 k 的容量约束；式（6.1-3）~（6.1-5）表示每个需求点有且仅有一辆车服务；式（6.1-6）~（6.1-7）为车辆从车场出发又回到车场；式（6.1-8）为发出车型约束；式（6.1-9）表示车辆到达需求点 $i$ 时应满足乘客时间窗要求；式（6.1-10）为车辆到达需求点 $j$ 的时刻；式（6.1-11）为车辆的等待时间约束；式（6.1-12）为行程时间约束。

### 6.1.6　分区优化过程

分区个数及大小导致各区域的乘客数量及分布不同，从而影响发车间隔及车辆配置、影响分区路径；发车间隔及车辆配置也影响分区路径，三者共同影响系统总费用，通过图 6.2 所示的迭代运算，实现三者的协调和系统总费用最小。

### 6.1.7　求解算法

采用遗传-模拟退火算法（SAGA，如图 6.3 所示），即在遗传算法（GA）中，经遗传、变异、交叉等获得新种群后，通模拟退火算法（SA）进行随机搜索，将 Metropolis 抽样过程得到的解替换适应度较低的旧个体。图 6.3 中，$G_{max}$ 为最大进化次数、gen 为循环计数变量、$T_i$ 为 $i$ 步温度、$T_{end}$ 为终止温度。

①GA 算法中，采用基于自然数的编码方式，适应度函数为目标函数的倒数，采用最大保留交叉来保持优良基因段，采用 2-变换和 3-变换变异。

②SA 算法中，采用 Metropolis 抽样算法，冷却系数为 $m$。

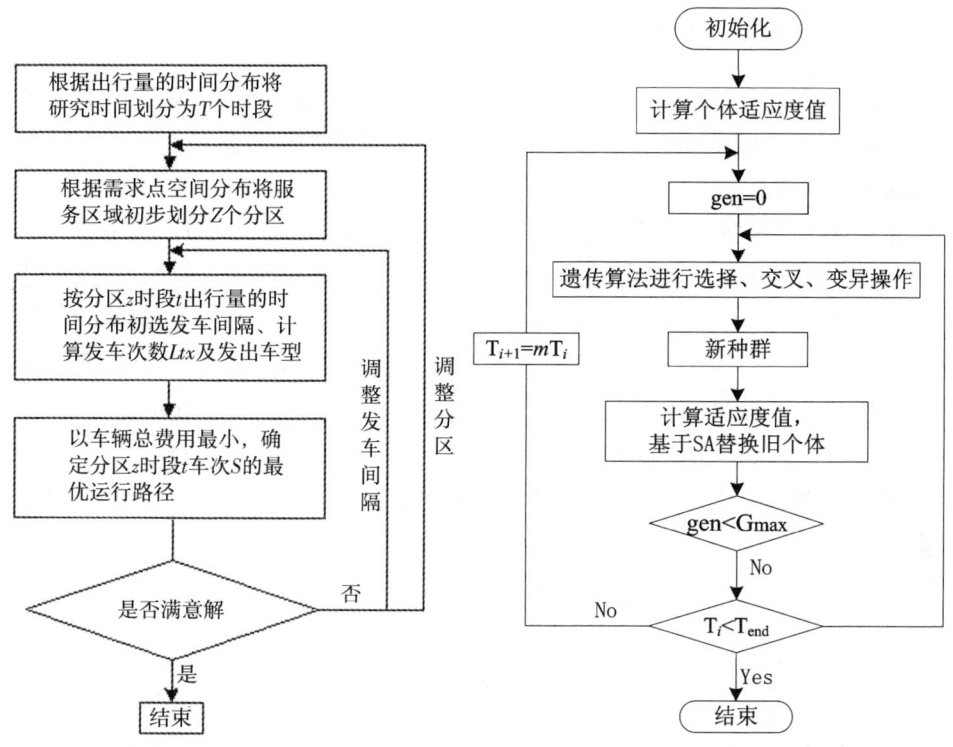

**图 6.2　分区路径协调优化算法**　　**图 6.3　遗传-模拟退火算法流程图**

**重要结果：**

①系统总费用与发出车型相关，车型可选条件下，无论需求大小，均可降低总费用，但需求越大，总费用降低程度越小。

②总费用与分区数相关，需求总量在一定区间时，分区能有效减少总费用；低需求量时分区将导致总费用增加（分区后可能需增加发车数，如平峰期），较高需求量时适当分区将获得总费用的最小值。

# 6.2　多分区间响应型接驳公交调度的协调优化

上节中是考虑响应型接驳公交分区调度优化，主要分析分区与不分区的区别。本节提出多分区响应型接驳公交分区之间协调运输的问题，考虑单车型、乘客满意度、分区边界上乘客协调的响应型接驳公交车辆路径优化。

### 6.2.1 分区之间协调问题描述

实际情况下分区边界也有乘客出行需求，并且这类乘客需求可由邻接分区上的车辆服务，为提高接驳车服务效益提出了多分区 RFT 路径与发车时间的协调的多目标优化。

在包含 $z$ 个分区的响应型接驳公交系统中（如图 6.4 所示），其分区已划定，且边界线已知；乘客预约需求点的集合为 $\mathbf{I}$（换乘站编号为 0），所有需求点 $i \in \mathbf{I}$ 的坐标 $(x_i, y_i)$、乘客数 $Q_i$、预约时间窗 $[ET_i, LT_i]$、可容忍时间窗 $[LT_i, BT_i]$、预约上车时间 $T_i = (ET_i + LT_i)/2$ 均已知；分区边界上需求点的集合 $I_b$，分区 $z$ 内需求点的集合为 $I_z$，$I = I_b \cup I_z$。系统中有 $M$ 辆车（单车型），在满足乘客时间窗、车辆容量等约束下，通过分区边界上乘客的合理分配、车辆路径和发车时间的优化，同时尽量使乘客满意度、运营商利润最大。

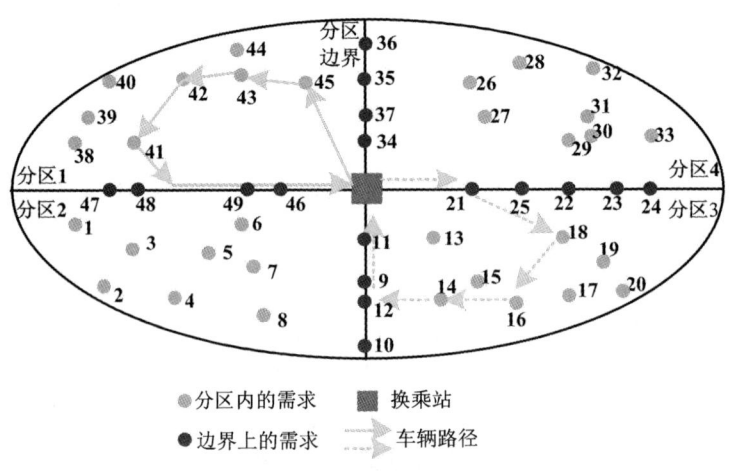

图 6.4 多分区 RFT 系统示意图

### 6.2.2 模型假设

系统中只有一个换乘站；乘客只能在预约需求点上车，在换乘站下车（只考虑接，送是其逆过程）；乘客需求一旦被系统响应便不会取消预约；所有乘客均在预约上车时间点到达需求点，当乘客上车后接驳车辆立即发车；接驳车辆沿需求点间的最短路行驶，其运行速度恒为 $v$；所有需求均被响应，同一需求点只能被服务一次；如果车辆提早到达需求点则需在需求点等待乘客上车；同一需求点内乘客的预约时间窗相同且为软时间窗；车辆只在其所属的分区内运行。

### 6.2.3　模型构建

乘客满意度是乘客对公交服务满意程度的衡量，以车辆到达需求点和换乘站的准时性作为衡量指标。车辆若提早到达需求点 $i$，则需在需求点 $i$ 等待乘客上车，车内乘客的满意度随等待时间的增加而降低；若车辆晚点到达需求点 $i$，则需求点 $i$ 乘客需等待上车，站点乘客的满意度也随等待时间的增加而降低。需求点 $i$ 的乘客满意度 $SA_{zksi}$ 是包含车上乘客满意度 $SA^1_{zksi}$ 和上车乘客满意度 $SA^2_{zksi}$。若车辆早到，则车上乘客等待；若车辆晚到，则上车乘客等待。乘客满意度如式（6.2–1）~（6.2–2）所示：

$$SA^1_{zksi}=\begin{cases}0, & \\ \left[1-\dfrac{\dfrac{ET_i+LT_i}{2}-t_{zksi}}{BE_{max}}\right]\varphi_{zksi}, & if \quad 0\leqslant\dfrac{ET_i+LT_i}{2}-t_{zksi}<BE_{max}\end{cases}$$

$$(6.2-1)$$

$$SA^2_{zksi}=\begin{cases}1 & \dfrac{ET_i+LT_i}{2}<t_{zksi}\leqslant LT_i \\ \dfrac{BT_i-t_{zksi}}{BT_i-LT_i}\cdot\varphi_{zksi} & LT_i<t_{zksi}\leqslant BT_i \\ 0 & t_{zksi}>BT_i\end{cases}$$

$$(6.2-2)$$

其中，$t_{zksi}$ 为分区 $z$ 第 $s$ 班次（使用车场中第 $k$ 辆车）到达 $z$ 区 $i$ 点的时刻；$\varphi_{zksi}=(0,1)$，若 $z$ 区 $i$ 点的乘客由第 $s$ 班次（使用车场中第 $k$ 辆车）接送则为 1，否则为 0；$BE_{max}$ 为车内乘客的可容忍等待时长。其他符号同上文。

服务区域内所有需求点所有乘客的平均满意度 $F_1$ 为加权平均值，如式（6.2–3）所示：

$$F_1=\frac{1}{\sum_i Q_i}\sum_{z,s,i}(Q_i\cdot SA^2_{zksi}+Q_{ksi}\cdot SA^1_{zksi}) \qquad (6.2-3)$$

运营商利润 $F_2$ 为运营收益与运营成本之差，运营成本包括车辆发车及行驶成本（元）、车辆早到与晚到的惩罚成本（元），运营收益即票价收入（元），票价采用一票制，运营商利润 $F_2$ 为：

$$F_2=p\sum_i Q_i-\left\{\sum_s\sum_i\sum_j d_{ij}\cdot x_{zksij}\cdot C_l+\sum_s w_{zks}\cdot C_q\right\}-\sum_s\sum_i C_f^i$$

$$(6.2-4)$$

$$C_f^i = \begin{cases} \beta_1(t_{zksi} - ET_i) \cdot \varphi_{zksi}, & t_{zksi} < ET_i \\ 0, & ET_i \leqslant t_{zksi} \leqslant LT_i \\ \beta_2(t_{zksi} - LT_i) \cdot \varphi_{zksi}, & LT_i < t_{zksi} \end{cases} \quad (6.2-5)$$

$$t_{zksi} = t_{zks} + \frac{1}{v}\sum_{j \in I_{zsi}^-} d_{j-1,j} + \sum_{j \in I_{zsi}^-} t_f \cdot Q_j \quad (6.2-6)$$

其中，$x_{zksij} = (0,1)$，若第 $s$ 班次（使用车场中第 $k$ 辆车）从 $z$ 区的 $i$ 点经过 $j$ 点则为 1，否则为 0；$w_{zks} = (0,1)$，若第 $s$ 班次（使用车场的第 $k$ 辆车）从 $z$ 区发出则为 1，否则为 0；$\beta_2$ 为车辆在上车乘客预约时间窗后到达车辆的惩罚系数；$t_{zks}$ 为分区 $z$ 的第 $s$ 班次（使用车场中第 $k$ 辆车）发出时刻；$I_{zsi}^-$ 为分区 $z$ 班次 $s$ 到达需求点 $i$ 前途经的需求点集合。其他符号同上文。

式（6.2-4）右边第 1~3 项分别为收益、行驶成本和发车成本之和、惩罚成本。式（6.2-5）表示服务于需求点 $i$ 的车辆在预约时间窗内到达，则早到或晚到惩罚 $C_f^i$ 为 0，否则按与预约时间窗的时间差进行惩罚；式（6.2-6）是服务于需求点 $i$ 的车辆到达需求点 $i$ 的时间。

以乘客满意度 $F_1$ 和运营商利润 $F_2$ 两个指标为目标函数，在满足车容量、行程时间等约束下构建多分区协调的、车辆路径与发车时间协调的多目标优化模型：

$$\max F_1; \ \max F_2 \quad (6.2-7)$$

$$s.t \ \sum_{i \in I_b} Q_i \cdot \varphi_{zks}^b + \sum_{i \in I_z} Q_i \cdot \varphi_{zksi} \leqslant U, \ \forall s, k, z \quad (6.2-8)$$

$$\sum_{i \in I} x_{zksij} = \sum_{j \in I} x_{zksij} = 1, \ \forall s, k, z \quad (6.2-9)$$

$$\sum_{j \in I} x_{zks0j} = \sum_{i \in I} x_{zksi0} \leqslant 1, \ \forall s, k, z \quad (6.2-10)$$

$$t_{zksi} = t_{zks(i-1)} + \left(\frac{d_{i(i-1)}}{v} + Q_i \cdot t_f\right) x_{zksi(i-1)}, \ \forall i, k, s, z$$
$$(6.2-11)$$

$$\sum_i \sum_j \left(\frac{d_{ij}}{v} + Q_i \cdot t_f\right) x_{zksij} \leqslant T \ \forall z, k, s \quad (6.2-12)$$

其中，$I_b$ 为分区边界上需求点（站点）集合；$\varphi_{zks}^b = (0,1)$，若边界上的需求点 $b$（$p \in I_b$）由分区 $z$ 班次 $s$ 服务则为 1，否则为 0。其他符号同上文。

式（6.2-7）为目标函数，即同时兼顾乘客满意度、运营商利润；式（6.2-8）为车容量约束；式（6.2-9）表示每一个需求点只被一辆车服务；式（6.2-10）表示车辆从起点出发要返回起点；式（6.2-11）为分区 $z$ 班次

$s$ 从需求点 $i-1$ 至其近邻的上游 $i$ 的时间关联约束；式（6.2-12）为需求响应接驳公交最大行程时间约束。

### 6.2.4 求解算法

在多分区 RFT 路径与发车时间的协调优化模型中，以车容量、车辆行驶距离、时间窗等为约束，构建了系统总运营利润最大、乘客满意度最大为目标的多目标模型。所建立的两个目标函数具有相互冲突的特点，采用加权和的方法难以保证两个主要的因素之间最佳，因此综合以上因素本节采用多目标遗传算法对模型进行求解。

（1）编码方式。

采用自然数编码方式，首先是对每个需求点按顺序编号，换乘站编号为 0。服务区域划分为 4 个小区域，以区域内与区域间的需求点个数 $N=25$ 为例，每个区域的需求点编号为 $Z_1=[1\ 2\ 3\ 4]$、$Z_2=[8\ 9\ 10\ 11]$、$Z_3=[15\ 16\ 17\ 18]$、$Z_4=[22\ 23\ 24\ 25]$，其中编号 1 到 25 为需求点编号，$F_1$、$F_2$ 为模型的两个目标函数的适应度值。构建的染色体编码方式如图 6.5 所示：

| 1 | 2 | 3 | 4 | 5 | … | … | 25 | $F_1$ | $F_2$ |
|---|---|---|---|---|---|---|---|---|---|

**图 6.5 染色体编码**

（2）初始化种群。

初始种群生成一般使用随机生成的方式，种群的规模一般设置在 20~200 之间，种群规模过大直接影响到遗传算法的运算速度，过小则会使得陷入局部最优解，难以获得最优结果，因此本节求解过程中种群规模设置在 pop=100。

（3）适应度函数设置。

一般情况下适应度函数一般以模型目标函数或者目标函数倒数作为适应度函数。本节提出的模型是以利润最大化和乘客满意度最大化建立的多目标，因此适应度函数是直接以两个目标函数作为适应度函数。其计算式如下：

$$Fitness_1 = \frac{1}{\sum\limits_i Q_i} \sum_{z,\,s,\,i} (Q_i \cdot SA_{zksi}^2 + Q_{ksi} \cdot SA_{zksi}^1) \qquad (6.2-13)$$

$$Fitness_2 = p\sum_i Q_i - \left\{ \sum_s \sum_i \sum_j d_{ij} \cdot x_{zksij} \cdot C_l + \sum_s w_{zks} \cdot C_q \right\} - \sum_s \sum_i C_f^i$$

$$(6.2-14)$$

（4）非支配排序。

当存在多个目标时，由于目标之间存在冲突无法比较，所以很难找到一个解兼顾所有的目标函数，也就是说，一组解可能是有一个目标函数是接近最佳值，但另一个目标函数的解可能是最差的。因此，对于多目标优化问题，通常存在一个解集，这些解之间就全体目标函数而言是无法比较优劣的，其特点是：无法在改进任何目标函数的同时不削弱至少一个其他目标函数。这种解称作非支配解，所以根据种群大小为 Pop，该算法需要计算每个个体 $p$ 的被支配个数 $n_p$ 和该个体支配的解的集合 $S_p$ 这两个参数。

（5）选择算子。

选择算子遵循自然界的"适者生存"法则，将种群中适应度值排在前面的选中，直接进入下一环节，然后其余的个体运用轮盘赌法进行选择，构成新的子代种群。

（6）交叉算子。

采用顺序交叉方式，即先随机选择一对染色体（父代）中几个基因的起止位置，然后生成一个子代，并保证子代中被选中的基因的位置与父代相同，再将另一父代中的其余基因按顺序放入上一步生成的子代中，如图 6.6 所示：

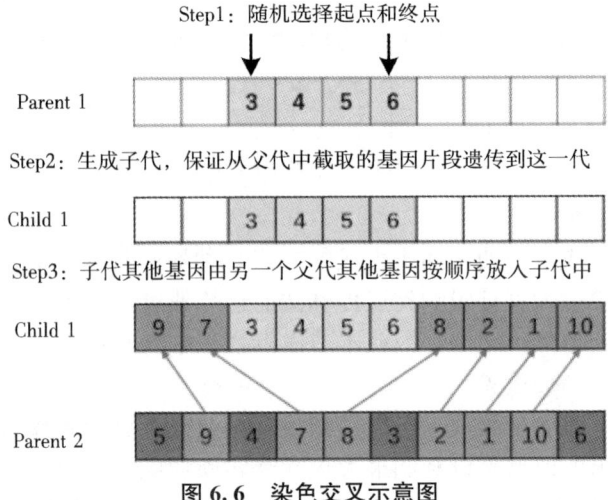

图 6.6　染色交叉示意图

（7）变异算子。

一般情况下变异概率较小，取值为 $0.001 \sim 0.1$，避免其较大程度地破坏染色体，从而保留适应度较高的染色体。由于本节编码方式是对需求点进行自然数编码，所以本节采用逆序变异算子的方式进行变异，即在个体中随机挑选两个逆转点，再将两个逆转点间的基因交换。

（8）算法终止条件。

遗传算法停止准则有两个，一个是最大迭代次数，一个就是适应度值的大小，本节提出的求解算法采用这两个停止准则。

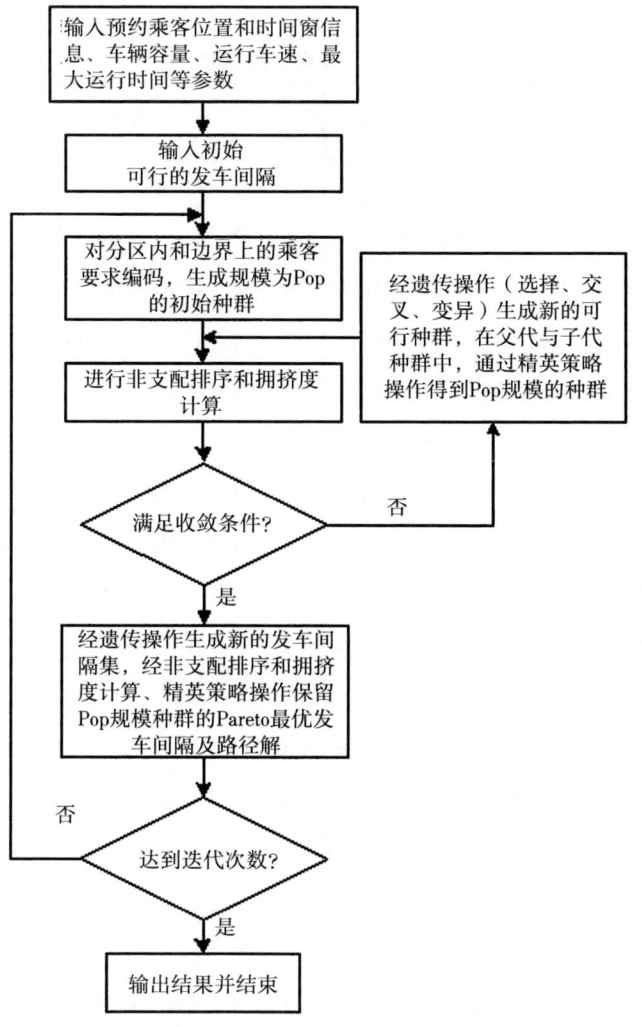

**图 6.7　分区间路径协调优化算法**

## 6.2.5　案例分析

换乘站 0 的坐标为 (3.50，3.50)，预约需求情况见表 6–1，分区情况如图 6.4 所示。$T = 25$ min，$v = 30$ km/h，$t_f = 6$ s/人；$p = 1.2$ 元；$U = 15$ 人，$C_q = 10$ 元/台，$C_l = 1.2$ 元/km，$\beta_1$、$\beta_2$ 分别为 1.2、1.1，$BEmax = 4$ min。

①不同发车方案对比：在乘客需求一定条件下，运用协调模型获取分区协调的、发车时间和车辆路径协调的运营方案，也获取发车时间固定下分区协调的车辆路径方案（发车时间事先固定），不同发车时间方案的计算结果及其比

较如图 6.8 和表 6-2 所示。

### 表 6-1 乘客预约信息

| 站点编号 | 人数/人 | $(x, y)$ | $ET_i, LT_i$ | $BT_i$ | 站点编号 | 人数/人 | $(x, y)$ | $ET_i, LT_i$ | $BT_i$ |
|---|---|---|---|---|---|---|---|---|---|
| 1 | 3 | 1.17, 2.88 | 8:15, 8:16:30 | 8:20:30 | 26 | 2 | 4.60, 4.00 | 8:07, 8:08:30 | 8:12:30 |
| 2 | 3 | 1.35, 1.83 | 8:29, 8:30:30 | 8:34:30 | 27 | 2 | 4.31, 5.40 | 8:19, 8:20:30 | 8:24:30 |
| 3 | 2 | 1.6, 2.5.00 | 8:12, 8:13:30 | 8:17:30 | 28 | 3 | 4.56, 4.80 | 8:22, 8:23:30 | 8:27:30 |
| 4 | 3 | 1.8, 1.52 | 8:18, 8:01:30 | 8:05:30 | 29 | 3 | 4.83, 5.80 | 8:27, 8:28:30 | 8:32:30 |
| 5 | 2 | 2.26, 2.43 | 8:22, 8:23:30 | 8:27:30 | 30 | 3 | 5.03, 4.50 | 8:24, 8:25:30 | 8:29:30 |
| 6 | 3 | 2.57, 2.88 | 8:29, 8:30:30 | 8:34:30 | 31 | 3 | 5.33, 4.80 | 8:12, 8:13:30 | 8:17:30 |
| 7 | 2 | 2.72, 2.00 | 8:11, 8:12:30 | 8:16:30 | 32 | 3 | 5.49, 5.10 | 8:02, 8:21:30 | 8:25:30 |
| 8 | 5 | 2.95, 1.35 | 8:11, 8:12:30 | 8:16:30 | 33 | 3 | 5.62, 5.77 | 8:25, 8:26:30 | 8:30:30 |
| *9 | 2 | 3.5, 2.3 | 8:13, 8:14:30 | 8:18:30 | *34 | 2 | 3.5, 5.00 | 8:26, 8:27:30 | 8:31:30 |
| *10 | 3 | 3.5, 1.3 | 8:13, 8:14:30 | 8:18:30 | *35 | 5 | 3.5, 4.23 | 8:03, 8:31:30 | 8:35:30 |
| *11 | 2 | 3.5, 2.9 | 8:21, 8:22:30 | 8:26:30 | *36 | 2 | 3.5, 5.16 | 8:21, 8:22:30 | 8:26:30 |
| *12 | 2 | 3.5, 1.99 | 8:13, 8:14:30 | 8:18:30 | *37 | 1 | 3.5, 5.73 | 8:22, 8:23:30 | 8:27:30 |
| 13 | 2 | 4.31, 2.88 | 8:13, 8:14:30 | 8:18:30 | 38 | 4 | 3.86, 4.28 | 8:29, 8:30:30 | 8:34:30 |
| 14 | 2 | 4.56, 1.83 | 8:21, 8:22:30 | 8:26:30 | 39 | 3 | 1.17, 4.50 | 8:13, 8:14:30 | 8:18:30 |
| 15 | 3 | 4.83, 2.10 | 8:08, 8:09:30 | 8:13:30 | 40 | 4 | 1.35, 5.20 | 8:21, 8:22:30 | 8:26:30 |
| 16 | 2 | 5.03, 1.52 | 8:28, 8:02:30 | 8:06:30 | 41 | 2 | 1.60, 5.80 | 8:17, 8:18:30 | 8:22:30 |
| 17 | 2 | 5.33, 1.71 | 8:16, 8:17:30 | 8:21:30 | 42 | 3 | 1.80, 4.50 | 8:22, 8:23:30 | 8:27:30 |
| 18 | 4 | 5.49, 2.88 | 8:23, 8:24:30 | 8:28:30 | 43 | 5 | 2.26, 4.80 | 8:16, 8:17:30 | 8:21:30 |
| 19 | 4 | 5.62, 2.00 | 8:14, 8:15:30 | 8:19:30 | 44 | 2 | 2.57, 5.10 | 8:13, 8:14:30 | 8:18:30 |
| 20 | 2 | 5.84, 1.35 | 8:14, 8:15:30 | 8:19:30 | 45 | 3 | 2.72, 5.77 | 8:31, 8:32:30 | 8:36:30 |
| *21 | 2 | 4.35, 3.5 | 8:08, 8:00:30 | 8:04:30 | *46 | 3 | 2.95, 3.5 | 8:21, 8:22:30 | 8:26:30 |
| *22 | 3 | 4.90, 3.5 | 8:14, 8:15:30 | 8:19:30 | *47 | 2 | 2.86, 3.5 | 8:12, 8:13:30 | 8:17:30 |
| *23 | 2 | 5.30, 3.5 | 8:23, 8:24:30 | 8:28:30 | *48 | 3 | 1.35, 3.5 | 8:25, 8:26:30 | 8:30:30 |
| *24 | 2 | 5.50, 3.5 | 8:22, 8:23:30 | 8:27:30 | *49 | 2 | 1.70, 3.5 | 8:16, 8:17:30 | 8:21:30 |
| *25 | 4 | 2.60, 3.5 | 8:17, 8:18:30 | 8:22:30 | 50 | — | 3.50, 3.50 | — | — |

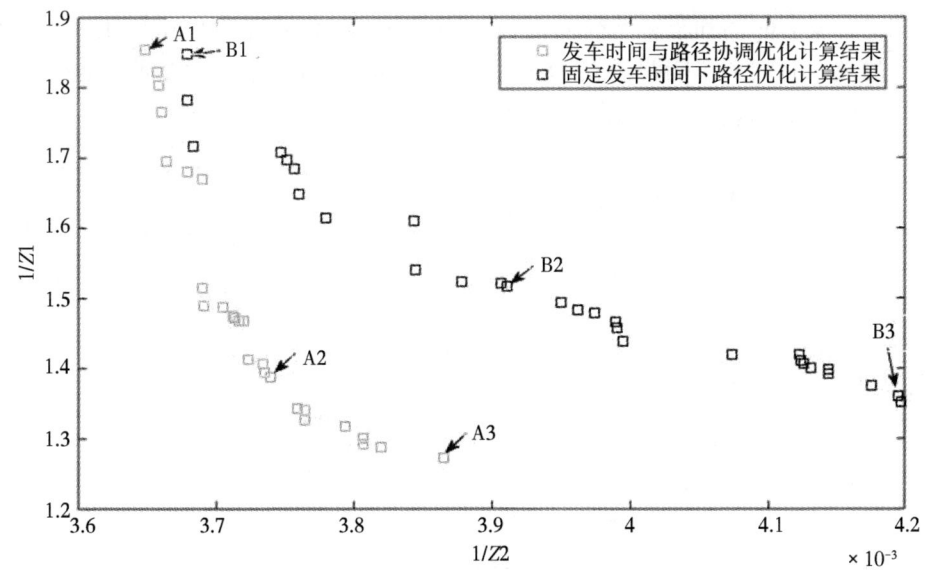

**图 6.8　不同发车时间方案的 Pareto 解集**

**表 6-2　不同发车时间方案下的结果比较**

| 运行方案 | 图 3 中的编号 | | 利润/元 | 平均满意度 | 里程/km | 运行车辆数/台 | |
| --- | --- | --- | --- | --- | --- | --- | --- |
| 运营商利润最大的方案 | 协调优化 | A1 | 274.12 | 0.55 | 65.04 | 10 | |
| | 固定发车时间 | B1 | 271.83 | 0.54 | 78.54 | 10 | |
| 满意度最大的方案 | 协调优化 | A3 | 258.72 | 0.78 | 72.23 | 10 | |
| | 固定发车时间 | B3 | 238.27 | 0.73 | 88.52 | 11 | |
| 利润和满意度均较佳的方案 | 协调优化 | A2 | 267.42 | 0.72 | 72.57 | 10 | |
| | 固定发车时间 | B2 | 255.73 | 0.65 | 82.21 | 10 | |

由图 6.8 可知，发车时间与路径协调优化下的 Pareto 解集对应的点均位于发车时间固定仅路径优化下的左下方，说明相同利润下，协调优化的满意度均高于发车时间固定的；相同满意度下，协调优化的利润均高于发车时间固定的，协调优化的效果显著。由表 6-2 可知，若追求利润最大，与发车时间固定的路径优化相比，发车时间与路径协调优化的利润和满意度分别增加了1.1%、0.01；若追求满意度最大，利润和满意度分别增加了 8.4%、0.05；若获取利润与满意度均较佳的方案（对应图 6.8 的 A2、B2），利润和满意度分别增加了 4.7%、0.07。

②边界需求点不同分配方式：在乘客需求一定条件下，基于模型获取分区

协调的、发车时间和车辆路径协调的运营方案，也获取边界上需求固定分配条件下的发车时间和车辆路径方案，边界上需求点不同分配方式的计算结果及其比较如图 6.9 和表 6-3 所示。

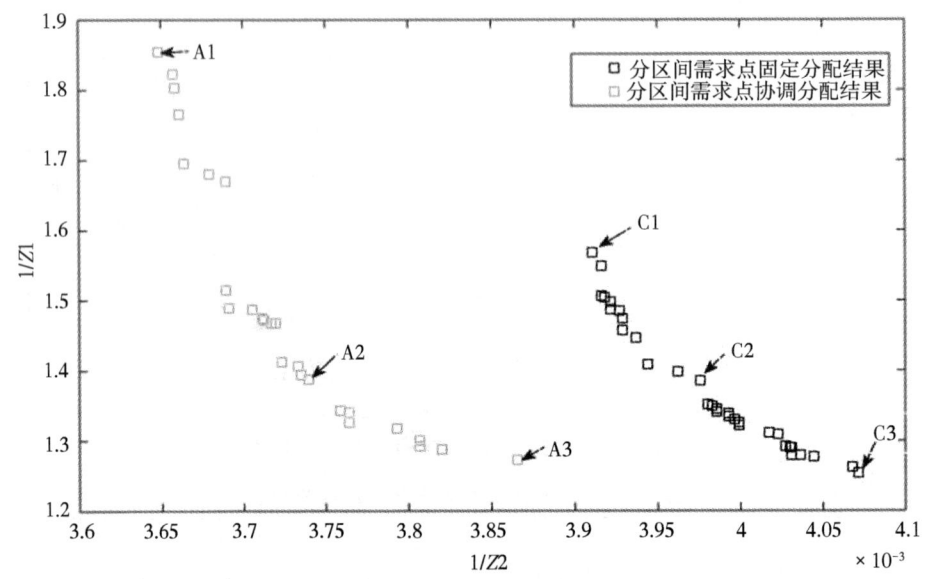

**图 6.9  边界上需求点不同分配方式的 Pareto 解集**

**表 6-3 边界上需求点不同分配方式下的结果比较**

| 运行方案 | 图 4 中的编号 | 利润/元 | 平均满意度 | 里程/km | 运行车辆数/台 | |
|---|---|---|---|---|---|---|
| 运营商利润最大的方案 | 协调分配 | A1 | 274.12 | 0.55 | 65.04 | 10 |
| | 固定分配 | C1 | 255.36 | 0.66 | 78.54 | 10 |
| 满意度最大的方案 | 协调分配 | A3 | 258.72 | 0.78 | 72.23 | 10 |
| | 固定分配 | C3 | 245.62 | 0.78 | 82.23 | 11 |
| 利润和满意度均较佳的方案 | 协调分配 | A2 | 267.42 | 0.72 | 72.57 | 10 |
| | 固定分配 | C2 | 253.54 | 0.7 | 82.23 | 10 |

由图 6.9 可知，边界上需求协调分配的 Pareto 解集对应的点均位于固定分配的 Pareto 解集的左下方，说明相同利润下，协调分配的满意度要明显高于固定分配的；相同满意度下，协调分配的利润要明显高于固定分配的，协调分配的效果显著。由表 6-3 可知，若追求运营商利润最大，与固定分配相比，协调分配的利润增加了 7.4%，但满意度有所降低；若追求满意度最大，利润

增加了 5.3%，但满意度相同；若获取利润与满意度均较佳的方案（图 6.9 中的 A2、C2），协调分配的利润和满意度分别增加了 5.5%、0.02，说明边界上需求协调分配的利润增加较明显，但满意度变化趋势不明显。

③不同车容量的影响：在乘客需求等一定条件下，只改变车辆容量（车辆容量改变，其发车成本也将随之改变），分析容量变化对运营商利润、乘客满意度、行驶总里程的影响。设定车辆基准容量为 15 人/车（发车成本为 10 元/台），分析容量增至 25 人/车（发车成本为 13 元/台）后对优化方案的影响，计算结果分别见表 6-4、图 6.10。

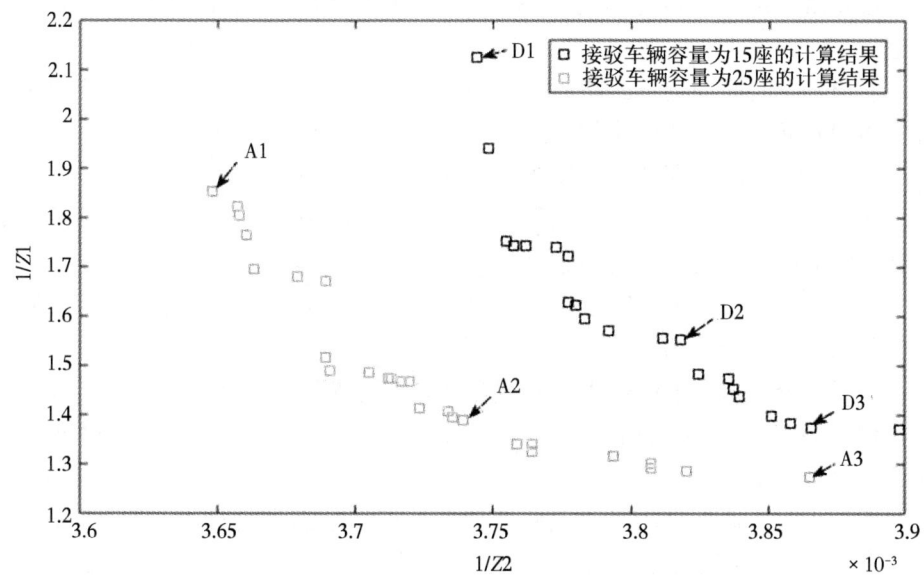

图 6.10 接驳车容量变化下的 Pareto 解集

表 6-4 车辆容量变化下的结果比较

| 运行方案 | | 图 5 中的编号 | 利润/元 | 平均满意度 | 里程/km | 运行车辆数/台 | 变化情况 |
|---|---|---|---|---|---|---|---|
| 运营商利润最大的方案 | 容量为 15 座 | A1 | 274.12 | 0.55 | 65.04 | 10 | 利润提高 2.63% |
| | 容量为 25 座 | D1 | 267.07 | 0.47 | 60.28 | 7 | |
| 满意度最大的方案 | 容量为 15 座 | A3 | 258.72 | 0.78 | 72.23 | 10 | 利润提高 0.8% |
| | 容量为 25 座 | D3 | 256.52 | 0.72 | 67.31 | 7 | |
| 利润和满意度均较佳的方案 | 容量为 15 座 | A2 | 267.42 | 0.72 | 72.57 | 10 | 利润提高 2% |
| | 容量为 25 座 | D2 | 261.92 | 0.64 | 64.16 | 7 | |

由图 6.10 可知,容量 15 座下的 Pareto 解集对应的点均位于容量 25 座下的左下方,说明相同利润下,15 座的满意度要明显高于 25 座的;相同满意度下,15 座的利润要明显高,15 座的更适合当前条件下的接驳服务。由表 6-4 可知,若追求利润最大,与 25 座的相比,容量 15 座接驳车的利润和满意度分别增加了 2.63%、0.08;若追求满意度最大,利润和满意度分别增加了 0.8%、0.06;若获取利润与满意度均较佳的方案(对应图 6.10 中的 A2、D2),利润和满意度分别增加了 2%、0.08,说明车辆容量的大小会显著影响系统性能。

**重要结果**:通过以上实验仿真计算,在上文给定的案例中,得出以下结论:

①与发车时间固定下的路径优化相比,发车时间与路径的协调优化效果显著。相同利润下,协调优化的满意度均高于发车时间固定的满意度;相同满意度下,协调优化的利润均高于发车时间固定时的利润。

②对于分区边界上的需求点乘客分配,在相同利润下,通过协调分配的满意度要明显高于固定分配的满意度。

③对于分区边界上的需求点乘客分配,在相同满意度下,协调分配的利润要明显高于固定分配的利润。

④对于分区边界上的需求点乘客分配,若追求运营商利润最大,与固定分配相比,边界上的需求协调分配时,系统利润增加 7.4%,但满意度有所降低。

⑤对于分区边界上的需求点乘客分配,若追求满意度最大,与 25 座的相比,采用容量 15 座的接驳车时,系统利润增加了 0.8%,满意度也增加了 0.06,协调分配和车辆容量的影响显著。

# 第七章 需求响应接驳公交与其他模式公交的协同

在较大服务区域内，需求响应接驳公交一般是作为辅助公交，配合大容量干线公交完成运输任务。较大服务区域内需求响应接驳公交与干线公交协同一般通过乘客对指定干线公交站点、指定干线公交班次表现出来，即如何安排车辆及路径，满足乘客对指定干线公交班次、站点的需求。

## 7.1 考虑协同换乘的 RFT 调度优化

为减少响应型接驳公交乘客在换乘站的等待时间，接驳公交到达换乘站的时间应满足一定条件，因此需要对有换乘时间需求的响应型接驳公交系统的协调优化问题进行研究。本节考虑多车型、静态需求、有换乘时间要求，对响应型接驳公交与其他模式公交的协调优化进行研究。

### 7.1.1 考虑协同换乘的接驳问题描述

在干线公交站点（换乘站）服务范围内，有一定数量的乘客前往换乘站换乘干线公交、一定数量从换乘站离开的乘客。前往干线公交站点的乘客中分为有特定换乘班次需求的乘客和无特定换乘班次需求的乘客两类。RFT 系统收集到乘客的出行申请后，调度中心根据申请，在考虑车辆保有量、乘客的时间窗、车辆单程最大运行时间、换乘时间等约束的基础上，以系统总效用最大为目标，协调优化接驳车辆的发车时间和运行路径，将乘客从各需求点接至换乘站换乘干线公交班次。

### 7.1.2 乘客换乘时间需求的刻画

第一类乘客是对到达换乘站的时间有硬性要求，这类乘客到达换乘站后期望换乘某一特定的干线公交班次 $n$，该类乘客换乘时间需求如图 7.1 所示，图中横坐标 $t$ 表示时间，纵坐标 $p$ 表示惩罚成本，$[EP_n, LP_n]$ 为此类乘客期望到达换乘站的时间窗，其中 $M$ 为一个无穷大的惩罚值。期望到达换乘站的时间窗下限为硬时间窗约束，若接驳任务中存在此类乘客，车辆则不允许晚到，且到达换乘站的时间必须早于期望换乘特定班次 $n$ 的发车时间（$H_{t1}^n$），同时又需给乘客在换乘站留有一定的换乘时间 $\Delta t$；上限为软时间窗约束，若车辆早于乘客期望换乘时间上限到达，则产生相应的惩罚成本。

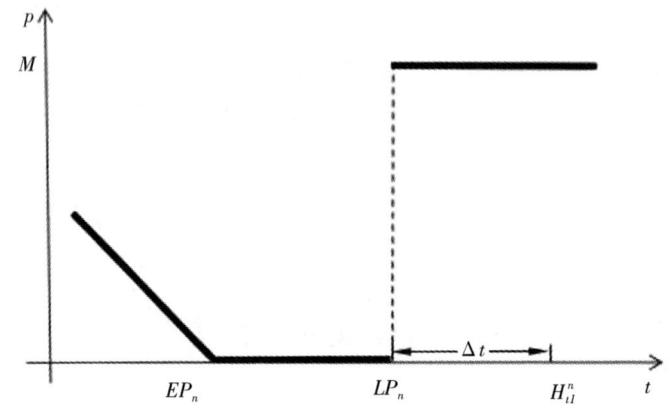

图 7.1　第一类乘客换乘时间要求示意图

　　第二类乘客是对到达换乘站的时间没有硬性要求，这类乘客到达换乘站后可以换乘任意的干线公交班次，但乘客存在心理预期，对下车时间的要求如图 7.2 所示。假设乘客从需求点到达换乘站后，与所能搭乘的最近时间干线公交进行换乘，干线公交班次集合 $H_{t0} = (H_{t0}^1, H_{t0}^2, \cdots, H_{t0}^n)$，各班次对应的时间窗为 $[EP_1, LP_1]$、$[EP_2, LP_2]$ ……，车辆无晚到惩罚，但当乘客等待换乘时间超过可容忍的心理预期时，也将产生相应惩罚成本，因此也需尽可能减少乘客在换乘站的等待时间。

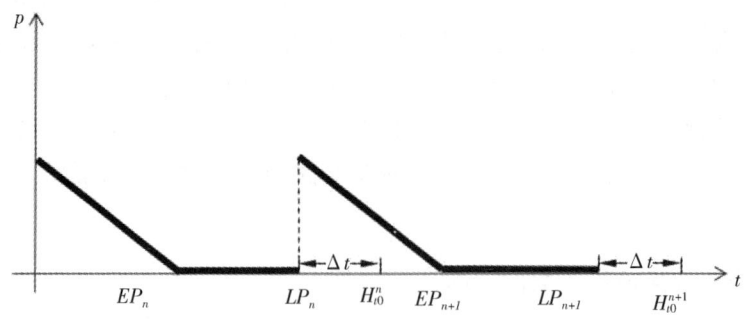

图 7.2　第二类乘客换乘时间要求示意图

## 7.1.3 模型假设

接驳车辆在路网中以恒定车速 $v(\mathrm{km/h})$ 运行；忽略乘客上下车花费的时间；乘客在换乘站需花费的换乘时间固定为 $\Delta t(\min)$；乘客全部为预约出行且不会取消预约；系统中只有一个换乘站，车型单一；响应型接驳公交从换乘点出发，接、送乘客回到换乘站，为闭合回路；只考虑从需求点与换乘站之间的乘客出行需求，不考虑需求点与需求点之间的出行需求。

## 7.1.4 模型构建

在据乘客预约需求，在考虑车辆保有量、乘客的时间窗、车辆单程最大运行时间、换乘时间等约束的基础上，以系统总效用最大为目标，协调优化接驳车辆的发车时间和运行路径，完成全部乘客的接送任务。系统中可能存在单独接或送乘客的车辆，也可能存在接送同时进行的车辆。目标函数为式（7.1-1）：

$$\mathrm{Max}\ F = u_1 f_1 + u_2 f_2 \tag{7.1-1}$$

其中 $f_1$，$f_2$ 分别为运营商效用与乘客效用，效用函数如式（7.1-2）～（7.1-7）：

$$f_1 = \sum_s |\mathbf{N}_{ks}| \cdot p - \sum_s \left( C_q \cdot w_{ks} + \sum_i \sum_j C_l \cdot d_{ij} \cdot x_{ksij} \right)$$
$$+ \sum_s \sum_i \beta_1 \cdot \mathrm{Max}(ET_i - t_{ksi},\ 0) \tag{7.1-2}$$

$$f_2 = -\sum_s \sum_i \left[ C_{pe}^i \cdot \left( Q_{mks} + \sum_0^{i-1} \varphi_{ksi} \cdot \theta_{ksi} \right) + C_{pl}^i \cdot \varphi_{ksi} \right] - \sum_i C_{ph}^i$$
$$\tag{7.1-3}$$

$$C_{pe}^i = \begin{cases} 0 & if\ ET_i \leqslant t_{ksi} \leqslant LT_i \\ \alpha_1(ET_i - t_{ksi}) & if\ t_{ksi} < ET_i\ and\ \theta_{ksi} = 1 \\ 0 & if\ t_{ksi} < ET_i\ and\ \theta_{ksi} = -1 \end{cases} \tag{7.1-4}$$

$$C_{pl}^i = \begin{cases} 0 \\ \alpha_2\ (t_{ksi} - LT_i) \end{cases} \tag{7.1-5}$$

$$C_{ph}^i = \begin{cases} \varphi \left[ (H_{t0}^n - \Delta t - \nabla t) - t_{ksh} \right], & if\ t_{ksh} < (H_{t0}^n - \Delta t - \nabla t),\ \theta_{ksi} = 1,\ \Phi_{Hti} = 2 \\ \varphi \left[ (H_{t1}^n - \Delta t - \nabla t) - t_{ksh} \right], & if\ t_{ksh} < (H_{t1}^n - \Delta t - \nabla t),\ \theta_{ksi} = 1,\ \Phi_{Hti} = 1 \\ 0, & else \end{cases}$$
$$\tag{7.1-6}$$

$$t_{ksi} = t_{ks(i-1)} + \left( \frac{d_{i(i-1)}}{v} \right) \cdot x_{ksij} \tag{7.1-7}$$

其中，$C_{ph}^i$ 为车辆提前回到换乘站时，乘客 $i$ 在换乘站换乘干线公交的等待时间费用；$t_{ksh}$ 为第 $s$ 班次（使用第 $k$ 辆车）回到换乘站的时间；$\boldsymbol{H}_{t0}$ 为换乘站干线公交车次发出时间集合，$\boldsymbol{H}_{t0} = (H_{t0}^1, H_{t0}^2, \cdots, H_{t0}^n)$；$\varphi$ 为车辆早到干线公交站点（换乘站）的惩罚系数；$\Delta t$ 为乘客在换乘站完成换乘所需要的平均时长；$\nabla t$ 为乘客到达换乘站后在换乘站等待干线公交可容忍的时长；$\boldsymbol{H}_{t1}$ 为换乘站干线公交特定车次发出时间集合，$\boldsymbol{H}_{t1} = (H_{t1}^1, H_{t1}^2, \cdots, H_{t1}^n)$；$\boldsymbol{\Phi}_{Hti} = (1, 2)$ 若乘客 $i$ 乘坐第 $s$ 班次（使车场中的第 $k$ 辆车）由接驳点前往换乘站有特定干线公交乘车班次则为 1，无特定干线公交乘车班次则为 2。其他符号同上文。

式（7.1-2）运营商效用函数中，各项分别为票价收入、车辆启用成本、车辆行驶成本、车辆在需求（乘客）点停靠产生的等待成本；式（7.1-3）为乘客效用函数，各项分别表示车辆早到车上乘客等待、车辆晚点候车乘客等待、换乘站换乘所产生的时间效用，其中，车辆早到需求点 $i$ 的惩罚函数 $C_{pe}^i$、车辆晚到需求点 $i$ 的惩罚函数 $C_{pl}^i$ 以及车辆早到换乘站的惩罚函数 $C_{ph}^i$ 由式（7.1-4）、（7.1-5）、（7.1-7）决定，若车辆提前到达需求点，且该需求点为下车乘客，则车上乘客不需要等待，不产生车辆早到乘客等待成本；而对于从需求点上车前往换乘站点的乘客，若车辆早到，车内乘客需进行等待，产生车辆早到成本，进行惩罚；式（7.1-7）为车辆到达需求点 $i$ 的预估时间。

构建的混合换乘需求下同时接送 RFT 协调优化模型表示如式（7.1-8）～（7.1-17）：

$$\text{Max } F = \alpha_1 f_1 + \alpha_2 f_2 \tag{7.1-8}$$

$$\text{s. t} \quad Q_{ks} + \sum_1^{i-1} \varphi_{ksi} \cdot \theta_{ksi} \leqslant U \tag{7.1-9}$$

$$0 \leqslant Q_{ks} \leqslant U \tag{7.1-10}$$

$$\sum_s w_{ks} \leqslant M \tag{7.1-11}$$

$$\boldsymbol{N}_{ks} \bigcap \boldsymbol{N}_{k's'} = \varnothing, \quad \forall k \neq k' \text{ and } \forall s \neq s' \tag{7.1-12}$$

$$\sum_i \sum_j \frac{d_{ij}}{v} \cdot x_{mksij} + \sum_i \text{Max}(ET_i - t_{ksi}, 0) \leqslant T, \ i, j \in \boldsymbol{N}_{ks}$$

$$\tag{7.1-13}$$

$$\sum_j x_{rk0j} = \sum_i x_{rki0} = 1, \ i, j \in \boldsymbol{N} \tag{7.1-14}$$

$$D_i < t_{ks}, \ i \in \boldsymbol{N} \tag{7.1-15}$$

$$\sum_s \varphi_{ksi} = n, \ i = 1, 2 \cdots n \tag{7.1-16}$$

$$t_{ksh} \leqslant H_{t1}^n - \Delta t, \ if \quad \boldsymbol{\Phi}_{Hti} = 1 \text{ and } \varphi_{ksi} = 1 \tag{7.1-17}$$

式（7.1-9）、（7.1-10）为车辆离开换乘站时车上已有乘客数、运行途中车上乘客数均不能大于车辆最大载客容量的约束；式（7.1-11）表示系统车辆约束，派出进行接驳任务的车辆数要少于系统拥有的车辆总数；式（7.1-12）表示同一班次的每位乘客只能由一辆车服务；式（7.1-13）表示每次派出的车辆行程时间不能超过车辆单班次接驳最大运行时间；式（7.1-14）为闭合回路约束，保证车辆从换乘站出发最终回到换乘站；式（7.1-15）表示离开换乘站的发车时间要晚于乘客离开换乘站的预约时间，式（7.1-16）表示所有预约乘客都要被服务；式（7.1-17）表示车辆到达换乘站的时间约束，若车辆搭载存在预约前往换乘站的乘客，车辆到达换乘站的时间需早于乘客期望的发车时刻，同时又需给乘客在换乘站留有一定的换乘接驳时间，即不能晚于乘客预约换乘时间窗下限。

## 7.1.5　求解算法

基于多链编码的遗传算法求解，混合换乘需求下同时接送 RFT 协调优化模型的遗传算法流程如图 7.3 所示。

Step1：输入各需求点的乘客预约出行需求信息（区分前往换乘站与离开换乘站乘客）以及具有硬性换乘时间的乘客需求信息（用以区分特殊需求乘客）、车容量、最大行程时间、初始发车间隔等模型参数及遗传算法的最大迭代次数、种群规模、交叉概率、变异概率等控制参数，并对乘客进行自然数编码。

Step2：将 $n$ 个乘客及 $m$ 辆车的编码打乱生成新的序列，按照序列顺序逐一将乘客安排到车辆中并判断是否超过车辆容量、最大运行时间等限制，若超过则进行分割编码，由下一辆车接送，直至所有乘客均被分配完成。

Step3：计算种群中各个体的适应度值，本节直接采用适应度函数值作为目标函数值，个体越优良，适应度值越大，系统效用越大。

Step4：通过遗传算法的选择、交叉、变异三种遗传操作生成新的种群并更新种群信息，根据新种群中的个体对应的车辆路径，在满足出行时间约束的情况下调整发车时间，保留最优车辆路径与发车时间。

Step5：判断是否达到最大迭代次数，若满足要求，转到 Step6，否则 gen＝gen＋1，转到 Step3。

Step6：遗传算法终止，输出最优车辆路径及系统效用。

重要结果：通过仿真实验，在给定的案例中，得出以下结论：

①在相同的乘客需求下，考虑换乘站换乘时间需求，车辆运行存在更加严格的到达时间窗，发车交数会有增加；

②换乘时间约束下系统产生车辆早到换乘站的惩罚成本，导致了考虑换乘

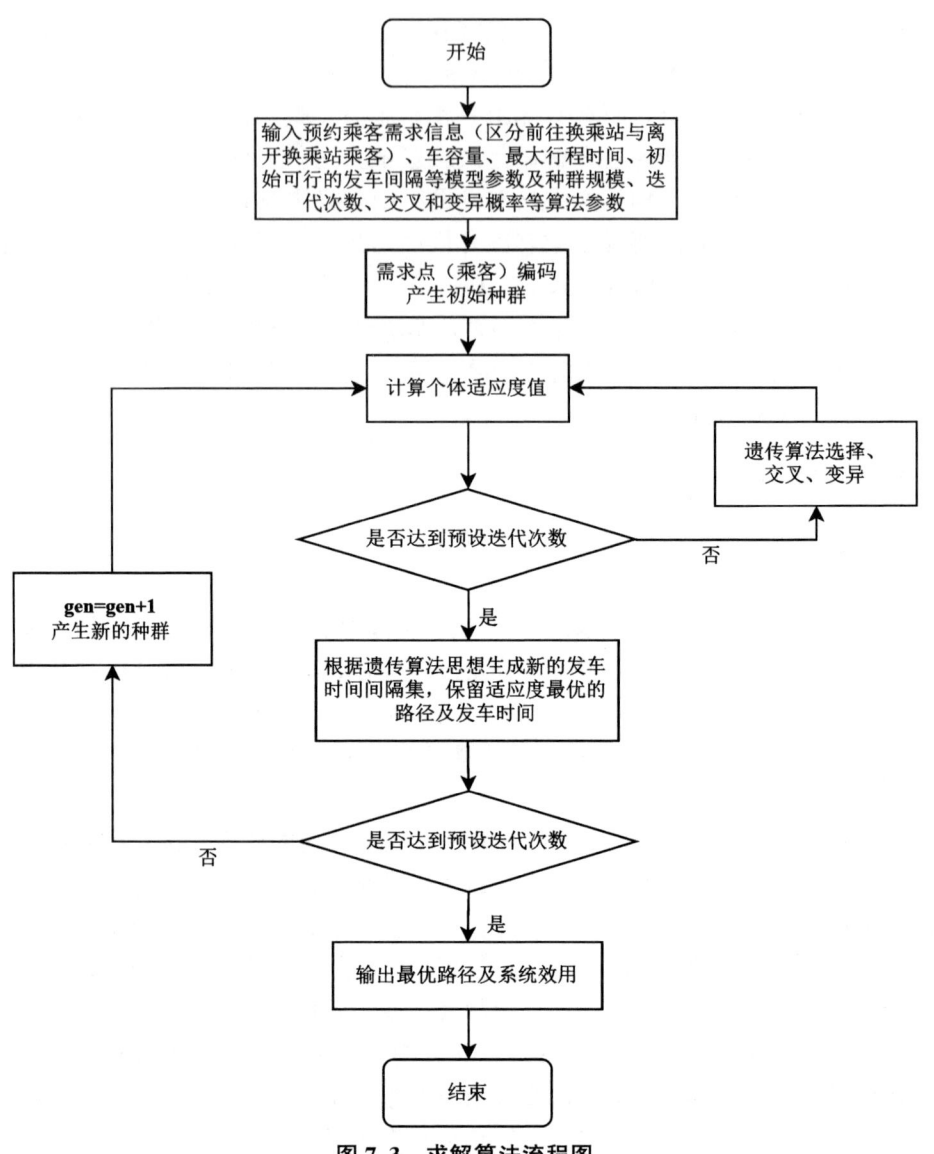

图 7.3 求解算法流程图

时间需求试验结果比不考虑需求试验结果系统效用降低了 9.42%，但考虑换乘时间需求，提升了乘客的换乘效率，有利于提高乘客对城市公共交通系统的整体满意度，降低的系统总效用是可接受的。

③试验结果表明，随着车型容量的增大，座位平均利用率减少，系统总效用降低，在低密度出行需求区域，宜选用中小型车辆进行接驳服务。

# 7.2　有期望换乘时间要求的 RFT 两阶段调度

本节提出多车型、静态需求、动态需求、有期望换乘时间要求的响应型接驳公交运输问题，采用两阶段调度法进行调度优化。

### 7.2.1 问题描述

在 $L \times W$ 矩形服务区域中，响应型接驳公交起讫站（即换乘站车场）编号为 0；乘客需求既有预约需求、也有实时需求；乘客的期望换乘时间与所接驳的地铁发车时刻表相对应；系统中有 $M$ 辆接驳公交（单车型）；系统根据乘客预约情况，在满足乘客时间窗、车容量、干线公交站点换乘时间等约束下，安排车辆完成接送任务。

### 7.2.2　模型假设

系统中只有一个干线公交站点（换乘站）；有多辆公交车；车辆运行方式为专车接（中途只上客不下客），乘客均到干线公交站点下车；车辆行驶速度为定值 $v$；每个乘客上车花费的时间为定值；车辆的载客容量相同；乘客时间窗为硬时间窗。

### 7.2.3　模型构建

有期望换乘时间要求的混合需求 RFT 调度的两阶段协调优化可描述为（如图 7.4 所示）：第一阶段，车辆出发前根据乘客的预约申请，在满足乘客和车辆的时间窗等约束下，优化确定预约需求下各班次所有车辆的初始运行路径及发车时间；第二阶段，车辆按初始运行路径行驶中，根据不断产生的实时申

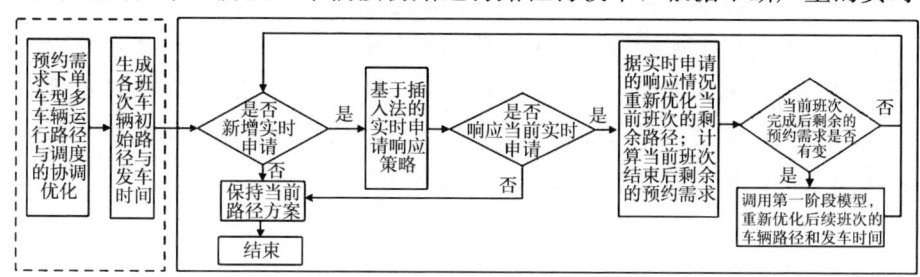

图 7.4　两阶段优化过程

请，确定能响应的实时申请，并实时调整当前班次的剩余路径、后续班次的车辆路径和发车时间[110]。

预约需求下车辆调度与干线公交的协调优化：

①系统总效用：系统包含两类主体，运营商和乘客，故系统总效用 $F$ 包含这两类主体的效用，见式（7.2-1）。

$$F = u_1 f_1 + u_2 f_2 \qquad (7.2-1)$$

运营商效用 $f_1$ 为：

$$f_1 = n \cdot p - \sum_s \left( \sum_i \sum_j d_{ij} \cdot x_{ksij} \cdot C_l - \sum_i C_f^i - (M - \sum_k w_k)\sigma \right) \qquad (7.2-2)$$

$$C_f^i = \begin{cases} \beta_1(t_{ksi} - ET_i) \cdot \varphi_{ksi}, & t_{ksi} < ET_i \\ 0, & ET_i \leqslant t_{ksi} \leqslant LT_i \\ \beta_2(t_{ksi} - LT_i) \cdot \varphi_{ksi}, & LT_i < t_{ksi} \end{cases} \qquad (7.2-3)$$

其中，$w_k = (0, 1)$，若车场中的第 $k$ 辆车被使用则为 $1$，否则为 $0$；$\sigma$ 为车辆闲置成本换算系数。其他符号同上文。

式（7.2-2）右边第一项为票价收入，第二项包括车辆运行成本、考虑车辆早到或晚点引起的等待成本、车辆闲置成本三部分。

$$t_{ksi} = t_{ks(i-1)} + \left( \frac{d_{i(i-1)}}{v} \right) \cdot x_{ksij} \qquad (7.2-4)$$

式（7.2-4）为车辆到达需求点 $i$ 的预估时间。乘客出行所花费的时间，是负效用，考虑早到、晚点的影响，乘客效用 $f_2$ 为：

$$f_2 = -\sum_s \left\{ \alpha_2 \sum_i \max(t_{ksi} - T_i, 0) + \delta \sum_i [t_{ksh} - (t_{ksi} + Q_i \cdot t_f \cdot \varphi_{ksi})] + \varphi \sum_i C_{ph}^i \right\} \qquad (7.2-5)$$

$$C_{ph}^i = \begin{cases} 0, & \varphi_{ksi} = 0 \\ H_{t1}^n - t_{ksh} - \Delta t, & \varphi_{ksi} = 1 \end{cases} \qquad (7.2-6)$$

其中，$\delta$ 为乘客乘车时长费用系数。其他符号同上文。

式（7.2-5）中大括号内的第一项为因车辆晚到引起的候车乘客等待时间费用、第二项为乘客乘车时长费用、第三项为乘客在换乘站的等待时间费用。

②协调优化模型：以系统总效用最大为目标构建的协调优化模型（以接为例，中途不下乘客；送是其逆过程）为式（7.2-7）~（7.2-15）

$$\max F = u_1 f_1 + u_2 f_2 \qquad (7.2-7)$$

$$s.t. \ P\left( -2 < t_{ksi} - \frac{ET_i + LT_i}{2} < 2 \right) \geqslant 90\%, \ \forall i \in N \qquad (7.2-8)$$

$$Q_{ksi} \leqslant U \tag{7.2-9}$$

$$Q_{ksi} + Q_i^{ks} \leqslant U \tag{7.2-10}$$

$$Q_{i-}^{ks} = \begin{cases} 0, & if \ Q_{ksi} + Q_{i-}^{k(s-1)} \leqslant U \\ U - Q_{ksi}, & if \ Q_{ksi} + Q_{i-}^{k(s-1)} > U \end{cases} \tag{7.2-11}$$

$$ET_i \leqslant t_{ksi} \leqslant LT_i \tag{7.2-12}$$

$$\sum_i \sum_j \left(\frac{d_{ij}}{v}\right) \cdot x_{ksij} \leqslant T, \ \forall s, k \tag{7.2-13}$$

$$\sum_i x_{ksio} = \sum_j x_{ksoj} = 1 \tag{7.2-14}$$

$$t_{ksh} \leqslant H_{t1}^n - \Delta t, \ \forall s, k \tag{7.2-15}$$

其中，$Q_i^{ks}$ 为 $i$ 点乘坐第 $s$ 班次（使用车场中第 $k$ 辆车）上车的乘客数；$Q_{i-}^{ks}$ 为第 $s$ 班次（使用车场中的第 $k$ 辆车）离开需求点 $i$ 后，需求点 $i$ 剩余的乘客数；

式（7.2-7）为目标函数，式（7.2-8）为 $s$ 班次车到停靠点 $i$ 的准点率约束（乘客满意度约束）；式（7.2-9）、（7.2-10）为车辆容量约束，表示车辆到达 $i$ 点与离开 $i$ 点搭载的乘客数少于车容量；式（7.2-11）为在车辆容量约束下停靠站剩余乘客数；式（7.2-12）为车辆到达需求点的时间窗约束；式（7.2-13）表示车辆行程时间约束；式（7.2-14）表示车辆从换乘站出发，又回到换乘站；式（7.2-15）保证车辆到达换乘站的时间约束，即不晚于预约的换乘站发车时间，同时给乘客留有换乘时间。

### 7.2.4　预约需求优化求解

第一阶段（预约需求）基于遗传算法进行求解，采用蒙特卡洛模拟生成初始种群，算法基本流程如图 7.5 所示。

### 7.2.5　实时需求优化求解

①基于插入法的实时申请响应规则。

考虑到实时需求不一定能完全响应，本节提出基于规则的插入法响应乘客实时申请，若同时满足下述规则，则响应当前申请：

规则一：处理和优先规则。即申请即处理；先申请的实时申请享有优先（也可以对申请分类，紧急的申请优先）；已响应的实时申请不能被拒绝，否则将严重影响 RFT 的服务水平。

规则二：时间窗检验。根据当前路径方案，计算车辆到达当前实时申请点的时间并检验是否满足乘客上车的时间窗要求（如果是，则候选；否则拒绝）。

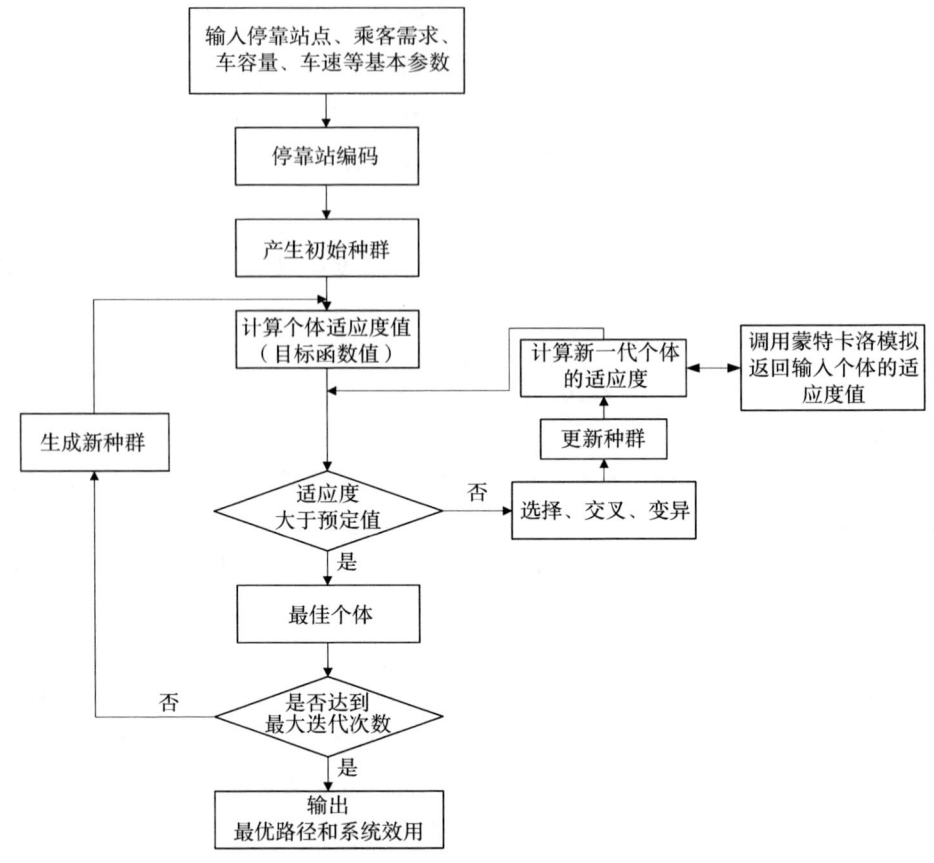

图 7.5　求解算法流程

规则三：剩余容量检验。根据当前路径方案，计算车辆在当前实时申请点的剩余容量，检验该剩余容量是否大于当前实时申请包含的乘客数（如果是，则候选；否则拒绝）。

规则四：同时有 $M$ 个实时申请的选择规则。当前班次按预定路径运行过程中，如果同时存在多个实时申请，则将同时满足规则二和三的实时申请按与当前班次车辆的距离从小到大排列，排列顺序为 1、2、…、$M$，第 1 个（最近的）实时申请直接候选；然后再插入第 2 个实时申请，同时运用规则二和三进行检验，如果均满足，则候选；否则拒绝该申请并插入第 3 个实时申请……依次逐一累积添加直至 $M$ 个申请全部完成判断。

②当前班次后续路径的优化。

因为响应了实时申请，可能导致当前路径剩余段不能全部响应原已响应的预约需求，故要拒绝一些预约需求。采用预约需求下的调度方法来优化确定插入点后的车辆路径。

优化目标是当前班次后段路径的总效用最大，设班次 $s'$ 插入点的前一个停靠点编号为 $z$，则目标函数为式（7.2－16）：

$$\text{Max } u_1 f'_1 + u_2 f'_2 \tag{7.2－16}$$

其中 $f'_1$ 和 $f'_2$ 分别为班次 $s'$ 插入点的后段因路径调整生成的运营商、乘客总费用，去掉常数项票价收入、车辆闲置成本后，则有

$$f_1 = -\sum_{s'} \left( \sum_i \sum_j d_{ij} \cdot x_{ks'ij} \cdot C_l - \sum_i C_f^i \right) \tag{7.2－17}$$

$$C_f^i = \begin{cases} \beta_1 (t_{ks'i} - ET_i) \cdot \varphi_{ks'i}, & t_{ks'i} < ET_i \\ 0, & ET_i \leqslant t_{ks'i} \leqslant LT_i \\ \beta_2 (t_{ks'i} - LT_i) \cdot \varphi_{ks'i}, & LT_i < t_{ks'i} \end{cases} \tag{7.2－18}$$

$$f_2 = -\sum_r \left\{ \alpha_2 \sum_k \max(t_{ks'i} - T_i, 0) + \delta \sum_s [t_{ks'h} - (t_{ks'i} + Q_i \cdot t_f \cdot \varphi_{ks'i})] + \phi \sum_i C_{ph}^i \right\} \tag{7.2－19}$$

$$C_{ph}^i = \begin{cases} 0, \\ H_{t1}^n - t_{ks'h} - \Delta t, \end{cases} \tag{7.2－20}$$

约束条件基本与式（7.2－8）~（7.2－15）构成的约束相同，但要将班次改为当前班次 $s'$，出发节点由车场改为当前停靠点 $i$。

该模型仅是路径优化模型，因为当前班次 $s'$ 从停靠点 $i$ 的出发时间已确定。通过求解该路径优化模型，即可确定入选的预约需求，从而可确定当前班次结束后剩余的预约需求的变化情况。

③后续班次车辆路径和发车时间的优化。

因当前班次响应了实时需求，实时需求的响应，可能会影响当前班次后续预约需求的响应程度，因为在响应实时需求后，当前班次的剩余容量将发生变化。当这种影响存在时，应确定当前班次结束后剩余预约申请的变化情况，然后根据变化情况，决定是否调用第一阶段模型，重新优化后续班次的车辆路径和发车时间，当有变化，就需调用第一阶段模型，否则不需要。

**两阶段协调优化流程**：根据图 7.4 及上述分析，混合需求下单车型多车辆响应型接驳公交调度的两阶段协调优化流程为：

Step1：初始化，输入路网特性、车辆容量约束等相关参数以及预约申请情况。

Step2：基于多种群遗传算法求解第一阶段模型，获得各班次的初始运行路径和发车时刻序列以及各班次车辆路径的效用、总效用。

Step3：当前班次车辆（按初始路径）运行过程中，查看是否新增实时申

请，若有新增实时申请，则转 Step4；否则转 Step6。

Step4：基于插入法规则判断是否响应实时申请，如果响应，则转 Step5，否则转 Step6。

Step5：在当前班次车辆运行路径上，插入响应的实时申请，重新优化当前班次插入点后的剩余路径，并确定插入实时申请后剩余的预约需求响应的变化，根据剩余预约需求的响应是否变化决定是否调用第一阶段模型重新优化后续班次的运行路径和发车时间，如果是，则确定后续班次需承担的预约需求情况，并调用第一阶段模型重新优化后续班次的车辆路径和发车时间，并转 Step3，否则直接转 Step3。

Step6：保持当前路径方案，直至完成所有班次。

## 7.2.6 案例分析

研究时段为早高峰的 7:00～8:00，$L=W=2$ km，车速为 $v=15$ km/h，$U=15$ 人，$T=20$ min，$\Delta t=3$ min，$p=5$ 元/人，换乘站地铁发车时刻集合 $H_{t1}=\{7:10, 7:20, 7:30, 7:40, 7:50, 8:00\}$；$C_l=30$、$\beta_1=8$、$\beta_2=15$、$\sigma=10$、$\alpha_2=17$、$\delta=25$、$\varphi=16$；拒绝实时需求的惩罚 $C_{re}=5$ 元/人。换乘站 $h$ 的坐标为 $(1.00，1.00)$，$M_T=11$ 辆，预约乘客需求点的分布如表 7-1、图 7.6 所示。

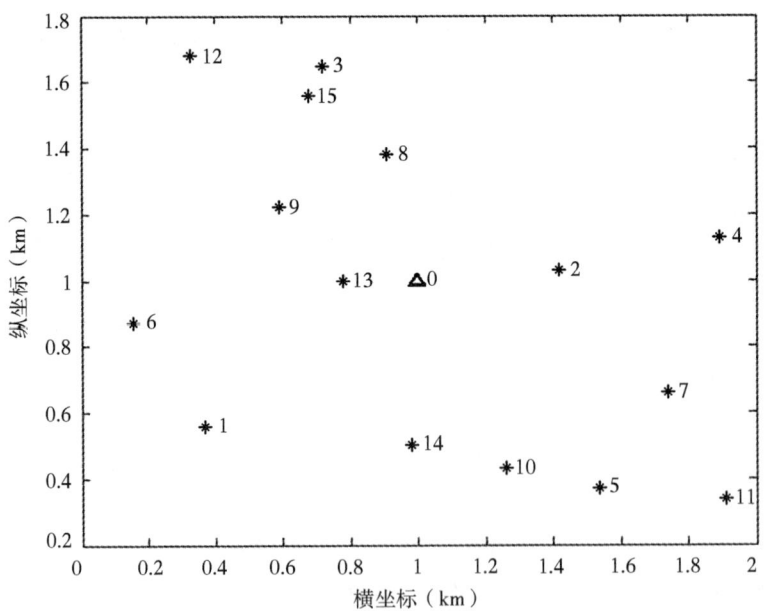

图 7.6　预约乘客需求点分布图

**表 7 - 1　预约乘客需求点分布**

| 需求点 | 坐标（$x$，$y$） | 需求点 | 坐标（$x$，$y$） |
|---|---|---|---|
| $h$（换乘站） | (1.00，1.00) | 8 | (0.91，1.38) |
| 1 | (0.37，0.56) | 9 | (0.59，1.22) |
| 2 | (1.42，1.03) | 10 | (1.26，0.43) |
| 3 | (0.72，1.65) | 11 | (1.91，0.34) |
| 4 | (1.89，1.13) | 12 | (0.33，1.68) |
| 5 | (1.54，0.37) | 13 | (0.78，1.00) |
| 6 | (0.16，0.87) | 14 | (0.98，0.5) |
| 7 | (1.74，0.66) | 15 | (0.68，1.56) |

　　随机生成的早高峰时段乘客预约需求分布和对应的时间窗情况如表 7 - 2 所示。

**表 7 - 2　早高峰时段预约乘客情况**

| 接驳时段 | 需求点编号 | 1 | 2 | 3 | 4 | 5 | 6 | 7 | 8 | 9 | 10 | 11 | 12 | 13 | 14 | 15 |
|---|---|---|---|---|---|---|---|---|---|---|---|---|---|---|---|---|
| | 乘客需求数 | 3 | 2 | 1 | 4 | 3 | 1 | 2 | 2 | 1 | 2 | 3 | 2 | 2 | 3 | 4 |
| 7:10 | 时间窗上界 | 7:00 | 7:02 | 7:02 | 6:58 | 7:01 | 7:01 | 7:02 | 7:01 | 6:59 | 7:00 | 7:03 | 7:00 | 6:57 | 7:00 | 7:02 |
| | 时间窗下界 | 7:08 | 7:07 | 7:06 | 7:04 | 7:05 | 7:06 | 7:08 | 7:06 | 7:05 | 7:04 | 7:08 | 7:06 | 7:03 | 7:03 | 7:06 |
| | 乘客需求数 | 2 | 1 | 3 | 2 | 2 | 1 | 1 | 1 | 2 | 4 | 2 | 1 | 3 | 1 | 2 |
| 7:20 | 时间窗上界 | 7:11 | 7:08 | 7:11 | 7:13 | 7:08 | 7:12 | 7:11 | 7:11 | 7:09 | 7:11 | 7:09 | 7:10 | 7:11 | 7:09 | 7:12 |
| | 时间窗下界 | 7:15 | 7:13 | 7:16 | 7:18 | 7:12 | 7:17 | 7:16 | 7:16 | 7:15 | 7:16 | 7:12 | 7:15 | 7:17 | 7:13 | 7:18 |
| | 乘客需求数 | 1 | 3 | 1 | 2 | 3 | 2 | 3 | 2 | 3 | 2 | 4 | 3 | 2 | 2 | 1 |
| 7:30 | 时间窗上界 | 7:18 | 7:20 | 7:18 | 7:22 | 7:19 | 7:20 | 7:21 | 7:22 | 7:20 | 7:18 | 7:20 | 7:22 | 7:22 | 7:19 | 7:17 |
| | 时间窗下界 | 7:25 | 7:26 | 7:23 | 7:27 | 7:24 | 7:25 | 7:27 | 7:28 | 7:26 | 7:23 | 7:26 | 7:27 | 7:28 | 7:25 | 7:24 |
| | 乘客需求数 | 4 | 3 | 3 | 2 | 2 | 1 | 2 | 3 | 2 | 1 | 1 | 1 | 1 | 3 | 4 |
| 7:40 | 时间窗上界 | 7:31 | 7:29 | 7:30 | 7:33 | 7:32 | 7:26 | 7:30 | 7:31 | 7:25 | 7:33 | 7:28 | 7:26 | 7:30 | 7:29 | 7:27 |
| | 时间窗下界 | 7:36 | 7:34 | 7:35 | 7:38 | 7:37 | 7:32 | 7:35 | 7:37 | 7:32 | 7:38 | 7:34 | 7:33 | 7:36 | 7:36 | 7:35 |
| | 乘客需求数 | 2 | 2 | 1 | 3 | 2 | 2 | 1 | 2 | 2 | 4 | 2 | 3 | 2 | 2 | 2 |
| 7:50 | 时间窗上界 | 7:39 | 7:41 | 7:40 | 7:38 | 7:37 | 7:40 | 7:41 | 7:43 | 7:42 | 7:37 | 7:34 | 7:36 | 7:40 | 7:36 | 7:41 |
| | 时间窗下界 | 7:44 | 7:46 | 7:46 | 7:44 | 7:43 | 7:45 | 7:47 | 7:48 | 7:47 | 7:42 | 7:41 | 7:43 | 7:46 | 7:44 | 7:47 |
| | 乘客需求数 | 2 | 2 | 2 | 1 | 2 | 4 | 4 | 2 | 3 | 3 | 1 | 3 | 3 | 1 |
| 8:00 | 时间窗上界 | 7:51 | 7:49 | 7:50 | 7:46 | 7:51 | 7:52 | 7:47 | 7:48 | 7:52 | 7:48 | 7:49 | 7:51 | 7:50 | 7:50 | 7:52 |
| | 时间窗下界 | 7:56 | 7:54 | 7:55 | 7:51 | 7:56 | 7:57 | 7:52 | 7:53 | 7:58 | 7:53 | 7:55 | 7:56 | 7:54 | 7:55 | 7:57 |

在预约乘客的基础上，随机增加部分实时出行需求来进行两阶段调度，新增实时出行需求点信息如表 7 - 3

表 7 - 3　新增实时出行需求点信息

| 接驳时段 | 新增实时出行需求点编号 | 实时需求数 | 坐标 | 时间窗上界 | 时间窗下界 |
|---|---|---|---|---|---|
| 7:10 | 6 | 1 | (0.16，0.87) | 7:01 | 7:06 |
| | 10 | 1 | (1.26，0.43) | 7:00 | 7:04 |
| | 16 | 1 | (1.23，1.45) | 7:04 | 7:08 |
| 7:20 | 7 | 2 | (1.74，0.66) | 7:11 | 7:16 |
| | 15 | 1 | (0.68，1.56) | 7:12 | 7:18 |
| | 16 | 2 | (0.72，0.69) | 7:14 | 7:17 |
| | 17 | 1 | (0.42，0.93) | 7:13 | 7:17 |
| 7:30 | 1 | 1 | (0.37，0.56) | 7:18 | 7:25 |
| | 9 | 1 | (0.59，1.22) | 7:20 | 7:26 |
| | 16 | 1 | (1.44，1.33) | 7:24 | 7:27 |
| | 17 | 3 | (1.58，0.78) | 7:23 | 7:28 |
| 7:40 | 5 | 1 | (1.54，0.37) | 7:32 | 7:37 |
| | 12 | 1 | (0.33，1.68) | 7:26 | 7:33 |
| | 16 | 2 | (0.32，1.16) | 7:34 | 7:38 |
| 7:50 | 2 | 1 | (1.42，1.03) | 7:41 | 7:46 |
| | 10 | 1 | (1.26，0.43) | 7:37 | 7:42 |
| | 16 | 1 | (1.54，1.61) | 7:40 | 7:45 |
| | 17 | 1 | (1.31，1.38) | 7:43 | 7:47 |
| 8:00 | 3 | 1 | (0.72，1.65) | 7:50 | 7:55 |
| | 12 | 1 | (0.33，1.68) | 7:51 | 7:56 |
| | 16 | 1 | (0.79，0.42) | 7:54 | 7:57 |
| | 17 | 2 | (1.75，1.38) | 7:51 | 7:56 |

（1）不同发车模式对比分析。

根据表 7 - 3 随机增加的实时出行需求信息，采用 Matlab 编程计算可得到早高峰期间两种情况下的车辆发车时刻、路径及系统总效用如表 7 - 4 所示。

**表 7-4　插入实时出行需求后车辆发车时刻与路径汇总表**

| 接驳时段 | 情况 1（发车间隔不固定） | | 情况 2（发车间隔固定） | |
| --- | --- | --- | --- | --- |
| | 发车时刻 | 车辆路径 | 发车时刻 | 车辆路径 |
| 7:10 | 6:59 | 0-1-6-12-3-15-8-0 | 7:00 | 0-3-6-12-1-14-10-0 |
| | 7:01 | 0-5-11-7-4-2-0 | 7:00 | 0-4-2-7-11-5-0 |
| | 7:04 | 0-10-14-9-13-0 | 7:05 | 0-8-15-9-13-0 |
| 7:20 | 7:10 | 0-2-4-7-11-5-10-14-0 | 7:10 | 0-1-4-8-3-15-12-9-0 |
| | 7:09 | 0-13-1-6-17-9-12-3-8-0 | 7:10 | 0-13-14-10-5-11-7-0 |
| | 7:16 | 0-15-13-0 | 7:15 | 0-6-2-16-0 |
| 7:30 | 7:21 | 0-5-11-7-17-4-0 | 7:20 | 0-13-9-12-15-10-8-16-0 |
| | 7:18 | 0-10-14-1-6-12-9-13-8-0 | 7:20 | 0-5-11-7-17-4-0 |
| | 7:26 | 0-2-16-3-15-0 | 7:25 | 0-1-6-14-3-2-0 |
| 7:40 | 7:30 | 0-2-3-15-12-9-13-0 | 7:30 | 0-13-9-15-3-12-6-0 |
| | 7:30 | 0-1-6-16-4-7-10-5-0 | 7:30 | 0-1-14-10-5-11-7-0 |
| | 7:36 | 0-8-14-11-0 | 7:35 | 0-2-4-8-0 |
| 7:50 | 7:42 | 0-7-11-5-10-16-0 | 7:40 | 0-12-3-15-4-16-11-0 |
| | 7:39 | 0-13-17-14-4-2-3-8-0 | 7:40 | 0-2-17-7-13-1-6-9-0 |
| | 7:44 | 0-1-6-9-12-0 | 7:45 | 0-8-5-10-14-0 |
| 8:00 | 7:49 | 0-1-6-16-13-9-12-0 | 7:50 | 0-13-10-5-11-4-17-15-0 |
| | 7:51 | 0-5-11-7-4-17-2-0 | 7:50 | 0-3-12-9-14-7-2-0 |
| | 7:54 | 0-10-14-3-15-8-0 | 7:55 | 0-1-16-6-13-8-0 |
| 总效用/元 | 267.23 | | 193.45 | |

①共增加实时出行需求申请 28 个，发车间隔不固定情形时，共拒绝了 2 个乘客的实时出行需求申请；发车间隔固定情形时，共拒绝了 6 个乘客的实时出行需求申请。发车间隔固定情形时拒绝乘客的实时出行需求申请的概率更高，这是因为发车间隔固定时，可供更改车辆行驶路径的时间间隔更短，能满足的乘客实时出行需求申请更少，故拒绝乘客的实时出行需求申请的概率更高。

②车辆发车间隔固定或不固定时，两者发出的车辆总班次都是相同的，这是因为系统中运行的车辆均为同一车型，车辆的载客容量一定，且两种情况下所接送的乘客总数也一定，故发出的车辆总班次一定。

③车辆发车间隔固定或不固定时，同一接驳时段内系统中各车辆的运行路径不同，这主要是因为发车间隔固定时所能满足的乘客时间窗要求与发车间隔不固定时不同，故发车间隔固定情况下，车辆为了尽可能满足乘客的时间窗要

求，需求对车辆运行路径进行优化和调整。

④运营时段内的系统总效用与车辆的发车间隔是否固定存在一定的相关性，当车辆的发车间隔不固定时，相比于发车间隔固定情况，系统总效用增加了38.1%，这说明车辆发车间隔可变情况更适用于响应型接驳公交系统。

⑤基于各接驳车辆的发车时间和到达时间，可以得到系统中最少有4辆车在同时运行，则系统的车辆配置数至少应为4辆。

（2）最优车辆配置数实验。

混合需求（231人）下对系统的最优车辆配置数进行分析，根据乘客的预约需求数，系统中车辆配置数取值为5～15辆。通过计算得出不同车辆配置数情况下的系统总效用如下表7-5。

**表7-5　不同车辆配置数情况下的系统总效用**

| 车辆配置数 | 5 | 6 | 7 | 8 | 9 | 10 | 11 | 12 | 13 | 14 |
|---|---|---|---|---|---|---|---|---|---|---|
| 同时运行的车辆数 | 4 | 5 | 5 | 6 | 6 | 7 | 7 | 7 | 8 | 8 |
| 总效用/元 | 132.50 | 209.81 | 177.23 | 271.05 | 237.11 | 304.75 | 267.23 | 230.19 | 200.67 | 171.48 |

①当车辆配置数低时，虽然降低了一部分车辆的闲置成本，但是车辆的调度会受车辆配置数的制约，无法选择最优的车辆行驶路径，使得乘客的等待时间与乘车时间明显增加，所增加的乘客的出行成本明显高于所降低的闲置成本，故系统总效用降低。

②当车辆配置数高时，虽然减少了乘客的等待时间与乘车时间，降低了乘客的出行成本，但车辆闲置成本显著增加，故系统总效用依然降低。

③当系统中同时运行的车辆数相同时，车辆配置数越少，系统总效用越高。

④系统的最优车辆配置数为10辆，此时对应的系统总效用为304.75元。

⑤系统中同时运行车辆数均小于车场保有量，主要原因是成本转换系数取值较小，随着转换系数的增加，差值会减少。

**重要结果：**通过实验仿真，在给定的案例中，得出以下结论：

①两阶段优化方法能同时优化确定有期望换乘时间的混合需求下各班次车辆的运行路径及发车时间，也能优化确定系统需求的车辆保有量。

②混合需求或预约需求下，不管发车间隔是否固定，各班次车辆的运行路径均不同。

③混合需求或预约需求下，系统总效用均与发车间隔是否固定相关，发车间隔可变时，系统总效用分别增加了38.1%和30.4%。

# 第八章　需求响应接驳公交票价制定方法

需求响应接驳公交的票价直接关系到需求响应接驳公交是否能够健康可持续发展、吸引更多居民使用公交出行。科学、合理地制定需求响应接驳公交票价能够调节乘客需求，鼓励乘客绿色低碳出行，真正做到公交优先。通过对需求响应接驳公交的票价票制的研究，提供新的定价理论和方法，有助于运营商更好地提高需求响应接驳公交的运营效率和服务水平。本章以响应型接驳公交为例对需求响应接驳公交票价制定方法展开叙述。

## 8.1　需求响应接驳公交定价基础理论

### 8.1.1　公共交通主要票制

需求响应接驳公交在国内还处于初期研究阶段，对需求响应接驳公交定价理论研究的文献较少，本书从定制公交、常规公交和轨道交通等公共交通的定价理论出发，通过分析总结现状研究成果，联系响应型接驳公交特性，提出响应型接驳公交票价制定理论。

城市公共交通的运行受运营成本和效益影响，成本是指企业为维持正常运行所付出的人力和物力资源，其包括固定成本和非固定成本。效益一般指公共交通票价收入，票价的高低决定着运营商的收入，制定合理的票价有利于吸引客流，增加企业收益。合理的票制模式对于制定科学合理的票价具有重要的意义，票制的确定应综合考虑城市总体客运结构、客流特征、系统自身条件、线路长度、其他公共交通方式票制以及外部交通环境、政策。公共交通常见的票制模式包括：单一票制、计程票制、分区票制、计时票制和一票通等几种类型。

（1）计程票制[111]。

计程票制是根据里程数来计算。计程票制下的票价计算规则为票价率与乘车里程数的乘积，一般有里程计价和区段计价两种计费模式。按里程计价是根据乘客实际乘坐距离进行累积计算票价，能够反映成本与价格的关系，可适用于长、短途乘客需求，缺点是计费难以取整，收费不便，对运营企业票务管理和操作有一定的要求，效率不高。按区段计价是将公交线路涉及的范围分成不同区域，以一千米为基础单位进行累计，给每个区域制定不同的计费票值，存在几种不同的票价。按区段收费不需要繁杂的计费过程，设置票价取整即可减少收费时间，可有效提高运营企业的票务服务效率，也方便乘客支付票价，因而此种计价方案被广泛应用。

（2）单一票制[112]。

单一票制是指每条线路仅有一种票价的票制模式，即每个乘客每次乘车都必须支付同一票价，但并不是指所有线路的票价都相同，不同线路可以有不同的票价。此票制的票价与线路特点（如线路类型、线路长度、车辆类型、线路经营模式等）和乘客特性（如乘车距离、乘车时间、乘车次数等）无关。固定票价使得票务管理方式简单、方便，不需单独雇佣售票人员，可降低运营成本。但当运营网络规模较大时，票价与运输价值存在较大差距，不能满足长途和短途乘客出行需求，客运量与运输能力难以匹配。票价过高，短途客流量减少；票价定得过低，使得企业的利润较低难以维持基本运营成本，不利于企业长久发展。对不同出行距离的乘客收取相同的票价，难以做到公平合理，也会导致客流量减少。

（3）分时票制[113]。

分时票制是与时段有关的一种计费模式。不同时间段内设置不同的票价，在同一个时间段内乘客不需要购买额外票价，只要出示该时段购票凭证即可免费换乘不同的交通工具出行。当超过规定时间限制时，则乘客需要重新购票才能享受公共交通出行服务。

此票制模式能够满足乘客不同公共交通出行方式换乘需求，通过改变票价来限制时间的方式来提高交通出行效率，减少乘客在交通网络中停留的时间，缓解城市交通拥堵。分时票制计费模式下票价的取值仅与购票时间段有关，与其他因素（如乘车里程、换乘次数、车辆类型）无关，因此该票制下免费换乘包含的交通工具的票务管理要求隶属于统一的运营企业，这个使用条件比较高，普适性不高。

（4）分区票制[114]。

分区票制是指将公共交通线网涉及的区域分成多个区间，在统一区间上车时乘客只需购买本区间出售的车票，若跨区间出行则应按照区间定价法则计算额外的费用。分区票制适用于有明显城市中心区域、交通网络呈环线及放射形的城市。通过划定区域内的乘客出行特征分析出行量和出行结构,然后根据计费区划界面上的出行量来调节票价和客流。

## 8.1.2　响应型接驳公交票制

响应型接驳公交运行在干线公交换乘站附近,服务范围小,根据乘客预约需求调整路径,由于乘客出行需求点、出行时间窗不同,因此乘客出行距离和乘车花费时间不同。若采用单一票制,不同出行距离的乘客被要求支付统一票价,社会公平性差,乘客服务体验感差。分时票制主要应用于不同公共交通出行方式换乘,通过改变票价来限制时间的方式来提高交通出行效率,但由于响应型接驳公交和轨道交通等大型公共交通非隶属于同一运营企业,定价难以协调。分区票制适用于有明显城市中心区域、交通网络呈环线及放射形的城市,并且各区域票价与客流量相关,要求城市区域该出行方式的客流量稳定,但响应型接驳公交目前正处于起步阶段,发展的目标是提高上座率和打造服务口碑,若选用分区票制会影响其发展。计程票制以单位里程基本票价为基准,根据实际乘坐距离累计加价,能够兼顾乘客体验和社会公平性,符合响应型接驳公交现阶段发展目标。综上可知,选用计程票制作为响应型接驳公交票制是合理的。

对于响应型接驳公交乘客来说,其购买的是上车站点到干线公交站点两点之间的运输服务,理想的行程是起讫点间的最短路距离,而响应型接驳公交运营商为追求更大的效益会在沿途接送更多的乘客,响应型接驳公交车辆运行路径并非乘客期望起讫点的最短路。如果按照车辆运行路径计算行程费用,无论乘客的起点距离终点多近,越早上车的乘客所付费用一定高于后面上车乘客的费用,该计算方法社会公平性差,票价受接驳顺序影响,难以吸引客流,将会导致上座率低,影响响应型接驳公交的可持续发展。最短路计程收费是根据上车站点与换乘站之间的最短距离来计算乘客票价,乘客费用只与距离有关,不受上车先后顺序影响,不同站点的乘客票价不同,公平性较好,有利于吸引更多客流。

## 8.1.3　需求响应接驳公交定价原则

根据公共交通票价票制,结合响应型接驳公交特性,确定响应型接驳公交定价原则具体如下:

(1)企业可持续发展原则。

目前开设响应型接驳公交运输服务的城市较少,国家和政府还没有统一补贴政策,运营企业自负盈亏。运营企业在制定响应型接驳公交票价时,首先保证线路开行后不亏损。响应型接驳公交属于短途出行且具有较高的运输服务水平，定价略高于常规公交。运营企业的收入来源主要依靠票价收入，当票价过低不能维持运营时，运营企业会通过降低服务质量来降低成本，导致响应型接驳公交客流流失。当票价过高，虽然保证了企业的运营效益，但超过了乘客支付意愿，也会导致客流量降低。

（2）公平原则。

在城市公共交通系统中，涉及政府、企业和乘客三方。从响应型接驳公交运营企业的角度来说，在制定票价时不仅要考虑企业自身的效益，还要为乘客提供优质的运输服务以吸引更多客流；从政府角度出发，在制定管理政策时，要综合考虑出行者经济水平和企业利益；从乘客角度出发，响应型接驳公交提供的是"最后一千米"出行服务，若票价水平和经济收入相差太大，乘客选择响应型接驳公交出行的概率较小。

（3）符合市场规律。

响应型接驳公交属于公共交通运输服务，主要接驳干线公交站点附近通勤和生活出行的乘客，解决"最后一千米出行难"的问题，提高居民公共交通出行分担率，缓解出行拥堵，故在制定票价时要符合市场运输系统发展的规律。

（4）以吸引客流为基准。

根据市场供求均衡理论，价格调节市场供求关系，市场供求关系反作用于价格。客流量与响应型接驳公交票价的制定密切相关，客流量越大，运营企业为追求更高利润提高票价，当票价越高，选择响应型接驳公交出行的人越少。故应找出票价与客流量之间的平衡点，即最优票价，使得乘客和运营企业的双方的效益都达到最大。

### 8.1.4 需求响应接驳公交定价影响因素

票价的制定是管理调控运输市场的重要手段，事关政府、运营企业和乘客三方面的利益。在进行响应型接驳公交票价制定的时候，需要从下面这几个方面影响因素考虑：

（1）成本与收益。

对于响应型接驳公交运营企业，首先要保证在运营过程中企业自身的收支平衡，才能为出行者提供高质量的运输服务。企业的运营成本主要包括场站建设费、员工工资、车辆购置费、折旧费、维修费、燃油消耗等日常运营费用。企业运营效益主要由票价收入和政府补贴两方面组成，响应型接驳公交作为一种新型的公共交通出行方式，国家目前还未制定完善的财政补贴政策，企业的收益大部分来源于票价收入，盈亏平衡则是企业正常运转的最低限度，也是最低票价应当满足的条件。

（2）支付意愿。

响应型接驳公交主要为干线公交站点附近的乘客提供接驳服务。根据随机效用理论可知，消费者在购买某种商品和服务时，会选择其认为效用（满意程度）最大的选项。票价的高低对应不同等级的服务质量，票价过高时，超出乘客预期支付意愿，那么乘客就会选择其他出行方式，使得公共交通出行分担率降低。故票价的制定要考虑大部分群体的支付意愿，利用票价调节出行需求，鼓励居民使用公共交通出行，缓解城市拥堵。

（3）市场竞争。

响应型接驳公交运输服务作为一种商品，在市场经济规律下其价格同样受市场需求影响，所以票价制定要考虑市场供需情况。居民一般选择常规公交、轨道交通、小汽车、出租车三种出行方式进行长距离通勤出行，这部分的通勤需求与响应型接驳客流不存在激烈的竞争关系。响应型接驳公交运行在干线公交站点客流吸引范围内，出行距离较短，故与其存在较为激烈竞争的为在该区域服务的其他运输方式，如共享单车、社区巴士和步行。社区巴士覆盖面有限，并不对每个社区提供，发车时间间隔长，缺乏灵活性和机动性；步行的出行受天气和气候影响严重，这两种出行效率低，出行分担量不稳定。共享单车灵活性高，停放和使用方便，出行距离和响应型接驳公交相近，吸引的人群一致，故与响应型接驳公交竞争最为激烈。票价是企业竞争的重要手段之一，科学合理的票价能有效调节出行需求分布，避免恶性竞争。因此在制定票价时，要充分分析竞争对手的票价策略，然后采取行动，才能抢占更多的市场份额。

## 8.1.5　主要定价方法

有关响应型接驳公交票价制定方法的研究较少，响应型接驳公交属于公共交通运输，与其他公共交通方式既有相似性又有其特殊性，所以在制定票价时可以参考公共交通定价方法，常见的公共交通定价方法有成本加成定价法、边际成本定价法、拉姆齐定价法及博弈论定价法。

（1）成本加成定价法。

成本加成法是生产者导向定价法，本质是在产品成本上按比例增加一部分利润来制定产品价格的定价方法，即运营商根据运营成本计算出公交服务平均成本，然后加上目标利润，得出公交价格[115]。成本加成定价法的公式如下所示：

$$P = \frac{C}{Q}(1+r) \tag{8.1-1}$$

式中：

$P$—价格（票价），单位：元；

$Q$—客流量，单位：人；

$C$—客流量为 $Q$ 时的总成本，单位：元；

$r$—利润加成比例。

成本加成理论方法简单易操作，但是市场竞争激烈，忽视了产品需求的弹性变化，不能适应迅速变化的市场，缺乏灵活性。

（2）边际成本定价法。

边际成本指企业新增或减少一个单位的产品对总成本的影响，边际成本定价法也叫边际贡献定价法，当企业制定的产品价格与该产品的边际成本相等时，企业能够获得最大的利润[116]。如下图 8.1 所示，在 $M$ 点，边际成本曲线 $MC$ 与平均收益曲线 $AC$ 相交，即 $MC=AR$，对应产量 $Q_{MC}$、价格 $P_{MC}$，此时的价格 $P_{MC}$ 为最优定价。

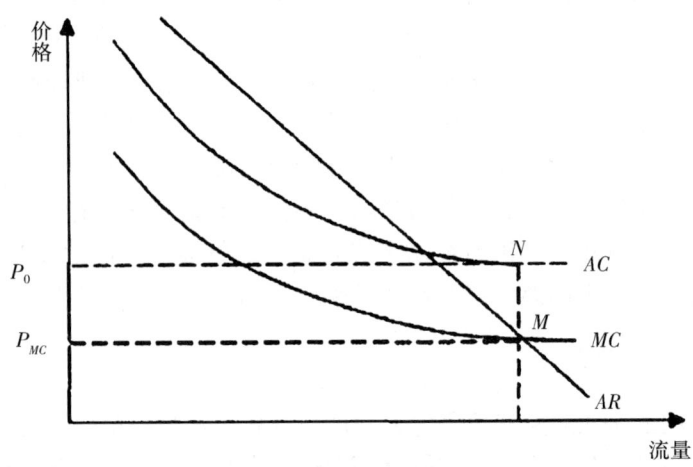

**图 8.1  边际成本定价法**

在竞争市场中，边际成本定价得出的是最优票价，能够满足公交公司效益最大和出行者出行费用最小的要求，高效公正并且实现双赢。其数学描述为：

$$MC = \frac{dTC}{dQ} \tag{8.1-2}$$

式中：

$MC$—边际成本，单位：元；

$TC$—运输成本，单位：元；

$Q$—运输周转量，单位：人千米。

在市场竞争中，边际成本定价方法与帕累托最优条件相符，在统筹公平和效率的基础上追求社会福利最大化。因为公共交通需要投入的资金较大，可变支出部分变数多，使得票价难以维持在某一稳定水平。

（3）拉姆齐定价法。

拉姆齐定价以社会福利最大化作为原则，同时兼顾经营利润的一种定价方法[117]。由经济学原理可知，企业的边际成本与固定投资成正比，边际成本和固定投资的不同组合导致定价结果也不同，由此可能出现两种情况：若固定投资较低，而边际成本是增函数的时候，此时可由边际成本定价得到最优票价；若固定投资较高，并且边际成本为减函数时，此时若依据边际成本来制定票价并不能达到社会福利最大化的目标，这种情况下企业制定的票价通常高于边际成本定价以维持基本运营支出，保证收支平衡。拉姆齐定价方法下制定的票价是消费者剩余和企业收支平衡条件下对应的价格。拉姆齐定价计算公式如下所示：

$$\frac{P_i - MC_i}{P_i} = \frac{(1+\lambda)}{\lambda} \times \frac{1}{\varepsilon_i} > 0 \tag{8.1-3}$$

第 $i$ 类客户的消费者剩余最大化价格为：

$$P_i = \frac{MC_i}{1 - \frac{R}{\varepsilon_i}} = \frac{\varepsilon_i \times MR_i}{\varepsilon_i - 1} \tag{8.1-4}$$

式中：

$MC_i$——第 $i$ 类产品或服务的边际成本，单位：元；

$MR_i$——第 $i$ 类产品或服务的边际收益，单位：元；

$\varepsilon_i$——第 $i$ 类产品或服务的需求弹性；

$R$——拉姆齐指数，$R = \frac{(1+\lambda)}{\lambda}$；

$P_i$——第 $i$ 类产品或服务的价格，单位：元。

拉姆齐定价是充分考虑了消费者的需求特性和支付能力制定的价格，满足企业较好的效益的同时，兼顾出行者剩余最大的价格，但按照公共交通的弹性需求定价，会导致公益性不强，难以实现完全公平，而且各类产品或服务的需求弹性获取困难，导致信息不对称出现定价困难。

（4）博弈论定价法。

博弈论（Game Theory）也叫"对策论""赛局理论"，主要研究竞争者在各方选定自身最优策略的情况下，如何寻求自身最佳策略以达到自身效益最大[118]。在经济学中，常见的博弈分析模型有古诺模型[119]、伯特兰德模型[120]

和斯塔克尔伯格模型[121]，这三个模型都可用于分析市场之间的竞争关系。

古诺模型是指两个相互竞争的厂商利用产量选择策略相互影响的非合作博弈过程，寡头间通过无勾结博弈行为来追求自身利益，最终达到的均衡称为古诺均衡。

伯特兰德模型属于价格竞争模型，即将价格作为决策变量来参与博弈。其假定各寡头生产提供同质的产品，即各企业生产的产品相互替换性较强，寡头之间公平竞争不存在互相勾结行为，当企业制定价格时不受其他企业影响，最终的均衡结果认为只要存在竞争行为，价格最终等于边际成本。虽然伯特兰德模型以价格为决策变量，贴近实际情况，但其结论过于极端导致应用较少。

古诺模型和伯特兰德模型之间的共同点是寡头的地位相同，不存在高低之分，寡头之间同时进行决策。不同于古诺模型和伯特兰德模型，斯塔克尔伯格模型中的两个寡头的地位存在差距，有领导者和跟随者两种角色。双方都以产量作为决策变量，按照先后顺序做出决策。领导者首先根据自身企业收支情况定下产量，跟随者观察领导者的产量决策后选择自己的产量策略，同样地，领导者也会根据跟随者的决策选择反过来调整自身的产量策略。

在所有参与者的策略组成的博弈策略集中，当出现一组策略集使得所有参与者均能达到自身的收益追求，即所有参与者不会再改变策略，博弈达到一种稳定状态，称为纳什均衡状态[122]。当所有参与者获得各自满意的收益时，博弈行为最终达到稳定状态从而得到均衡解，此时所有的参与者都不会贸然采取下一步行动来破坏当前局面。

## 8.2 响应型接驳公交与共享单车博弈过程

响应型接驳公交、共享单车均是解决出行"最后一千米问题"的、有偿的、新型的出行方式，二者相互影响、相互竞争，均根据对方的票价策略不断调整自身票价，从而维持自身可接受的出行需求量水平。竞争条件下的定价博弈过程如图8.2所示。

图8.2中，响应型接驳公交系统、共享单车系统之间相互竞争，然后确定各自的单位票价，在竞争环境下：

（1）响应型接驳公交根据自身乘客需求量、共享单车乘客需求量和票价调整自身的票价；

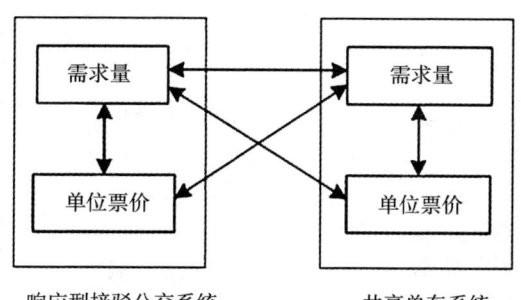

图 8.2　响应型接驳公交与共享单车的定价博弈过程

（2）响应型接驳公交票价的调整将引起自身乘客需求量和共享单车乘客需求量的变化，共享单车根据这些变化调整票价；

（3）共享单车票价的调整又将引起自身乘客需求量和响应型接驳公交乘客需求量、票价的变化，如此重复，直到均衡。

响应型接驳公交系统、共享单车系统在进行票价调整时，除了相互间的竞争外，各自内部的运营商和管理者也存在竞争。响应型接驳公交或共享单车系统的运营商均通过票价的调整使总收益最大，管理者均希望响应型接驳公交乘客、共享单车租赁者的总费用最小，因响应型接驳公交和共享单车共同完成各需求点的所有出行需求，故系统管理者通过各需求点分担率的调整来达到系统总费用最小的目的。

根据上述分析，响应型接驳公交系统与共享单车系统之间及其内部的相互竞争关系均是非合作博弈关系，均可用双层规划模型来描述，二者之间及内部的相互竞争关系可用嵌套双层规划模型刻画（如图 8.3 所示），二者之间的竞争关系由外层的双层规划模型表示，而内层的双层规划模型Ⅰ、Ⅱ分别表示响应型接驳公交系统、共享单车系统内部的竞争关系。

# 8.3　出行总量固定时 RFT 博弈定价方法

本节采用博弈论中的斯塔克尔伯格模型对需求响应接驳公交票价制定进行研究，以响应型接驳公交与公交单车的博弈为例进行说明。假定响应型接驳公交为领导者，共享单车为追随者，在竞争过程中，响应型接驳公交和共享单车运营商之间存在着行动时间先后的区别，响应型接驳公交先制定票价吸引部分

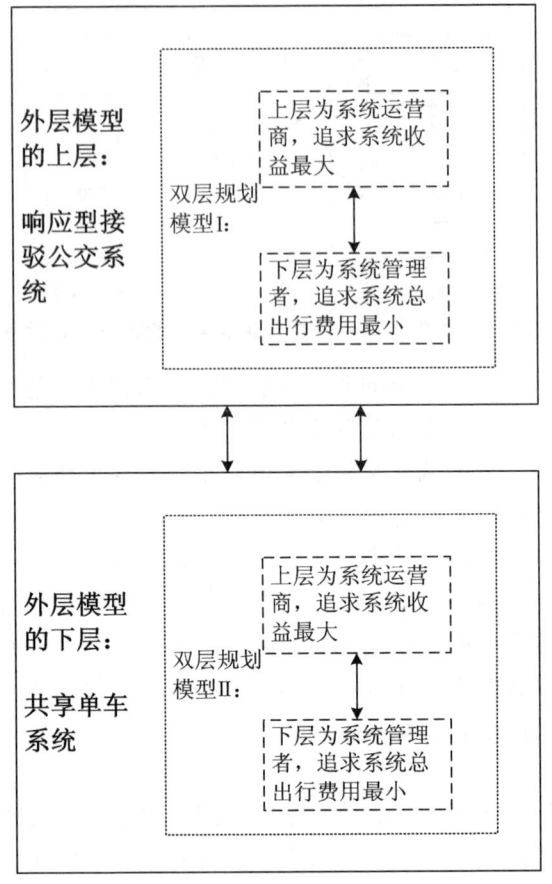

**图 8.3　嵌套双层规划**

客流，此时共享单车运营商观察到对方的票价从而调整自身票价吸引客流。同理，响应型接驳公交运营商也是根据这个规则改变自身的票价决策。双方的票价方案随着客流的改变不断调整，最终票价和客流均达到均衡，双方都能获得满意收益。

### 8.3.1　需求响应接驳公交定价问题描述

在出行总量固定时情况下，以共享单车竞争为例，研究响应型接驳公交的票价制定方法。响应型接驳公交系统与共享单车系统之间及其内部的相互竞争关系均是非合作博弈关系，均可用双层规划模型来描述，二者之间及内部的相互竞争关系可用嵌套双层规划模型刻画（如图 8.3 所示），二者之间的竞争关系由外层的双层规划模型表示，而内层的双层规划模型 Ⅰ、Ⅱ 分别表示响应型接驳公交系统、共享单车系统内部的竞争关系[124]。

## 8.3.2　定价模型假设

在响应型接驳公交的服务范围内，响应型接驳公交和共享单车的总需求固定，而且仅考虑响应型接驳公交与共享单车的相互竞争，双方都能及时准确地了解市场信息；响应型接驳公交、共享单车的运营收入均仅来自票价，不包括政府财政补贴和其他商业行为的收入；共享单车仅考虑时间计费收入，不考虑其他额外收入，且站点保有充足的共享单车；响应型接驳公交仅考虑单位里程计费收入；响应型接驳公交的需求均为预约需求，需求点的坐标、乘客时间窗均已知，乘客能准时到达需求点；每个需求点乘客的时间窗相同，时间窗不同的乘客分属不同的需求点；预约需求一旦被响应就不可取消，且乘客中途不下车；服务区域内地铁站到需求点间车辆和单车的最短路距离、运行速度均为定值；网络中的出行者在需求点可以选择响应型接驳公交和共享单车两种交通方式到达换乘站；路网中有公交专用道和非机动车专用道，响应型接驳公交与共享单车之间不存在空间上的冲突[123]。

## 8.3.3　定价模型构建

因出行者具有出行时间要求，在出行过程中如产生了时间延误，则应给予一定的补偿。即对运营商进行延误惩罚，因此系统运营商的总收益是基础票价收入与需求点的延误惩罚、系统总运营费用之差。响应型接驳公交和共享单车运营商总收益 $F_1$、$F_2$ 分别表示为式（8.3-1）~（8.3-2）：

$$F_1 = \sum_{i=1}^{m} (q_{1i}P_1d_{1i} - T_{1i}\pi_1) - f_1 \tag{8.3-1}$$

$$F_2 = \sum_{i=1}^{m} \left\{ q_{2i}(P_2 - c_2)\mathrm{int}\left(\frac{d_{2i}}{T \cdot v_2}\right) \right\} \tag{8.3-2}$$

中，式（8.3-1）和（8.3-2）中的 $P_1$、$P_2$ 分别是响应型接驳公交和共享单车的单位票价，是运营商追求利润最大的决策变量。$q_{1i}$、$q_{2i}$ 分别是需求点 $i$ 选择响应型接驳公交、共享单车的乘客数，$d_{1i}$、$d_{2i}$ 是需求点 $i$ 的乘客分别选择 RFT 和共享单车到换乘站的最短路距离；$T_{1i}$ 为需求点 $i$ 响应型接驳公交乘客的延误时间，$\pi_1$ 是 RFT 系统的延误时间惩罚系数，$f_1$ 为 RFT 系统的总运营费用，$T$、$c_2$、分别是共享单车的单位计费时间、单位计费时间的损耗成本，$v_2$ 是共享单车的平均骑行速度；int（　）为向上取整函数。

出行者的路段出行费用采用广义出行费用函数，为出行时间、票价、舒适性的函数。因响应型接驳公交、共享单车均在各自的专用道上通行，其出行阻抗的相互影响可以忽略，故响应型接驳公交乘客、共享单车骑行者的总出行费

用 $U_1(q_{1i})$、$U_2(q_{2i})$ 分别为：

$$U_1(q_{1i}) = \sum_i q_{1i}t_{1i}\xi + \sum_i q_{1i}d_{1i}P_1 - a\mu_1 \qquad (8.3-3)$$

$$U_2(q_{2i}) = \sum_i q_{2i}t_{2i}\xi + \sum_i q_{2i}P_2\text{int}\left(\frac{d_{2i}}{T \cdot v_2}\right) - a\mu_2 \qquad (8.3-4)$$

$\xi$ 为出行者的时间价值系数，用于转换计算出行时间的费用价值，$\mu_1$、$\mu_2$ 分别为响应型接驳公交、共享单车的舒适度取值，表示该出行方式给乘客提供出行服务的舒适程度；$a$ 为出行者舒适度的转换系数，$t_{1i}$、$t_{2i}$ 分别为响应型接驳公交、共享单车从需求点 $i$ 到换乘站的车上时间、骑乘时间。式（8.3-3）、（8.3-4）右边第 1 项为出行时间费用，第 2 项为票价费用，第 3 项为舒适性效用，三种费用之和构成乘客广义费用函数。

①双层规划模型Ⅰ（响应型接驳公交系统内部博弈模型）。

图 8.3 所示的双层规划模型Ⅰ是 RFT 系统运营商与管理者的博弈模型，其上层是运营商根据出行需求分布和出行量决定单位票价和路径方案；下层是管理者根据单位票价、出行时间、舒适性等调整各需求点的客流分担率，实现出行者总出行费用最小。若其他条件不变，流量与票价是负相关的，可用下式（8.3-5）表示：

$$q_{1i} = q_{1i}^0 - \gamma_1(P_1 - P_1^0) \qquad (8.3-5)$$

在式（7.2-5）中，$P_1^0$、$q_{1i}^0$、$\gamma_1$ 分别为初始票价及其对应的初始客流量、调整系数，初始客流量 $q_{1i}^0$ 由下层模型决定；在响应型接驳公交和共享单车相互竞争情况下，分担率服从 $logit$ 分布，则调整系数 $\gamma_1$ 按式（7.2-6）规则确定：

$$\gamma_1 = \frac{\partial q_{1i}}{\partial P_1}\bigg|_{P_1=P_1^0} = \frac{e^{P_1^0}}{(1+e^{P_1^0})^2}Q \qquad (8.3-6)$$

上层模型Ⅰ：

$$\text{Max}F_1 = \sum_{i=1}^{m}\left\{\left[q_{1i}^0 - \gamma_1(P_1 - P_1^0)\right]P_1d_{1i} - T_{1i}\pi_1\right\} - f_1 \qquad (8.3-7)$$

$$s.t. \quad P_1^{\min} \leqslant P_1 \leqslant P_1^{\max} \qquad (8.3-8)$$

$Q$ 为前往换乘站的乘客总数，$P_1^{\min}$、$P_1^{\max}$ 分别为 RFT 票价的下限、上限。式（8.3-7）表示响应型接驳公交运营商根据客流情况制定票价策略，尽可能获取最大利润；式（8.3-7）中的 $T_{1i}$、$f_1$ 由 RFT 系统在 $q_{1i}^0$ 已知条件下车辆路径优化模型决定，而 $q_{1i}^0$ 则由下层模型在 $P_1^0$ 条件下求出。

下层模型Ⅰ：

$$\text{Min } Z_1(q_{1i}^0) = U_1(q_{1i}^0) + U_2(q_{2i}^0) \qquad (8.3-9)$$

$$s.t. q_{1i}^0 + q_{2i}^0 = Q_i \qquad (8.3-10)$$

$$\sum_i Q_i = Q, \quad \sum_i q_{1i}^0 = q_1^0, \quad \sum_i q_{2i}^0 = q_2^0 \qquad (8.3-11)$$

$$q_{1i}^0 、 q_{2i}^0 \geqslant 0 \qquad (8.3-12)$$

$Q_i$ 为需求点 $i$ 前往换乘站的乘客总数；$q_1^0$、$q_2^0$ 分别为选择响应型接驳公交和共享单车前往换乘站的乘客数。式（8.3-9）表示系统管理者通过下层模型进行流量优化调整，使乘客的广义出行费用最小。

②双层规划模型Ⅱ（共享单车系统内部博弈模型）。

与响应型接驳公交内部的博弈类似，双层规划模型Ⅱ是共享单车系统内部的博弈模型，其上层模型Ⅱ的决策变量是 $P_2$，优化目标是共享单车系统运营商的利润最大，上层模型Ⅱ可表示为：

上层模型Ⅱ：

$$\text{Max } F_2 = \sum_{i=1}^m \left\{ \left[ q_{2i}^0 - \gamma_2 (P_2 - P_2^0) \right] (P_2 - c_2) \text{int} \left( \frac{d_{2i}}{T \cdot v_2} \right) \right\} \qquad (8.3-13)$$

$$s.t. P_2^{\min} \leqslant P_2 \leqslant P_2^{\max} \qquad (8.3-14)$$

$$\gamma_2 = \frac{e^{P_2^0}}{(1+e^{P_2^0})^2} n \qquad (8.3-15)$$

$P_2^{\min}$、$P_2^{\max}$ 分别为共享单车票价的下限、上限；式（8.3-13）为共享单车运营商根据客流情况调整票价策略，尽可能获取最大利润；式（8.3-13）中的 $q_{2i}^0$ 由下层模型根据 $P_2^0$ 决定。

下层模型Ⅱ：

$$\text{Min } Z_2(q_{2i}^0) = U_1(q_{1i}^0) + U_2(q_{2i}^0) \qquad (8.3-16)$$

$$s.t. q_{1i}^0 + q_{2i}^0 = Q_i \qquad (8.3-17)$$

$$\sum_i Q_i = n, \quad \sum_i q_{1i}^0 = q_1^0, \quad \sum_i q_{2i}^0 = q_2^0 \qquad (8.3-18)$$

$$q_{1i}^0 、 q_{2i}^0 \geqslant 0 \qquad (8.3-19)$$

③嵌套的双层规划模型。

嵌套双层规划模型的上层模型：由式（8.3-7）～（8.3-12）所示的双层规划模型Ⅰ构成；而双层规划模型Ⅰ由上层模型Ⅰ和下层模型Ⅰ构成。

嵌套双层规划模型的下层模型：由式（8.3-13）～（8.3-19）所示的双层规划模型Ⅱ构成；而双层规划模型Ⅱ由上层模型Ⅱ和下层模型Ⅱ构成。

其中，上层模型中的共享单车系统的流量 $q_{2i}^0$ 和票价 $P_2^0$ 由下层模型决定；下层模型中的 RFT 系统的流量 $q_{1i}^0$ 和票价 $P_1^0$ 由上层模型决定。

### 8.3.4　RFT 车辆路径模型

本章在研究需求响应接驳公交定价时采用的响应型接驳公交路径优化模型如下：设系统中存在 2 台接驳公交，运营商通过路径优化获取最小的系统总运营费用 $f_1$，$f_1$ 为车辆启动成本、运行成本、停靠成本、早到成本之和：

$$f_1 = \sum_{k=1}^{2} \sum_{y} x_{ky} g + \sum_{i=1}^{m+1} \sum_{j=1}^{m+1} \sum_{k=1}^{2} \sum_{y} x_{kyij} d_{1ij} C_1 + q_1 t_f \xi + \sum_{k=1}^{2} \sum_{i=1}^{m+1} \sum_{Y} (T_{kyi} - LT_i) \theta_{kyi} \xi$$

$$(8.3 - 20)$$

式（8.3-20）中：$x_{ky} \in \{0, 1\}$，若车辆 $k$ 发出了班次 $y$ 则为 1，否则为 0；$g$ 为车辆启动 1 次的成本；$x_{kyij} \in \{0, 1\}$，若车辆 $k$ 发出的班次 $y$ 从 $i$ 到 $j$ 为 1，否则为 0；$C_1$ 为车辆单位里程运行成本；$d_{1ij}$ 为车辆从站点 $i$ 到站点 $j$ 的最短路距离；$t_f$ 为每位乘客平均服务时间；$T_{kyi}$ 为车辆 $k$ 发出的班次 $y$ 到达站点 $i$ 的时间；$LT_i$ 为站点 $i$ 乘客的预约上车时间窗下限；$\theta_{kyi} \in \{0, 1\}$，若站点 $i$ 乘客搭乘车辆 $k$ 发出的班次 $y$，且 $T_{kyi} \geqslant ET_i$，则为 1，否则为 0；为出行者的时间价值系数。

路径优化的目标函数为总运营费用最小，约束包括容量约束、发车时间约束、运行时间约束等。本章在满足发车时间约束的情况下采用等间距发车，如不满足，则车辆在回到换乘站后随即发出。车辆路径优化模型可由下式表示为：

$$\text{Min } f_1 \qquad (8.3 - 21)$$

$$\text{s. t. } \sum_i \varphi_{kyi} q_{1i} \leqslant q_{\text{cap}} \qquad (8.3 - 22)$$

$$h_{ky} \geqslant H_{kyO} \qquad (8.3 - 23)$$

$$N_{ky} \bigcap N_{k'y'} = \varnothing, \ \forall k \neq k', \quad \forall y \neq y' \qquad (8.3 - 24)$$

$$\sum_i \sum_j \left[ \frac{d_{1ij}}{v_1} x_{kyij} + \max(E_{kyi}, 0) \right] \leqslant T_{\max} \qquad (8.3 - 25)$$

$$\sum_{y, k, i} \eta_{yki} = m \qquad (8.3 - 26)$$

式中：$\varphi_{kyi} \in \{0, 1\}$，若接驳车辆 $k$ 发出的班次 $y$ 经过需求点 $i$ 为 1，否则为 0；$q_{\text{cap}}$ 为车辆的额定载客量；$h_{ky}$ 为接驳车辆 $k$ 发出班次 $y$ 的时刻；$H_{kyO}$ 为接驳车辆 $k$ 发出的班次 $y-1$ 回到换乘站的时间；$N_{ky}$ 为接驳车辆 $k$ 发出的班次 $y$ 提供运输服务的需求点集合（按距离发车点的远近排列）；$E_{kyi}$ 为接驳车辆 $k$ 的班次 $y$ 提前到达需求点 $i$ 的时刻；$T_{\max}$ 为接驳车辆的单程最大运行时间；$\eta_{kyi} \in \{0, 1\}$，若需求点 $i$ 的乘客接受了车辆 $k$ 的班次 $y$ 的服务则为 1，否则为 0。

式（8.3－22）为容量约束；式（8.3－23）表示发车时间约束，规定车辆 $k$ 在发出班次 $y$ 前需回到车场；式（8.3－24）规定每个需求点的乘客只能由一个班次接送；式（8.3－25）为响应型接驳公交车辆单程最大运行时间约束；式（8.3－26）为确保各需求点的预约需求均被响应。

### 8.3.5　求解算法

结合模型的特点和各种算法的优缺性，选择用迭代法求解嵌套的双层规划模型，用以分别获取响应型接驳公交和共享单车的单位票价，然后采用遗传算法来求解 RFT 的运行路径。

Step1：初始化。设置响应型接驳公交和共享单车票价为 $(P_1^{k(i)}, P_2^{k(j)})$，客流为 $(q_{1i}^{k(m)}, q_{2i}^{k(n)})$，接驳公交和共享单车调整系数分别为 $\gamma_1^\tau$、$\gamma_2^\tau$，接驳公交运营成本为 $f^\tau$，$i=0$，$j=0$，$m=0$，$n=0$，$\tau=0$。

Step2：将票价初始值 $(P_1^{k(0)}, P_2^{k(0)})$ 代入接驳公交下层求解该票价条件下的初始客流分配 $(q_{1i}^{k(0)}, q_{2i}^{k(0)})$。

Step3：在初始客流量组合 $(q_{1i}^{k(0)}, q_{2i}^{k(0)})$ 条件下，利用遗传算法求解车辆路径优化模型，求解出接驳公交运营成本 $f_1^0$，并更新在此条件下的 $\gamma_1^0$。其中的车辆路径优化模型求解参照文献［1］采用遗传算法进行求解。

Step4：将 step3 中求出的 $f_1^0$、$q_{1i}^{k(0)}$、$P^{k(0)}$、$\gamma_1^0$ 代入接驳公交上层，求出接驳公交票价 $p_1^{k(1)}$。

Step5：将 $(P_1^{k(1)}, P_2^{k(0)})$ 代入接驳公交下层求解该票价组合下的客流分配 $(q_{1i}^{k(1)}, q_{2i}^{k(1)})$，更新 $\gamma_2^0$。

Step6：将 step5 中求出 $q_{2i}^{k(1)}$、$P_2^{k(0)}$、$\gamma_2^0$ 代入共享单车上层，求出共享单车票价 $p_2^{k(1)}$。

Step7：将 $(P_1^{k(1)}, P_2^{k(1)})$ 代入共享单车下层求解该票价组合下的客流分配 $(q_{1i}^{k(2)}, q_{2i}^{k(2)})$。

Step8：结果收敛判断。计算 $|P_1^{k(i+1)}-P_1^{k(i)}| \leqslant \varepsilon_1$ 且 $|P_2^{k(j+1)}-P_2^{k(j)}| \leqslant \varepsilon_1$ 和 $|q_{1i}^{k(m+1)}-q_{1i}^{k(m)}| \leqslant \varepsilon_2$ 和 $|q_{2i}^{k(n+1)}-q_{2i}^{k(n)}| \leqslant \varepsilon_2$，则满足迭代精度要求，停止计算，此时票价的最优解为 $(P_1^{k(i+1)}, P_2^{k(j+1)})$，对应的客流为 $(q_{1i}^{k(m+1)}, q_{2i}^{k(n+1)})$，否则令 k＝k＋1，将 $(q_{1i}^{k(m+1)}, q_{2i}^{k(n+1)})$ 作为初始变量返回 step3。

### 8.3.6　案例分析

设研究时段为 8:00～8:40，服务范围为半径 3 km 的圆形区域，地铁站 $O$ 的坐标为（3，2.5）。系统拥有 $A$ 型响应型接驳公交 1 辆，其额定载客数为 20

人，单位运输成本为 0.4 元/km，启动成本为 3 元，基础票价上下限为 0.5～1.5 元/km，平均车速为 30 km/h，每位乘客服务时间为 5 s/人。共享单车的单位运输成本为 0.3 元/h，平均骑行速度为 6 km/h，单位票价上下限为 1～3 元/h，$\xi$ 取 0.35 元/min，$a$ 取 2，$\pi_1$ 取 0.5 元/min。服务区域共有随机分布在 11 个需求点内的 55 位出行者需要接驳服务，出行者通过响应型接驳公交或共享单车到达地铁站。各需求点的坐标、出行需求预约时间见表 8-1。

表 8-1　出行者的相关信息

| 需求点 | 横坐标 | 纵坐标 | 到地铁站距离/km | 站点人数/人 | 预约上车时间窗 | 预约下车时间窗 |
|---|---|---|---|---|---|---|
| 1 | 3.07 | 1.24 | 1.3 | 6 | [8：30，8：32] | [8：38，8：40] |
| 2 | 0.64 | 3.39 | 2.5 | 4 | [8：17，8：19] | [8：23，8：25] |
| 3 | 4.57 | 3.79 | 2.0 | 5 | [8：07，8：09] | [8：16，8：18] |
| 4 | 3.16 | 3.72 | 1.2 | 7 | [8：04，8：06] | [8：08，8：10] |
| 5 | 1.49 | 1.96 | 1.6 | 6 | [8：18，8：20] | [8：24，8：26] |
| 6 | 1.39 | 3.28 | 1.8 | 5 | [8：16，8：18] | [8：24，8：26] |
| 7 | 2.73 | 0.86 | 1.7 | 5 | [8：32，8：34] | [8：38，8：40] |
| 8 | 4.23 | 3.53 | 1.6 | 4 | [8：10，8：12] | [8：18，8：20] |
| 9 | 1.82 | 2.26 | 1.2 | 6 | [8：17，8：19] | [8：23，8：25] |
| 10 | 1.49 | 0.98 | 2.1 | 4 | [8：33，8：35] | [8：37，8：39] |
| 11 | 3.55 | 1.23 | 1.4 | 3 | [8：29，8：31] | [8：37，8：39] |

　　①单车运行时博弈：当系统中响应型接驳公交车辆数为 1 时，其单车车辆路径运行模式与双车车辆路径运行模型基本相同。在上述出行者信息下，基于 MATLAB 编程求解嵌套双层规划模型，得到响应型接驳公交系统仅保有 1 辆 A 型车时的计算结果，见表 8-2、表 8-3、表 8-6。

表 8-2　单车运行时响应型接驳公交的运行路径

| 班次 | 发出时间 | 发出车型 | 发出车场-运行线路-到达车场 | 返回时间 |
|---|---|---|---|---|
| 1 | 8：00 | A | O-4-3-8-O | 8：12 |
| 2 | 8：12 | A | O-2-6-5-9-O | 8：26 |
| 3 | 8：26 | A | O-11-1-7-10-O | 8：39 |

响应型接驳公交系统的总费用 $f=13.3$ 元，延误率＝27%

　　注：延误率为延误的需求点数量占总需求点的比例。

表 8-3　单车运行时响应型接驳公交的实际票价

| 需求点 | 最短路距离/km | 基础票价/元 | 需求点的延误时间/min | 实际票价/元 |
|---|---|---|---|---|
| 1 | 1.3 | 1.0 | 0 | 1.0 |
| 2 | 1.7 | 1.4 | 1 | 0.9 |
| 3 | 2.0 | 1.6 | 0 | 1.6 |
| 4 | 1.2 | 1.0 | 2 | 0.0 |
| 5 | 1.6 | 1.3 | 0 | 1.3 |
| 6 | 1.8 | 1.4 | 0 | 1.4 |
| 7 | 1.7 | 1.3 | 0 | 1.3 |
| 8 | 1.6 | 1.3 | 0 | 1.3 |
| 9 | 1.2 | 1.0 | 1 | 0.5 |
| 10 | 0.9 | 0.7 | 0 | 0.7 |
| 11 | 1.4 | 1.1 | 0 | 1.1 |

②双车运行时博弈：在上述出行者信息下，求解嵌套双层规划模型，得到响应型接驳公交系统确保有 2 辆 A 型车时的计算结果，见表 8-4～表 8-6。

表 8-4　双车运行时响应型接驳公交的运行路径

| 车辆编号 | 发出时间 | 发出车型 | 发出车场-运行线路-到达车场 | 返回时间 |
|---|---|---|---|---|
| 1 | 8:00 | A | O-4-3-O | 8:10 |
| 2 | 8:07 | A | O-8-6-2-5-9-O | 8:24 |
| 1 | 8:26 | A | O-11-1-7-10-O | 8:36 |

响应型接驳公交系统的总费用 $f = 12.1$

表 8-5　双车运行时响应型接驳公交的实际票价

| 需求点 | 最短路距离/km | 基础票价/元 | 需求点的延误时间/min | 实际票价/元 |
|---|---|---|---|---|
| 1 | 1.3 | 0.6 | 0 | 0.6 |
| 2 | 1.7 | 0.9 | 0 | 0.9 |
| 3 | 2.0 | 1.0 | 0 | 1.0 |
| 4 | 1.2 | 0.6 | 0 | 0.6 |
| 5 | 1.6 | 0.8 | 0 | 0.8 |
| 6 | 1.8 | 0.9 | 0 | 0.9 |

续表

| 需求点 | 最短路距离/km | 基础票价/元 | 需求点的延误时间/min | 实际票价/元 |
|---|---|---|---|---|
| 7 | 1.7 | 0.8 | 0 | 0.8 |
| 8 | 1.6 | 0.8 | 4 | 0.0 |
| 9 | 1.2 | 0.6 | 0 | 0.6 |
| 10 | 0.9 | 0.4 | 0 | 0.4 |
| 11 | 1.4 | 0.7 | 0 | 0.7 |

表 8-6　单车和双车运行时嵌套双层规划模型结果比较

| 运行方式 | 单位 | 单车运行 | 双车运行 |
|---|---|---|---|
| 响应型接驳公交运行时间 | min | 39 | 37 |
| 响应型接驳公交分担的客流量 | 人 | 40 | 49 |
| 响应型接驳公交运营商的总收益 | 元 | 25.5 | 21.2 |
| 响应型接驳公交的基础票价 | 元/km | 0.8 | 0.5 |
| 响应型接驳公交的延误率 | % | 27 | 9 |
| 共享单车分担的客流量 | 人 | 15 | 6 |
| 共享单车运营商的总收益 | 元 | 13.4 | 7.3 |
| 共享单车的基础票价 | 元/30 min | 1.2 | 1.5 |

　　由表 8-2~表 8-6 可知，无论是考虑单车运行还是双车运行的响应型接驳公交系统，应用嵌套双层规划模型，均能获取相互竞争条件下响应型接驳公交系统、共享单车系统的基础票价和客流分担率，说明了定价方法和算法的有效性。与单车运行时相比，双车运行时响应型接驳公交的基础票价降低了 37.5%、车辆总运行时间减少了 5.1%、分担的客流量增加了 22.5%、延误率降低了 66.7%，有效地降低了响应型接驳公交的客流分担率和票价，社会效益显著。但运营商的总收益降低了 16.9%，且运营商需要投入更多资金用于购买接驳车辆，因此需要政府加大财政投入用以补贴运营商。与单车运行时相比，双车运行时共享单车的基础票价虽然增加了 25.0%，但因分担的客流量大幅减少，导致运营商的总收益减少了 45.5%。说明随着响应型接驳公交系统运行方式的改进，共享单车的竞争力相对下降，需要进一步提升共享单车的竞争力。

　　**重要结果**：通过实验分析，在上述给定的案例中，得出以下结论：

　　①单车运行时：当响应型接驳公交单位票价为 0.8 元/km、共享单车单位

票价为 1.2 元/0.5 h 时，响应型接驳公交分担率为 72.7%，共享单车分担率为 27.3%；

②双车运行时：当响应型接驳公交单位票价为 0.5 元/km、共享单车单位票价为 1.5 元/0.5 h 时，响应型接驳公交分担率为 89.1%，共享单车分担率为 10.9%。

③与单车运行的响应型接驳公交相比，双车运行的响应型接驳公交的基础票价降低了 37.5%、分担的客流量增加了 22.5%，显著地增加了社会效益，但运营商的总收益显著减少，需政府增大财政投入；

④双车运行时共享单车的社会效益、运营商的总收益均显著减少，随着响应型接驳公交系统运行方式的改进，共享单车的竞争力有相对下降的趋势。

# 8.4　出行总量可变时 RFT 的博弈定价方法

上节 8.3 针对需求总量固定的情况下进行讨论，适用于短时段或交通需求变动很小的情况，但在响应型接驳公交和共享单车长期博弈过程中，当票价调整引起出行费用的波动改变时，会诱发因交通条件限制未能出行或者出行次数较少的潜在交通量，也有可能使出行者改变出行计划或放弃出行，从而导致需求总量发生变化。本节提出需求总量可变条件下响应型接驳公交与共享单车博弈的定价模型。

## 8.4.1　需求总量变化的过程分析

出行需求总量变化下的响应型接驳公交和共享单车定价博弈的本质是由于某个因素的改变导致本不具备发生条件的潜在事件发生。在响应型接驳公交与共享单车定价博弈过程中，两方票价调整引起出行费用改变，不仅引起客流在两种出行方式之间转移，还会吸引其他出行方式的客流转移，诱发新的交通需求，导致出行总量发生变化，此时诱增需求与上阶段的需求之和为现阶段的需求总量。需求总量随着诱增需求的变化而变化，诱增需求越多，需求总量也越大。诱增需求经过聚集形成、快速增长、趋向稳定 3 个阶段，故需求总量在一定时期内会呈现出先平稳，后快速上升最后又趋于平稳的趋势。本节使用重力模型法计算出行总量。重力模型法如下：

重力模型法按照"有无项目比较法"的原则，交通条件的改变引起出行需求变化。根据万有引力定律，物体引力与物体质量之积成正比，与距离的平方成反比，在此认为区域间的交通量与促进交通出行的因素成广义的正比关系，与两地之间的交通阻抗成反比关系，其数学表达式如下：

$$Q(t) = \kappa \times \frac{[SE(t)]^{\alpha}}{U(\bar{t})^{\beta}} \tag{8.4-1}$$

式中：$Q(t)$ 是第 $t$ 年的日均总客运量；$SE(t)$ 是第 $t$ 年的交通吸引因素；$U(\bar{t})$ 是第 $t$ 年广义出行费用，是各运输方式广义费用的平均值；$\kappa$、$\alpha$、$\beta$ 是重力模型参数。设在第 $t$ 年时，运输通道内第 $i$ 种运输方式的广义费用为 $U(t)_i^{n-1}$，响应型接驳公交或共享单车由于票价的改变而使得广义费用改变，运输通道内第 $i$ 种运输方式的广义费用为 $U(t)_i^{n}$，共有 $m$ 种运输方式。则广义费用改变后的运输通道的总日均诱增量为：

$$\Delta Q^n(t) = Q^n(t) - Q^{n-1}(t) \tag{8.4-2}$$

式中：$Q^{n-1}(t)$ 是第 $t$ 年第 $n-1$ 阶段运输通道的日均总客运量；是第 $t$ 年第 $n$ 阶段响应型接驳公交或共享单车广义费用发生改变后运输通道的日均总客运量；是第 $t$ 年第 $n$ 阶段响应型接驳公交或共享单车的广义费用发生改变后运输通道的日均总诱增客运量。展开式（8.4-2）得：

$$
\begin{aligned}
\Delta Q^n(t) = Q^n(t) - Q^{n-1}(t) &= \kappa \times \frac{[SE(t)]^{\alpha}}{\left[\sum\limits_{i=1}^{m} U^n(t)/m\right]^{\beta}} - \kappa \times \frac{[SE(t)]^{\alpha}}{\left[\sum\limits_{i=1}^{m} U^{n-1}(t)/m\right]^{\beta}} \\
&= \kappa \times \frac{[SE(t)]^{\alpha}}{\left[\sum\limits_{i=1}^{m} U^{n-1}(t)/m\right]^{\beta}} \times \left[\left(\frac{\sum\limits_{i=1}^{m} U^{n-1}(t)}{\sum\limits_{i=1}^{m} U^n(t)}\right)^{\beta} - 1\right]
\end{aligned}
\tag{8.4-3}
$$

则得到第 $t$ 年 $n$ 阶段的需求总量为：

$$
\begin{aligned}
Q^n(t) &= \Delta Q^n(t) + Q^{n-1}(t) \\
&= \kappa \times \frac{[SE(t)]^{\alpha}}{\left[\sum\limits_{i=1}^{m} U^{n-1}(t)/m\right]^{\beta}} \times \left[\left(\frac{\sum\limits_{i=1}^{m} U^{n-1}(t)}{\sum\limits_{i=1}^{m+1} U^n(t)}\right)^{\beta} - 1\right] + \kappa \times \frac{[SE(t)]^{\alpha}}{\left[\sum\limits_{i=1}^{m} U^{n-1}(t)/m\right]^{\beta}} \\
&= Q^{n-1}(t) \times \left(\frac{\sum\limits_{i=1}^{m} U^{n-1}(t)}{\sum\limits_{i=1}^{m} U^n(t)}\right)^{\beta}
\end{aligned}
\tag{8.4-4}
$$

重力模型法适用于因出行时间、距离或者费用等发生改变而诱增交通量。根据式（8.4-4），采用重力模型方法求解响应型接驳公交各阶段的需求总量。

## 8.4.2　定价模型假设

除上节 8.3 所做的假设外，为便于表达总量变化条件下响应型接驳公交系统、共享单车系统之间及其内部的博弈关系，本节还需做如下假设：

（1）在响应型接驳公交的服务范围内，出行者能及时准确地了解市场出行信息，并在一定时间内做出反应，调整出行行为。

（2）诱增需求不会无限制增长。

（3）出行需求改变仅受响应型接驳公交和共享单车票价调整影响，不考虑其他交通条件改善引起的需求变化。

本节构建一个总量变化条件下的响应型接驳公交与共享单车定价博弈模型，与上节相比，不同点在于将出行需求总量看作未知变量，出行需求总量随着每个阶段票价的更新而变化，需要通过利用重力模型计算更新该阶段的出行需求总量。

## 8.4.3　定价模型构建

①双层规划模型Ⅰ（响应型接驳公交系统内部博弈模型）。

与上节 8.3 构造的模型相似，双层规划模型Ⅰ是响应型接驳公交运营商与管理者的博弈，上层运营商追求运营收益最大，下层管理者根据单位票价、出行时间、舒适性等调整各需求点的客流分担率，实现出行者总出行费用最小。若其他条件不变，流量与票价可用下式表示：$q_{1i} = q_{1i}^0 - \gamma_1(P_1 - P_1^0)$。其中 $P_1^0$、$q_{1i}^0$、$\gamma_1$ 由下层模型决定；调整系数 $\gamma_1$ 按如下规则确定：$\gamma_1 = \left. \dfrac{\partial q_{1i}}{\partial P_1} \right|_{P_1 = P_1^0} = \dfrac{e^{P_1^0}}{(1 + c^{P_1^0})^2} Q^0$，$Q^0$ 为前往换乘站的乘客总数，本节假定 $Q$ 为变量。因此构建的模型如下：

上层模型Ⅰ：

$$\text{Max } F_1 = \sum_{i=1}^{m} \left\{ \left[ q_{1i}^0 - \gamma_1(P_1 - P_1^0) \right] P_1 d_{1i} - T_{1i} \pi_1 \right] \right\} - f_1 \quad (8.4-5)$$

$$s.t. \ P_1^{\min} \leqslant P_1 \leqslant P_1^{\max} \quad (8.4-6)$$

$T_{1i}$、$f_1$ 由 RFT 系统在 $q_{1i}^0$ 已知条件下车辆路径优化模型决定，而 $q_{1i}^0$ 由下层模型根据 $P_1^0$ 决定。

下层模型Ⅰ：

$$\text{Min } Z_1 \ (q_{1i}^0) = U_1(q_{1i}^0) + U_2(q_{2i}^0) \quad (8.4-7)$$

$$s.t. \ q_{1i}^0 + q_{2i}^0 = Q_i^0 \quad (8.4-8)$$

$$Q^1 = Q^0 \left( \frac{\sum\limits_{j=1}^{2} U_j^1}{\sum\limits_{j=1}^{2} U_j^0} \right)^{\beta} \qquad (8.4-9)$$

$$\sum_i Q_i^0 = Q^0, \quad \sum_i q_{1i}^0 = q_1^0, \quad \sum_i q_{2i}^0 = q_2^0 \qquad (8.4-10)$$

$$Q_i^1 = Q^1 \frac{Q_i^0}{Q^0} \qquad (8.4-11)$$

$$q_{1i}^1 、 q_{2i}^1 、 q_{1i}^0 、 q_{2i}^0 \geqslant 0 \qquad (8.4-12)$$

其中，$Q^1$ 是服务范围内第 1 阶段前往换乘站的乘客总数，$Q_i^1$ 是第 1 阶段需求点 $i$ 前往换乘站的乘客数，$q_1^1$，$q_2^1$ 分别为第 1 阶段选择 RFT 和共享单车前往换乘站的乘客数，$q_{1i}^1$，$q_{2i}^1$ 分别为第 1 阶段需求点 $i$ 选择 RFT 和共享单车前往换乘站的乘客数。

式（8.4-5）为上层 RFT 运营商运营收益；式（8.4-6）为 RFT 票价约束；式（8.4-7）表示下层所有出行者的广义出行费用；式（8.4-8）为客流总量约束；式（8.4-9）为服务范围内第 1 阶段前往换乘站的乘客总数 $Q^1$ 的更新规则；式（8.4-10）计算需求点 $i$ 的出行乘客数、RFT 出行总客流、共享单车出行总客流；式（8.4-11）计算服务范围内需求点 $i$ 第 1 阶段前往换乘站的乘客总数 $Q_i^1$；式（8.4-12）为客流非负约束。

②双层规划模型Ⅱ（共享单车系统内部博弈模型）。

与响应型接驳公交内部的博弈类似，双层规划模型Ⅱ是共享单车系统内部的博弈模型，其上层模型Ⅱ的决策变量是 $P2$，优化目标是共享单车系统运营商的利润最大，层模型Ⅱ可表示为：

上层模型Ⅱ：

$$\text{Max } F_2 = \sum_{i=1}^{m} \left\{ [q_{2i}^0 - \gamma_2 (P_2 - P_2^0)](P_2 - c_2) \text{ int} \left( \frac{d_{2i}}{T v_2} \right) \right\} \qquad (8.4-13)$$

$$s.t. \quad P_2^{\min} \leqslant P_2 \leqslant P_2^{\max} \qquad (8.4-14)$$

式中：$P_2^{\min}$、$P_2^{\max}$ 分别为共享单车票价的下限、上限，$\gamma_2 = \dfrac{e^{P_2^0}}{(1 + e^{P_2^0})^2}$

$Q^0$。式（8.4-13）中的 $q_{2i}^0$ 由下层模型根据 $P_2^0$ 决定。

下层模型Ⅱ：

$$\text{Min } Z_2(q_{2i}^0) = U_1(q_{1i}^0) + U_2(q_{2i}^0) \qquad (8.4-15)$$

$$s.t. \quad q_{1i}^0 + q_{2i}^0 = Q_i^0 \qquad (8.4-16)$$

$$Q^1 = Q^0 \left( \frac{\sum\limits_{j=1}^{2} U_j^1}{\sum\limits_{j=1}^{2} U_j^0} \right)^{\beta} \tag{8.4-17}$$

$$\sum_i Q_i^0 = Q^0, \quad \sum_i q_{1i}^0 = q_1^0, \quad \sum_i q_{2i}^0 = q_2^0 \tag{8.4-18}$$

$$Q_i^1 = Q^1 \frac{Q_i^0}{Q^0} \tag{8.4-19}$$

$$q_{1i}^1 、 q_{2i}^1 、 q_{1i}^0 、 q_{2i}^0 \geqslant 0 \tag{8.4-20}$$

式（8.4-13）为上层共享单车运营商运营收益；式（8.4-14）为共享单车票价约束；式（8.4-15）表示下层所有出行者的广义出行费用；式（8.4-16）为客流总量约束；式（8.4-17）为服务范围内第 1 阶段前往换乘站的乘客总数 $Q^1$ 的更新规则；式（8.4-18）计算需求点 $i$ 的出行乘客数、RFT 出行总客流、共享单车出行总客流；式（8.4-19）计算服务范围内需求点 $i$ 第 1 阶段前往换乘站的乘客总数 $Q_i^1$；式（8.4-20）为客流非负约束。

③嵌套的双层规划模型。

综上，本节构建出嵌套的双层规划模型结构如下：

嵌套双层规划的上层模型：由式（8.4-5）～（8.4-12）所示的双层规划模型Ⅰ构成；

嵌套双层规划的下层模型：由式（8.4-13）～（8.4-20）所示的双层规划模型Ⅱ构成。

其中，上层模型中的共享单车系统的流量 $q_{2i}^0$ 和票价 $P_2^0$ 由下层模型决定；下层模型中的 RFT 系统的流量 $q_{1i}^0$ 和票价 $P_1^0$ 由上层模型决定。

### 8.4.4　求解算法

与 8.4 节中的定价模型相比，本节的定价模型是基于总量变化下的定价博弈，在响应型接驳公交和共享单车票价调整后，在给定的规则下更新出行需求总量，再进行客流分配，因此求解过程更加复杂，需要增加更新客流总量的步骤。本节构建的定价模型是非线性双层规划模型，在结合各求解方法的优缺点的基础上，本节选用迭代法对嵌套双层规划进行求解，并用遗传算法优化车辆路径优化模型，优化车辆路径过程与 8.3 节求解流程一致，求解的流程图和步骤如下：

Step1：初始化。设置响应型接驳公交和共享单车票价为 $(P_1^{k(i)}, P_2^{k(j)})$，客流为 $(q_{1i}^{k(m)}, q_{2i}^{k(n)})$，客流总量为 $Q^\tau$，需求点 $i$ 的客流为 $Q_i^\tau$，接驳公交和共享单车调整系数分别为 $\gamma_1^\tau$、$\gamma_2^\tau$，接驳公交运营成本为 $f^\tau$，$i=0$，$j=0$，$m=$

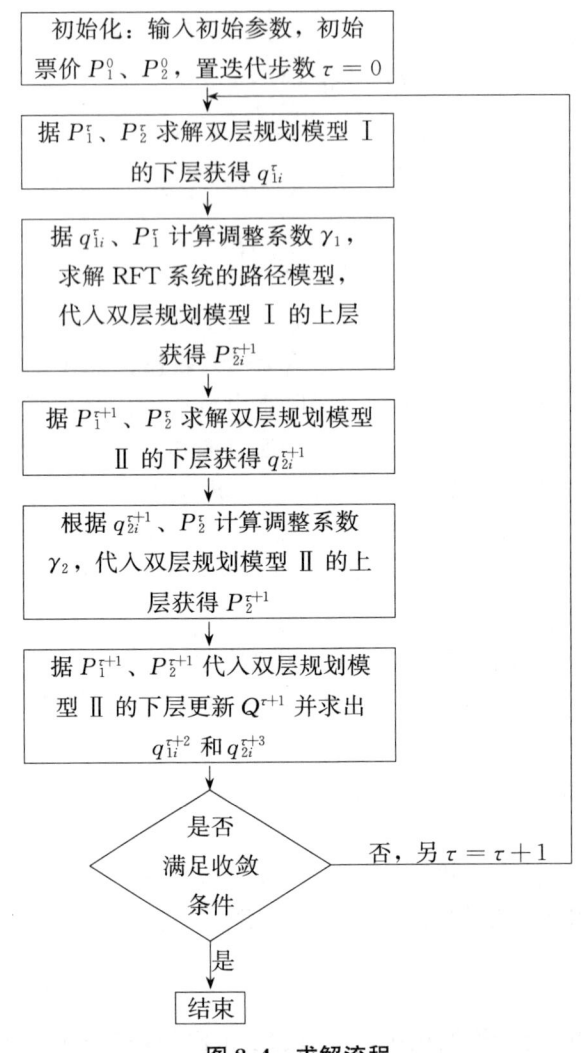

图 8.4 求解流程

$0$，$n=0$，$\tau=0$。

Step2：将票价初始值（$P_1^{k(0)}$，$P_2^{k(0)}$）代入接驳公交下层，求解该票价条件下的初始客流分配（$q_{1i}^{k(0)}$，$q_{2i}^{k(0)}$）。

Step3：在（$q_{1i}^{k(0)}$，$q_{2i}^{k(0)}$）条件下，利用遗传算法求解车辆路径优化模型，求解出接驳公交运营成本 $f_1^0$，通过 $Q^0$、$P_1^{k(0)}$ 更新 $\gamma_1^0$。路径优化模型求解算法与 8.3 节中的求解算法一致。

Step4：将 step3 中求出的 $f_1^0$、$q_{1i}^{k(0)}$、$P_1^{k(0)}$、$\gamma_1^0$ 代入接驳公交上层，求出接驳公交票价 $P_1^{k(1)}$。

Step5：将（$P_1^{k(1)}$，$P_2^{k(0)}$）代入接驳公交下层，求解该票价组合下的客流分配（$q_{1i}^{k(1)}$，$q_{2i}^{k(1)}$），根据 $Q^0$、$P_2^{k(0)}$ 更新 $\gamma_2^0$。

Step6：将 step5 中求出 $q_{2i}^{k(1)}$、$P_2^{k(0)}$、$\gamma_2^0$ 代入共享单车上层，求出共享单车票价 $P_2^{k(1)}$。

Step7：将（$P_1^{k(1)}$，$P_2^{k(1)}$）代入共享单车下层，新 $Q^1$，求解该票价组合下的客流分配（$q_{1i}^{k(2)}$，$q_{2i}^{k(2)}$）。

Step8：结果收敛判断。计算 $|P_1^{k(i+1)}-P_1^{k(i)}|\leqslant\varepsilon_1$ 且 $|P_2^{k(j+1)}-P_2^{k(j)}|\leqslant\varepsilon_1$ 和 $|q_{1i}^{k(m+1)}-q_{1i}^{k(m)}|\leqslant\varepsilon_2$ 和 $|q_{2i}^{k(n+1)}-q_{2i}^{k(n)}|\leqslant\varepsilon_2$，则满足迭代精度要求，停止计算，此时票价的最优解为（$P_1^{k(i+1)}$，$P_2^{k(j+1)}$），对应的客流为（$q_{1i}^{k(m+1)}$，$q_{2i}^{k(n+1)}$），否则令 $k=k+1$，将（$q_{1i}^{k(m+1)}$，$q_{2i}^{k(n+1)}$）作为初始变量返回 step3。

基于遗传算法求解响应型接驳公交车辆路径与调度模型过程与 8.4 节中的算法一致。

### 8.4.5 案例分析

设置其他条件不变，与 8.3.6 中的参数一致，仅在总量变化的条件下，假设响应型接驳公交系统仅保有 1 辆 A 型车时，计算结果见表 8-7、表 8-8、表 8-9；假设响应型接驳公交系统仅保有 2 辆 A 型车时，计算结果见表 8-10、表 8-11。

①单车运行条件下的定价博弈结果。

**表 8-7　单车运行时响应型接驳公交的运行路径**

| 班次 | 发出时间 | 发出车型 | 发出车场-运行线路-到达车场 | 返回时间 |
|---|---|---|---|---|
| 1 | 8:00 | A | O - 4 - 3 - 8 - O | 8:12 |
| 2 | 8:12 | A | O - 2 - 6 - 5 - 9 - O | 8:27 |
| 3 | 8:27 | A | O - 11 - 1 - 7 - 10 - O | 8:40 |

响应型接驳公交系统的总费用 $f=15.6$ 元，单位票价为 0.9 元/km
延误率＝27%，收益 $F=44.6$ 元，最终总客流 $Q=70$ 人

注：延误率为延误的需求点数量占总需求点的比例。

**表 8-8　单车运行时响应型接驳公交的实际票价**

| 需求点 | 最短路距离/km | 基础票价/元 | 需求点的延误时间/min | 实际票价/元 |
|---|---|---|---|---|
| 1 | 1.3 | 1.2 | 0 | 1.2 |
| 2 | 1.7 | 1.5 | 1 | 1.0 |

续表

| 需求点 | 最短路距离/km | 基础票价/元 | 需求点的延误时间/min | 实际票价/元 |
|---|---|---|---|---|
| 3 | 2.0 | 1.8 | 0 | 1.8 |
| 4 | 1.2 | 1.1 | 2 | 0.1 |
| 5 | 1.6 | 1.4 | 0 | 1.4 |
| 6 | 1.8 | 1.6 | 0 | 1.6 |
| 7 | 1.7 | 1.5 | 0 | 1.5 |
| 8 | 1.6 | 1.4 | 0 | 1.4 |
| 9 | 1.2 | 1.1 | 1 | 0.6 |
| 10 | 0.9 | 0.8 | 0 | 0.8 |
| 11 | 1.4 | 1.3 | 0 | 1.3 |

总量变化情况下，当系统中有且仅有一辆接驳公交时，规定车辆从发出到回换乘点又立刻发出。从表 8-7 可知，运营成本 15.6 元，单位基础票价为 0.9 元/km，收益为 44.6 元，相较于总量固定情况，车辆运营成本提高了 17.3%，票价降低了 18.2%，收益增加 28.5%，站点延误率不变。表 8-8 为总量变化下单车运行时响应型接驳公交各站点的出行延误、基础票价、实际票价情况，实际票价较低，适用于居民最后一千米出行。

总量变化条件下单车运行时，改变 RFT 和共享单车的运行车速，得到票价优化结果如表 8-9 所示。总量变化条件下，车速依然影响着响应型接驳公交的票价。在共享单车运行车速不变的条件下，响应型接驳公交速度越高，其票价越低，收益越大。当响应型接驳公交车速与共享单车车速相差越大，响应型接驳公交运营收益越高。

表 8-9 不同车速下单车运行时响应型接驳公交的票价

| RFT 车速/(km/h) | SB 车速/(km/h) | RFT/(票价/元) | SB/(票价/元) | RFT 收益/元 |
|---|---|---|---|---|
| 40 | 20 | 0.8 | 1.0 | 46.3 |
| 30 | 20 | 1.3 | 0.7 | 45.4 |
| 20 | 20 | 1.2 | 0.5 | 44.8 |
| 40 | 15 | 0.6 | 1.2 | 47.0 |
| 30 | 15 | 1.3 | 0.8 | 47.3 |
| 20 | 15 | 1.2 | 1.0 | 44.0 |

续表

| RFT 车速/(km/h) | SB 车速/(km/h) | RFT/(票价/元) | SB/(票价/元) | RFT 收益/元 |
|---|---|---|---|---|
| 40 | 10 | 0.5 | 1.5 | 49.7 |
| 30 | 10 | 1.0 | 1.0 | 45.1 |
| 20 | 10 | 1.0 | 0.5 | 43.2 |

②双车运行条件下的定价博弈结果。

设置接驳公交系统内部有 2 台相同 A 型的接驳车辆，车辆在上述出行者信息下，求解嵌套双层规划模型，得到总量变化条件下响应型接驳公交系统双车运行时的计算结果见表 8-10、表 8-11 所示。

表 8-10　双车运行时响应型接驳公交的运行路径

| 车辆编号 | 发出时间 | 发出车型 | 发出车场-运行线路-到达车场 | 返回时间 |
|---|---|---|---|---|
| 1 | 8:00 | A | O-4-3-O | 8:10 |
| 2 | 8:07 | A | O-8-6-2-5-9-O | 8:24 |
| 1 | 8:26 | A | O-11-1-7-10-O | 8:36 |

响应型接驳公交系统的总费用 $f=16.9$ 元，单位票价为 0.8 元/km
延误率 $=9\%$，收益 $F=58.5$ 元，最终总客流 $Q=81$ 人

表 8-11　双车运行时响应型接驳公交的实际票价

| 需求点 | 最短路距离/km | 基础票价/元 | 需求点的延误时间/min | 实际票价/元 |
|---|---|---|---|---|
| 1 | 1.3 | 1.0 | 0 | 1.0 |
| 2 | 1.7 | 1.4 | 0 | 1.4 |
| 3 | 2.0 | 1.6 | 0 | 1.6 |
| 4 | 1.2 | 1.0 | 0 | 1.0 |
| 5 | 1.6 | 1.3 | 0 | 1.3 |
| 6 | 1.8 | 1.4 | 0 | 1.4 |
| 7 | 1.7 | 1.4 | 0 | 1.4 |
| 8 | 1.6 | 1.3 | 4 | 0.0 |
| 9 | 1.2 | 1.0 | 0 | 1.0 |
| 10 | 0.9 | 0.7 | 0 | 0.7 |
| 11 | 1.4 | 1.1 | 0 | 1.1 |

表 8-12　不同车速下双车运行时响应型接驳公交的票价

| RFT 车速/(km/h) | SB 车速/(km/h) | RFT/(票价/元) | SB/(票价/元) | RFT 收益/元 |
|---|---|---|---|---|
| 40 | 20 | 0.8 | 1.0 | 56.0 |
| 30 | 20 | 1.2 | 0.5 | 54.5 |
| 20 | 20 | 1.2 | 0.5 | 53.6 |
| 40 | 15 | 0.6 | 1.2 | 57.2 |
| 30 | 15 | 1.2 | 1.0 | 57.5 |
| 20 | 15 | 1.2 | 1.0 | 52.1 |
| 40 | 10 | 0.5 | 1.5 | 61.7 |
| 30 | 10 | 0.8 | 1.0 | 58.5 |
| 20 | 10 | 1.0 | 0.5 | 55.1 |

　　总量变化情况下，当系统中确保有 2 辆接驳公交时，从表 8-10 可知，运营成本 16.9 元，单位基础票价为 0.8 元/km，收益为 58.5 元。由于出行需求总量不断增大，运营成本随着响应型接驳公交出行人数增加而增加，票价随着响应型接驳公交出行人数增加而降低。和总量固定下的单车运行模式和总量变化下的单车运行模式相比，总量变化下的双车运行模式中 RFT 系统的运营成本更高，单位基础票价更低，收益也更高。由于车辆数和客流的增加引起运营成本增加，企业通过制定合理的票价使得收益最大，出行效率也更高。表 8-11 为总量变化双车运行时响应型接驳公交各站点的出行延误、基础票价、实际票价情况，实际票价较低，该票价具有较高性价比，能够吸引更多客流，为 RFT 企业带来更多收益。

　　在双车运行条件下，改变响应型接驳公交和共享单车的运行车速，观察响应型接驳公交和共享单车定价结果。设置三组车速实验，分别改变 RFT 和共享单车的运行车速，求解 RFT 票价和收益，求解结果如表 8-12 所示。通过表 8-12 可以看出，不同车速组合对应不同的票价组合，产生不同的收益。和总量固定情况相同，总量变化条件下当 RFT 车速为 40 km/h，共享单车的车速为 10 km/h 时，RFT 企业的收益最大，此时的票价为 0.5 元/km。由于客流增多，因此 RFT 的收益也增加了 68.6%，说明车速越高，票价越低，客流越多，企业收益越大。

# 第九章 需求响应接驳公交评价指标体系与综合评价

合理客观评价公交服务质量有利于提高乘客满意度、政府和企业管理效益。已有的与公共交通运输相关的评价研究多以主观赋权法确定指标权重，无法准确客观反映各指标对评价对象的重要性；另外选择的评价模型主观性较强，需寻找客观性、适应性强的综合评价方法。本章以响应型接驳公交为例，对需求响应接驳公交的评价指标体系与评价方法展开叙述。通过对响应型接驳公交服务质量的分析与评价，找出响应型接驳公交服务质量的影响因素，为后续响应型接驳公交改进和优化提供依据。

## 9.1 评价指标体系

### 9.1.1 评价指标选取原则

响应型接驳公交系统是一个由运营商、车辆、乘客等组成的系统，为保证评价结果真实客观，在构建响应型接驳公交评价指标体系时，应遵循以下原则：

（1）科学性原则。

指标的选取和量化应以科学性为前提，将统计学、系统工程学等科学理论作为依据，明确反映现状性能，实现在需求响应接驳公交领域的实际应用。

（2）客观性原则。

必须保证评价指标体系的客观性，包括运用真实可靠的评价数据，降低主观倾向对结果的干扰，另外需将定性和定量数据统一化处理，从而客观地进行分析。

（3）全面性原则。

不同评价指标表征公交服务质量的不同方面，组合构成一个完整评价指标体系才能综合反映整个系统，有助于找到与目标水平的差距。因此在指标选取时，需分析响应型接驳公交服务的各阶段性能，概括总结出较为全面的评价指标体系，避免片面性影响。

（4）简明性原则。

服务质量评价需以大量数据为支撑，各指标应尽可能简明有效，便于获取数据和量化计算，具有可操作性。同时因地制宜，从而可直接引用现状统计资料，节省调查工作时间，减少非必要成本。

（5）层次性原则。

将影响响应型接驳公交服务水平评价的众多因素合理归类，分类说明能更清晰地反映评价对象的不同方面，使得评价指标体系具有递进性，结构清晰，层次分明。

（6）针对性原则。

鉴于响应型接驳公交与其他交通方式在系统组成、运营流程等方面的不同，要针对性选择真实反映 RFT 服务质量的评价指标。例如，系统信息与调度中心针对乘客预约申请做出响应，进行路径优化和车辆发车时刻设计等，应考虑体现预约系统性能的指标；针对接驳车辆保证提供"门到门"接驳的便利服务，为衡量 RFT 系统服务质量，应选择体现公交系统便利性的指标。

### 9.1.2　评价指标体系构建

通过对典型公交模式评价体系研究成果的分析，结合 RFT 的灵活性、便捷舒适性、可靠性、高效性、衔接性特点，本节将以响应性、方便性、可靠性、高效性、协调性作为准则层，展开 RFT 服务质量评价体系研究，准则层下设指标层，共计 11 个指标。

（1）响应性方面。

与定制公交、网约车类似，RFT 同样具有预约申请乘车特性，以网约车响应性层面的订单接单耗时、约车成功率指标为基础进行调整，选取预约耗时、响应成功率两个指标衡量 RFT 系统对乘客预约的响应速度和接收能力。

（2）方便性方面。

方便性层面中以服务跨度指标为基础，该指标反映系统总运营时间的服务质量。乘客与公交间联系程度同样是衡量公交方便性的重要因素，考虑增加乘客步行到达停靠站点的用时来反映乘客乘车的方便性。因此，RFT 服务质量评价体系的方便性层面包含服务跨度、步行到站时间两个指标。

（3）可靠性方面。

以响应型接驳公交为出行方式的乘客等对时间要求较高，将到站准点率、平均等待时间作为可靠性层面的指标。

（4）高效性方面。

选取与其他交通工具的出行时间差能准确反映 RFT 的高效性能；另外，调整修改定制公交评价体系中车辆余座率指标，这类似平均满载率指标，选取平均服务率反映公交对所有类型乘客进行车辆分配的服务质量。

（5）协调性方面。

RFT 因具有接驳需求，应从与轨道交通在空间、时间、客运能力角度的协调能力进行分析，换乘时间、与接驳车次匹配度、运力匹配度指标能反映RFT 在空间和客运衔接方面的协调能力。

RFT 服务质量影响因素、指标要素众多，一元和线性结构较难反映各因素间的关系，因而构建分层结构的响应型接驳公交服务质量评价指标体系，具体指标体系架构如图 9.1 所示。

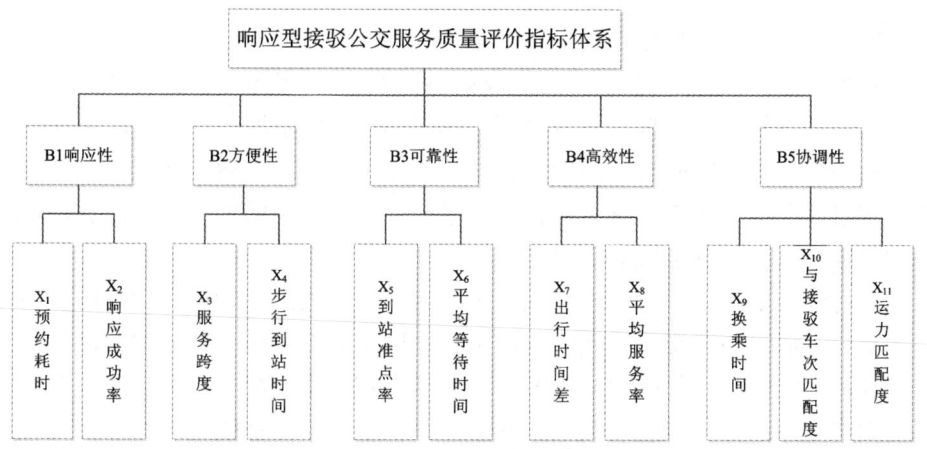

**图 9.1 响应型接驳公交服务质量评价指标体系**

### 9.1.3 评价指标量化

（1）响应性指标量化。

预约耗时：预约耗时 $X_1$ 指每位乘客从开始预约到系统最终响应需求，提供乘车班次和信息的预约耗时之和与总乘客数的比值，表示平均预约耗时。反映系统应答的效率、性能。计算公式如式（9.1-1）。

$$X1 = \frac{\sum_{i=1}^{r} Tib}{R} \tag{9.1-1}$$

式中：$X_1$ 为预约耗时；$T_{ib}$ 为第 $i$ 位乘客的预约耗时；$R$ 为总乘客数。

响应成功率：响应成功率 $X_2$ 是指在运营期间内，预约成功并顺利搭乘需求响应接驳公交完成出行的乘客数与所有向系统发出乘车申请的乘客数百分比。并非所有需求都被响应，可能有运能不足、已预定但最终未享受到出行服务、不在可服务区域内无法响应，选取响应成功率反映系统接收乘客乘车申请的能力，用来衡量需求响应接驳公交响应性能水平。响应成功率越高，则被响应成功的乘客占比越大，系统服务水平越高。计算公式如式（9.1-2）。

$$X_2 = \frac{\sum\limits_a^m Ra}{\sum\limits_a^m R^*} \times 100\%$$ （9.1-2）

式中：$X_2$ 为响应成功率；$R_a$ 为第 $a$ 天预约需求响应接驳公交成功的乘客数；$R^*$ 为第 $a$ 天向需求响应接驳公交发出乘车申请的乘客总数；$m$ 为运营天数。

（2）方便性指标量化。

服务跨度：服务跨度 $X_3$ 指需求响应接驳公交一天内提供服务的小时数。最理想的状态是服务跨度应大于或等于所对应接驳的交通方式的运营起止时间，从而满足乘客不同时间段的出行需求，体现公交的方便性和可行性。在客流量充足情况下，若需求响应接驳公交系统提供的服务跨度短，则服务时间之外的乘客就会使用其他交通工具。

步行到站时间：步行到站时间表示乘客从出发地到车辆停靠位置的步行时间，反映了居民与公交停靠点间的便利程度以及停靠站位置选址的合理性。乘客花越短的时间和步行越短的距离而获得需求响应接驳公交服务，可说明公交可达性程度越高，需求响应接驳公交为乘客提供的方便性能越好。计算公式如式（9.1-3）。

$$X_4 = \frac{\sum\limits_{i=1}^r Tiw}{R}$$ （9.1-3）

式中，$X_4$ 为步行到站时间；$T_{iw}$ 为第 $i$ 个乘客的步行到站时间；$R$ 为乘客人数。

（3）可靠性指标量化。

到站准点率：到站准点率指需求响应接驳公交在乘客可接受时间窗内到站的停靠次数与总停靠次数的比例，用来表示系统准点方面的可靠程度。计算公式如式（9.1-4）。

$$X_5 = \frac{Za}{Z} \times 100\% \tag{9.1-4}$$

式中，$X_5$ 为到站准点率；$Z_a$ 为公交在给定时间范围内到站的停靠次数；$Z$ 为公交总停靠次数。

平均等待时间：平均等待时间 $X_6$ 是指车辆到站时间与乘客期望时间窗的偏差造成乘客等待时长的平均值。公式如式（9.1-5）。

$$X_6 = \frac{\sum_{i=1}^{r} \Delta Ti}{R} \tag{9.1-5}$$

式中，$X_6$ 为平均等待时间；$\Delta T_i$ 为车辆到站时间与第 $i$ 个乘客时间窗的差值；$R$ 为总乘客数。

（4）高效性指标量化。

出行时间差：出行时间差 $X_7$ 是乘坐需求响应接驳公交的时间与相同起讫点下小汽车出行时间的差值。通过与小汽车出行时间的差值可衡量需求响应接驳公交的高效性能。乘客出行的最高期望就是与私家车出行用时相当。

平均服务率：平均服务率 $X_8$ 指单车搭载的乘客数与额定载客量的平均比值，反映了需求响应接驳公交对预约需求和实时需求的满足率。乘车申请得到满足的乘客越多，说明系统调度机制及车辆运行越灵活，则平均服务率即座位利用率越高，体现了需求响应接驳公交的高效性能水平。计算公式如式（9.1-6）。

$$X_8 = \frac{\sum_{a=1}^{h} Paj}{\sum_{a=1}^{h} Par} \tag{9.1-6}$$

式中，$X_8$ 为平均服务率；$P_{aj}$ 为第 $a$ 辆车的运载乘客数；$P_{ar}$ 为第 $a$ 辆车的额定载客量；$h$ 为运营时段内的车辆数。

（5）协调性指标量化。

平均换乘时间：平均换乘时间 $X_9$ 是指乘客从 RFT 换乘大运量干线或由大运量干线换乘 RFT 所消耗的平均时间，用来衡量 RFT 与其他交通工具的空间衔接合理水平。平均换乘时间越短，换乘效率越高，衔接越紧密，也体现了需求响应接驳公交停靠位置的优越性和两者间的协调畅通能力。具体公式如式（9.1-7）。

$$X_9 = \frac{\sum_{i=1}^{r} Tif}{R} \tag{9.1-7}$$

式中，$X_9$ 为平均换乘时间；$T_{if}$ 为第 $i$ 位乘客的换乘时间；$R$ 为总乘客数。

与接驳车次匹配度：与接驳车次匹配度 $X_{10}$ 是指需求响应接驳公交车辆到达换乘站时，满足到达接驳站时间早于乘客后续换乘大运量干线车次出发时间的车辆与所有运营车辆的比值。该指标表示需求响应接驳公交接送乘客实现后续换乘车次在时间衔接方面的情况，反映了系统与接驳交通方式的时间协调能力。计算公式如式（9.1-8）。

$$X10 = \frac{Ha}{H} \times 100\%$$ （9.1-8）

式中，$X_{10}$ 为与接驳车次匹配度；$H_a$ 为满足到站时间早于规定换乘车次发车时间；$H$ 为运营时间内总运营车辆数。

运力匹配度：运力匹配度 $X_{11}$ 是指换乘需求量与换乘供应量的比例。反映需求响应接驳公交系统集散大运量干线的客流的协调能力。运力匹配度越低，供应量与需求量差值越大。供过于求时，运力存在浪费；供小于求，$RFT$ 系统不能满足乘客需求。计算公式如式（9.1-9）。

$$X_{11} = \frac{\sum\limits_{l=1}^{m} Qlh}{\sum\limits_{l=1}^{m} Qlg} \times 100\%$$ （9.1-9）

式中，$X_{11}$ 为运力匹配度；$Q_{lh}$ 为第 $l$ 小时换乘需求量；$Q_{lg}$ 为第 $l$ 小时换乘供应量；$m$ 为运营小时数。

# 9.2　需求响应接驳公交综合评价方法

### 9.2.1　综合评价方法概述

目前国内外已开展了大量的公交评价方法研究，常见方法有层次分析法（AHP）、数据包络法（DEA）、TOPSIS法、灰色关联度法、模糊数学法等。不同评价方法的中心思想和评价过程存在差异，各有优缺点，适用对象不同。

（1）层次分析法[125-127]。

构建相互关联的多层次模型结构，同层指标间两两比较确定判断矩阵，特征根对应的特征向量作为指标权重，最终得到总评价值及排序。优点在于原理简单，所需数据少；利用分层，复杂问题简单化；但需反复一致性检验，过程繁琐，同层指标不宜过多，定性分析可靠性不高。

（2）数据包络法[128-129]。

对不同评价系统进行效益排序。只需区分输入和输出，无须进行指标纲量化处理，权重值从模型自动生成；缺点在于易受到极值影响，对输入和输出指标选择比较敏感，评价结果是相对值，不能代表实际水平。

（3）TOPSIS 法[130]。

先确定指标的最优解和最劣解，再分别求解各指标值与正负理想值的距离，进而用各方案与最优方案的接近程度来评价各方案。此方法原始数据利用率高，评价过程客观，操作性强。但综合排序需提前明确权重，主观性强；评价决策矩阵复杂，最优解和最劣解较难求。

（4）灰色关联度法[131-132]。

灰色关联度法是基于对评价方案与最优方案关联程度的判断，对评价对象进行排序，适用于解决数据间关系不明确的情况。优点在于计算过程简单、对样本要求较小；但此方法对评价参数选取依赖性强，精度不够，不同评价参数取得的结果差异很大，且不能反映评价指标间的负相关关系。

（5）模糊数学法[133-134]。

利用模糊矩阵和隶属度函数，根据数据值和评价标准，对各指标分析，定性指标可转换为定量分析，能考虑多种因素影响；评价结果全面，系统性强。不可避免指标所包含信息重复；隶属度函数主观性强。

通过对上述几种评价方法分析发现以往研究均存在一定的缺陷：如层次分析法依赖专家的判断和偏好，其结果具有显著误差，评价适用性不高，适用于多准则、多层次评价方案；模糊数学评价方法对于复杂指标确定权重较难，评价结果通过隶属度大小确定，当出现隶属度相同的选项时，其评价结果无法明确，降低了评价结果的准确度和实用性，适用于模糊难以量化的非确定性问题；数据包络法只能得到相对评价结果，无法得到最终响应型接驳公交的实际服务质量结果，适用于具有多输入多输出系统的效益有效性评价；TOPSIS 法只依据指标值与最优解间的最短距离、与最劣解之间的最长距离求解，却没有考虑两种距离之间的相互关系，使得方案并非最优。

RFT 服务质量评价系统具有复杂性，评价指标数值是确定的，指标各评价等级按以往经验的区间数值确定，从而确定相邻等级间数值界限，而实际情况下区间值是不固定变化的，具有误差性，导致最终待评方案所属的评价等级、系统与各等级的联系程度的结果是非确定的。显然层次分析法、模糊数学法、数据包络法等方法不能很好解决评价标准模糊问题。基于以上问题，为了能系统全面评价响应型接驳公交服务质量，需尽可能结合 RFT 特性和评价要求，做到主客观相结合、评价方法科学，据此本章选择集对分析评价方法对响应型接驳公交进行综合评价。

### 9.2.2 集对分析方法原理

集对分析法（SPA）是我国学者赵克勤在 1989 年提出的解决模糊不确定问题的数学理论，基本原理是在相关问题背景下，把确定性和不确定性看作一个系统进行的数学分析。具体来说，假设集合 $A$ 为待评价对象指标的集合，集合 $B$ 为评价标准集合，两集合构成一个集对 $H=(A, B)$，以评价数据为基础，对两集合中的特性作同异反分析，从同一、差异、对立三个方面描述两个集合的联系，由此得到两个集合的同异反联系数表达式，用来描述两集合各要素间的相关联程度[135]。具体公式如下：

$$\mu = a + bi + cj \tag{9.2-1}$$

式（9.2-1）表示集合 $A$ 和 $B$ 间的联系数表达式；$a$ 表示同一度，指两个集合的统一程度；$b$ 表示差异度，指两个集合的差异程度；$c$ 表示对立度，指两个集合的对立程度，且 $a$、$b$、$c$ 满足归一化条件 $a+b+c=1$   $a$，$b$，$c \in [0, 1]$。$i$ 表示差异度系数，取值范围为 $0 \leqslant i \leqslant 1$；当 $i \in (0, 1)$，反映出差异度向同一度偏移，$i=1$ 时，差异度为同一度，当 $i \in (-1, 0)$，反映差异度向对立度偏移，$i=-1$ 时，差异度为对立度。$j$ 为对立度系数，一般取值 $-1$。

RFT 服务质量评价研究是一个多元复杂问题，为能够更加精确分析系统的不确定性因素，提高结果的准确性，应将集对分析三元联系数表达式中的 $bi$ 项拓展优化，拓展的项数 $p$ 与评价标准等级数 $q$ 相关，满足 $p=q-2$。假若将评价指标评价标准按照Ⅰ级、Ⅱ级、Ⅲ级、Ⅳ级 4 个等级划分，对此应将式（9.2-1）的 $bi$ 扩展至 2 项，从而建立 $Xi(i=1, 2, \cdots, n)$ 的四元联系数表达式，即：

$$\mu = a + b_1 i_1 + b_2 i_2 + cj \tag{9.2-2}$$

通常写作：

$$\mu = a + bj + ck + dl \tag{9.2-3}$$

式（9.2-3）为四元联系数表达式，$a$ 表示两集合的同一度，$b$ 表示两集合偏同差异度，$c$ 表示两集合偏反差异度，$d$ 表示两集合对立度，仍满足 $a+b+c+d=1$，$a$，$b$，$c$，$d \in [0, 1]$；$a$，$b$，$c$，$d$ 的物理意义可理解为响应型接驳公交评价方案对应评价等级Ⅰ级、Ⅱ级、Ⅲ级、Ⅳ级标准的隶属度。$j$、$k$ 分别表示偏同差异度和偏反差异度的系数，$l$ 表示对立度系数，通常取 $-1$。

按照上述分析，可将四元联系数表达式分解成联系度分量 $C$ 和系数分量 $E$ 两部分[136]。具体表达为：

$$\mu = C \times E = [a, \ b, \ c, \ d] \begin{bmatrix} 1 \\ j \\ k \\ l \end{bmatrix} \qquad (9.2-4)$$

## 9.3　需求响应接驳公交服务质量综合评价

集对分析法是用来解决系统确定性与不确定性模糊问题的一种理论方法，克服了传统评价方法无法解决因等级区间的不确定导致结果不合理问题，提高了评价结果的真实和客观性。需求响应接驳公交服务质量评价的集对分析是将评价指标集合与评价标准集合构成一个集对，进行同异反分析，进而判断指标与等级间的关系。基于集对分析的响应型接驳公交服务质量基本原理和步骤如下：

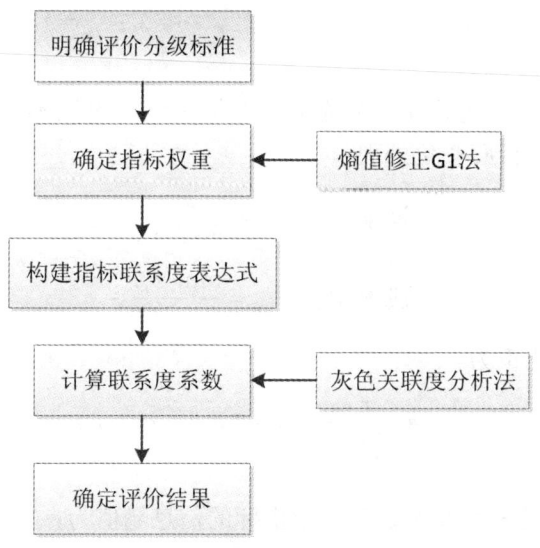

**图 9.2　集对分析综合评价流程**

①评价分级。

假设需求响应接驳公交服务质量评价指标为 $x_1$，$x_2$，$x_3$，$\cdots$，$x_n$（$n$ 为指标数），将评价指标集合 $A$ 和评价标准集合 $B$ 构成一个集对 $H=(A，B)$，服务质量包含 4 个等级：I级、II级、III级、IV级，则四元联系数为式（9.3-1）。

$$\mu=a+bj+ck+dl \tag{9.3-1}$$

式（9.3-1）中，$a$ 为同一度，表示与服务质量 I 级的接近程度；$d$ 为对立度，表示与服务质量 IV 级的接近程度；$b$、$c$ 分别表示偏同差异度、偏反差异度，表示与服务质量 II、III 级的接近程度。$a$、$b$、$c$、$d$ 满足 $a+b+c+d=1$，$a$，$b$，$c$，$d\in[0，1]$。$j$、$k$ 分别为偏同差异度和偏反差异度的系数，取值范围为 $0\leqslant j\leqslant 1$、$0\leqslant k\leqslant 1$，$l$ 表示对立度系数，通常取 $-1$。

②确定指标权重。

序关系分析法（G1 法）是专家人为按照指标重要程度排序比值来确定权重，人为主观性强。考虑用熵值法的指标信息熵替代 G1 法中人为确定的重要度比值，构造基于熵值修正 G1 法的综合赋权方法。具体步骤如下：

Step1：指标重要性排序。专家根据经验对指标集 $\{X_i\}$（$i=1，2，\cdots，n$）中的 $n$ 个指标按照重要性从大到小顺序排序，记为 $\{X_1^*，\cdots，X_i^*，\cdots，X_n^*\}$，其中 $X_1^*$ 为最重要指标，$X_n^*$ 为最不重要指标。

Step2：指标信息熵计算。假设有 $m$ 个方案，$n$ 个指标，$x_{gi}$ 为第 $g$ 个方案中第 $i$ 个指标的值，系统初始评价矩阵 $X_{gi}$：

$$X_{gi}=(x_{gi})m\times n，x_{gi}\neq 0 \quad (i=1，2，\cdots，n；g=1，2，\cdots，m) \tag{9.3-2}$$

Step3：数据归一化处理。系统中各指标量纲、属性不同，效益型指标和成本型指标分别进行归一化处理。

$$效益型：x'_{gi}=\frac{x_{gi}}{\max x_{gi}} \tag{9.3-3}$$

$$成本型：x'_{gi}=\frac{\min x_{gi}}{x_{gi}} \tag{9.3-4}$$

各指标特征比重为：

$$z_{gi}=\frac{x'_{gi}}{\sum_{g=1}^{m} x'_{gi}} \quad (i=1，2，\cdots，n) \tag{9.3-5}$$

Step4：确定指标信息熵。第 $i$ 个指标的信息熵值为：

$$H(i)=-\frac{1}{\ln m}\sum_{g}^{m}(z_{gi}\ln z_{gi}) \tag{9.3-6}$$

Step5：计算重要度之比。将得到的信息熵 $H(i)$ 替代主观判断得到的指标重要度比值，实现熵值修正 G1 法。用 $r_i$ 表示相邻指标 $X_{i-1}$ 与 $X_i$ 的信息熵比值，则可表示为：

$$ri = \begin{cases} \dfrac{H(i-1)}{H(i)}, & H(i-1) > H(i) \\ 1, & H(i-1) \leqslant H(i) \end{cases}, \ i = n, \ n-1, \ \cdots, \ 3, \ 2$$

$$(9.3-7)$$

Step6：确定指标最终权重。根据上述确定的 $r_i$ 确定指标 $X_n^*$ 的权重 $w_n$，即：

$$w_n = \frac{1}{1 + \displaystyle\sum_{k=2}^{n} \left( \prod_{i=k}^{n} ri \right)}$$

$$(9.3-8)$$

依据 $w_n$ 的值确定指标 $X_{n-1}^*$，$X_{n-2}^*$，$\cdots$，$X_2^*$，$X_1^*$ 的权重值：

$$w_{i-1} = r_i w_i \quad i = n^*, \ (n-1)^*, \ \cdots, \ 2^*$$

$$(9.3-9)$$

③构造四元联系数表达式。

评价标准分为四个等级，共涉及 3 个边界值（$S_1$、$S_2$、$S_3$），由于位于评价等级标准边界附近的数值具有模糊性，则该指标数值在某等级阈值以内视为"同一"，在相邻两个等级阈值附近视为"差异"，在某等级阈值之外视为"对立"。

对于越小越优的成本型指标和越大越优的效益型指标 $x_i$ 对应评价等级 $q$（$q=1$，2，3，4）的联系度分量 $u_1(x_i)$，$u_2(x_i)$，$u_3(x_i)$，$u_4(x_i)$（$i=1$，2，$\cdots$，$n$，$n$ 为指标数）分别使用不同的计算公式。具体指标与各等级间的联系度分量如表 9-1 所示。

表 9-1　联系度函数分量

| 联系度分量 | 效益型指标 | 成本型指标 |
|---|---|---|
| $u_1(x_i) = \begin{cases} 1 \\ \dfrac{2x_i - S_1 - S_2}{S_1 - S_2} \\ 0 \end{cases}$ | $x_i \geqslant S_1$ <br> $\dfrac{S_1+S_2}{2} \leqslant x_i < S_1$ <br> $x_i < \dfrac{S_1+S_2}{2}$ | $x_i \leqslant S_1$ <br> $S_1 < x_i \leqslant \dfrac{S_1+S_2}{2}$ <br> $x_i > \dfrac{S_1+S_2}{2}$ |
| $u_2(x_i) = \begin{cases} 0 \\ \dfrac{2S_1 - 2x_i}{S_1 - S_2} \\ \dfrac{2x_i - S_2 - S_3}{S_1 - S_3} \end{cases}$ | $x_i \geqslant S_1$ 或 $x_i \leqslant \dfrac{S_2+S_3}{2}$ <br> $\dfrac{S_1+S_2}{2} \leqslant x_i < S_1$ <br> $\dfrac{S_2+S_3}{2} \leqslant x_i < \dfrac{S_1+S_2}{2}$ | $x_i \leqslant S_1$ 或 $x_i \geqslant \dfrac{S_2+S_3}{2}$ <br> $S_1 < x_i \leqslant \dfrac{S_1+S_2}{2}$ <br> $\dfrac{S_1+S_2}{2} < x_i \leqslant \dfrac{S_2+S_3}{2}$ |

**续表**

| 联系度分量 | 效益型指标 | 成本型指标 |
|---|---|---|
| $u_3(x_i) = \begin{cases} 0 \\ \dfrac{S_1+S_2-2x_i}{S_1-S_3} \\ \dfrac{2x_i-2S_3}{S_2-S_3} \end{cases}$ | $x_i \geqslant \dfrac{S_1+S_2}{2}$ 或 $x_i \leqslant S_3$ <br><br> $\dfrac{S_2+S_3}{2} \leqslant x_i < \dfrac{S_1+S_2}{2}$ <br><br> $S_3 \leqslant x_i < \dfrac{S_2+S_3}{2}$ | $x_i \leqslant \dfrac{S_1+S_2}{2}$ 或 $x_i \geqslant S_3$ <br><br> $\dfrac{S_1+S_2}{2} < x_i \leqslant \dfrac{S_2+S_3}{2}$ <br><br> $\dfrac{S_2+S_3}{2} < x_i \leqslant S_3$ |
| $u_4(x_i) = \begin{cases} 0 \\ \dfrac{S_2+S_3-2x_i}{S_2-S_3} \\ 1 \end{cases}$ | $x_i \geqslant \dfrac{S_2+S_3}{2}$ <br><br> $S_3 \leqslant x_i < \dfrac{S_2+S_3}{2}$ <br><br> $x_i \leqslant S_3$ | $x_i \leqslant \dfrac{S_2+S_3}{2}$ <br><br> $\dfrac{S_2+S_3}{2} < x_i \leqslant S_3$ <br><br> $x_i \geqslant S_3$ |

④计算差异度系数。

灰色关联分析法是由邓聚龙教授[137]提出，现已广泛应用于各领域。本章选用灰色关联度对差异度系数 $j$、$k$ 赋值，解决了集对分析中差异度系数的不确定性问题，弥补集对分析的局限性，从而构建基于灰色关联度的集对分析模型。假设参考序列为 $X_o(i)$，$i=1,2,\cdots,n$，$n$ 为指标个数，比较序列 $X_g(i)$，$g=1,2,\cdots,m$，$m$ 为比较序列个数。绝对关联系数计算公式为式（9.3-10）。

$$\xi og(i) = \frac{\min\limits_{g}\min\limits_{i}|Xo(i)-Xg(i)| + \rho \max\limits_{g}\max\limits_{i}|Xo(i)-Xg(i)|}{|Xo(i)-Xg(i)| + \rho \max\limits_{g}\max\limits_{i}|Xo(i)-Xg(i)|}$$

$$(9.3-10)$$

式（9.3-10）中，分辨系数 $\rho(0<\rho<1)$ 一般为 $0.5$。关联系数均值按式（9.3-11）计算：

$$rg = \frac{1}{n}\sum_{i=1}^{n}\xi og(i) \qquad (9.3-11)$$

基于此，把偏同差异度 $b$ 分别与同一度 $a$、偏反差异度 $c$ 进行绝对关联度分析，取偏同差异度与同一度间的关联程度 $r_{ba}$、与偏反差异度间的关联程度 $r_{bc}$ 中较大者作为 $j$ 值；把偏反差异度 $c$ 分别与偏同差异度 $b$、对立度 $d$ 进行绝对关联度分析，取偏反差异度与偏同差异度间的关联程度 $r_{cb}$、与对立度间的关联程度 $r_{cd}$ 中较大者作为 $k$ 值。即：

$$j = \begin{cases} r_{ba} & r_{ba} > r_{bc} \\ -r_{bc} & r_{bc} > r_{ba} \end{cases} \qquad (9.3-12)$$

$$k = \begin{cases} rcb & rcb > rcd \\ -rcd & rcd > rcb \end{cases} \qquad (9.3-13)$$

将 $j$、$k$ 的计算结果代入原式，得到研究方案的综合联系数 $U$ 值，$U$ 值越大，说明两个集合同一度越高，联系程度越密切，服务质量越高。

⑤确定评价等级。

四元联系数 $U$ 的取值范围在 $[-1, 1]$，按照均分原则[138] 划分为四个子区间，分别是 $[-1, -0.5]$、$(-0.5, 0]$、$(0, 0.5]$、$(0.5, 1]$，对应服务质量等级为Ⅳ级、Ⅲ级、Ⅱ级、Ⅰ级。具体如表 9-2 所示。

表 9-2　RFT 服务质量的集对综合评价等级标准

| 评价等级 | Ⅰ级 | Ⅱ级 | Ⅲ级 | Ⅳ级 |
|---|---|---|---|---|
| 四元联系数 $U$ | $(0.5, 1]$ | $(0, 0.5]$ | $(-0.5, 0]$ | $[-1, -0.5]$ |

# 9.4　案例分析

本节以 RFT 相关实验案例为例，利用 9.2 节、9.3 节构建的 RFT 服务质量评价指标体系和集对分析综合评价模型进行综合评价研究。根据多组实验案例服务质量评价的对比结果，分析不同情形下指标变化趋势，以及参数改变对综合评价的影响。

## 9.4.1　基本数据及参数

本节对 6.2 节中的案例展开评价，基本数据及参数见 6.2 节，根据基本数据及参数，计算不同运行方案、运营模式以及改变其中参数后的结果，分析其服务质量的变化。

（1）运营商利润最大、乘客满意度最大、利润和满意度均较佳运行方案的实验结果见表 9-3。

表 9-3　不同运行方案结果

| 方案 | 序号 | 发车时刻 | 车辆路径 |
|---|---|---|---|
| 运营商利润最大<br>运行方案 | 1 | 8:11 | 50-9-10-4-2-3-5-50 |
| | 2 | 8:06 | 50-8-7-1-6-50 |

续表

| 方案 | 序号 | 发车时刻 | 车辆路径 |
|---|---|---|---|
| 运营商利润最大运行方案 | 3 | 8:11 | 50 - 13 - 17 - 20 - 19 - 18 - 50 |
| | 4 | 8:04 | 50 - 15 - 14 - 16 - 12 - 11 - 50 |
| | 5 | 8:20 | 50 - 37 - 30 - 33 - 32 - 29 - 27 - 50 |
| | 6 | 8:27 | 50 - 35 - 26 - 28 - 31 - 50 |
| | 7 | 8:17 | 50 - 25 - 23 - 24 - 22 - 21 - 50 |
| | 8 | 8:21 | 50 - 46 - 48 - 47 - 38 - 39 - 50 |
| | 9 | 8:14 | 50 - 49 - 42 - 44 - 36 - 45 - 34 - 50 |
| | 10 | 8:15 | 50 - 41 - 40 - 43 - 50 |
| 乘客满意度最大运行方案 | 1 | 8:09 | 50 - 12 - 10 - 9 - 2 - 4 - 5 - 50 |
| | 2 | 8:07 | 50 - 7 - 8 - 1 - 3 - 6 - 50 |
| | 3 | 8:04 | 50 - 15 - 21 - 13 - 20 - 17 - 16 - 50 |
| | 4 | 8:10 | 50 - 19 - 11 - 14 - 18 - 50 |
| | 5 | 8:20 | 50 - 37 - 30 - 33 - 29 - 35 - 50 |
| | 6 | 8:04 | 50 - 26 - 31 - 22 - 32 - 24 - 23 - 50 |
| | 7 | 8:16 | 50 - 25 - 27 - 28 - 50 |
| | 8 | 8:21 | 50 - 46 - 49 - 48 - 38 - 45 - 50 |
| | 9 | 8:08 | 50 - 47 - 39 - 44 - 36 - 43 - 50 |
| | 10 | 8:14 | 50 - 41 - 40 - 42 - 34 - 50 |
| 运营商利润和乘客满意度均较佳运行方案 | 1 | 8:11 | 50 - 9 - 10 - 4 - 2 - 3 - 5 - 50 |
| | 2 | 8:07 | 50 - 7 - 8 - 1 - 6 - 50 |
| | 3 | 8:08 | 50 - 21 - 20 - 16 - 17 - 14 - 12 - 11 - 50 |
| | 4 | 8:11 | 50 - 13 - 15 - 19 - 18 - 50 |
| | 5 | 8:20 | 50 - 37 - 30 - 33 - 29 - 35 - 50 |
| | 6 | 8:04 | 50 - 26 - 31 - 22 - 32 - 24 - 23 - 50 |
| | 7 | 8:06 | 50 - 25 - 27 - 28 - 50 |
| | 8 | 8:21 | 50 - 46 - 49 - 48 - 38 - 41 - 50 |
| | 9 | 8:08 | 50 - 47 - 39 - 44 - 36 - 45 - 50 |
| | 10 | 8:14 | 50 - 43 - 40 - 42 - 34 - 50 |

（2）在乘客满意度最大运行方案下，不同发车时间的实验结果见表 9-4。

表 9-4　乘客满意度最大运行方案下不同运营模式结果

| 方案 | 序号 | 发车时刻 | 发车路径 |
|---|---|---|---|
| 发车时间与路径协调优化 | 1 | 8:09 | 50-12-10-9-2-4-5-50 |
| | 2 | 8:07 | 50-7-8-1-3-6-50 |
| | 3 | 8:04 | 50-15-21-13-20-17-16-50 |
| | 4 | 8:10 | 50-19-11-14-18-50 |
| | 5 | 8:20 | 50-37-30-33-29-35-50 |
| | 6 | 8:04 | 50-26-31-22-32-24-23-50 |
| | 7 | 8:16 | 50-25-27-28-50 |
| | 8 | 8:21 | 50-46-49-48-38-45-50 |
| | 9 | 8:08 | 50-47-39-44-36-43-50 |
| | 10 | 8:14 | 50-41-40-42-34-50 |
| 发车时间固定，仅路径优化 | 1 | 8:07 | 50-7-8-1-4-50 |
| | 2 | 8:21 | 50-48-2-5-3-6-50 |
| | 3 | 8:11 | 50-22-20-18-23-50 |
| | 4 | 8:06 | 50-21-24-13-19-17-14-50 |
| | 5 | 8:05 | 50-15-16-12-10-9-11-50 |
| | 6 | 8:14 | 50-32-28-33-30-29-50 |
| | 7 | 8:09 | 50-31-27-26-50 |
| | 8 | 8:07 | 50-47-39-41-46-42-50 |
| | 9 | 8:13 | 50-43-40-36-38-50 |
| | 10 | 8:22 | 50-37-34-44-35-45-50 |

（3）改变车容量参数，实验结果见表 9-5。

表 9-5　车辆容量改变下路径结果

| 车辆容量 | 序号 | 发车时刻 | 发车路径 |
|---|---|---|---|
| 15 人/车 | 1 | 8:09 | 50-12-10-9-2-4-5-50 |
| | 2 | 8:07 | 50-7-8-1-3-6-50 |
| | 3 | 8:04 | 50-15-21-13-20-17-16-50 |

**续表**

| 车辆容量 | 序号 | 发车时刻 | 发车路径 |
|---|---|---|---|
| | 4 | 8:10 | 50 - 19 - 11 - 14 - 18 - 50 |
| | 5 | 8:20 | 50 - 37 - 30 - 33 - 29 - 35 - 50 |
| | 6 | 8:04 | 50 - 26 - 31 - 22 - 32 - 24 - 23 - 50 |
| 15人/车 | 7 | 8:16 | 50 - 25 - 27 - 28 - 50 |
| | 8 | 8:21 | 50 - 46 - 49 - 48 - 38 - 45 - 50 |
| | 9 | 8:08 | 50 - 47 - 39 - 44 - 36 - 43 - 50 |
| | 10 | 8:14 | 50 - 41 - 40 - 42 - 34 - 50 |
| | 1 | 8:09 | 50 - 12 - 10 - 9 - 4 - 11 - 8 - 7 - 5 - 6 - 50 |
| | 2 | 8:22 | 50 - 46 - 3 - 2 - 1 - 50 |
| | 3 | 8:08 | 50 - 21 - 19 - 20 - 17 - 15 - 14 - 18 - 13 - 16 - 50 |
| 25人/车 | 4 | 8:09 | 50 - 31 - 26 - 32 - 28 - 30 - 33 - 35 - 50 |
| | 5 | 8:14 | 50 - 22 - 25 - 27 - 23 - 24 - 29 - 50 |
| | 6 | 8:08 | 50 - 47 - 39 - 41 - 40 - 42 - 48 - 38 - 49 - 50 |
| | 7 | 8:10 | 50 - 44 - 43 - 36 - 37 - 45 - 34 - 50 |

### 9.4.2 RFT 服务质量评价的比较分析

不同运行方案服务质量评价:

对运营商利润最大、乘客满意度最大、利润和满意度均较佳 3 个方案的服务质量进行比较分析,根据表 9-3 的运算结果,结合 9.1 节的指标量化方法,得出 3 种实验运行方案的指标数据,结果见表 9-6。

**表 9-6 不同运行方案评价指标数据**

| 评价指标 | 利润最大运行方案 | 乘客满意度最大运行方案 | 利润和满意度均较佳运行方案 |
|---|---|---|---|
| 预约耗时/min | 2.6 | 2.1 | 2.3 |
| 响应成功率/% | 88 | 97 | 94 |
| 服务跨度/h | 11 | 15 | 12 |
| 步行到站时间/min | 5 | 3 | 5 |
| 到站准点率/% | 76 | 86 | 81 |

**续表**

| 评价指标 | 利润最大运行方案 | 乘客满意度最大运行方案 | 利润和满意度均较佳运行方案 |
|---|---|---|---|
| 平均等待时间/min | 4.8 | 2.4 | 3.6 |
| 出行时间差/min | 10.5 | 3.7 | 6.4 |
| 平均服务率/% | 92 | 81 | 89 |
| 换乘时间/min | 4.6 | 3 | 3.8 |
| 与接驳车次匹配度/% | 83 | 87 | 78 |
| 运力匹配度/% | 92 | 82 | 86 |

基于集对分析的综合评价模型流程，对 3 种 RFT 实验运行方案进行评价。

（1）划分评价等级。

按照集对分析综合评价方法的要求，先对指标评价等级分级，参考国内外研究经验结果[139-140] 以及《公共交通通行能力和服务质量手册》[141]，将响应型接驳公交服务质量指标评价等级划分为"Ⅰ、Ⅱ、Ⅲ、Ⅳ"四个等级分别代表服务质量的"优、良、中、差"，指标等级划分标准见表 9-7。

**表 9-7　各指标评价等级划分标准**

| 评价指标 | 单位 | 评价等级 | | | |
|---|---|---|---|---|---|
| | | Ⅰ | Ⅱ | Ⅲ | Ⅳ |
| 预约耗时 $X_1$ | 分钟 | <1 | (1, 3] | (3, 5] | >5 |
| 响应成功率 $X_2$ | % | ≥90 | [85, 90) | [80, 85) | <80 |
| 服务跨度 $X_3$ | 小时 | ≥16 | [12, 16) | [8, 12) | <8 |
| 步行到站时间 $X_4$ | 分钟 | ≤3 | (3, 5] | (5, 10] | >10 |
| 到站准点率 $X_5$ | % | ≥90 | [85, 90) | [80, 85) | <80 |
| 平均等待时间 $X_6$ | 分钟 | ≤3 | (3, 5] | (5, 8] | >8 |
| 出行时间差 $X_7$ | 分钟 | <0 | (0, 10] | (10, 20] | >20 |
| 平均服务率 $X_8$ | % | ≥90 | [80, 90) | [70, 80) | <70 |
| 换乘时间 $X_9$ | 分钟 | ≤3 | (3, 5] | (5, 10] | >10 |
| 与接驳车次匹配度 $X_{10}$ | % | ≥90 | [85, 90) | [80, 85) | <80 |
| 运力匹配度 $X_{11}$ | % | ≥90 | [80, 90) | [70, 80) | <70 |

（2）确定权重。

①指标重要性排序。

通过专家打分及社会调查得到的各指标层下指标重要程度排序，见表9-8。

表9-8 指标重要度排序

| 指标层级 | 重要性排序 |
|---|---|
| B1 响应性层面 | 响应成功率＞预约耗时，记为 $X_1^* ＞ X_2^*$； |
| B2 方便性层面 | 步行到站时间＞服务跨度，记为 $X_1^* ＞ X_2^*$； |
| B3 可靠性层面 | 到站准点率＞平均等待时间，记为 $X_1^* ＞ X_2^*$； |
| B4 高效性层面 | 出行时间差＞平均服务率，记为 $X_1^* ＞ X_2^*$； |
| B5 协调性层面 | 与接驳车次匹配度＞运力匹配度＞换乘时间，记为 $X_1^* ＞ X_2^* ＞ X_3^*$ |

②计算指标信息熵。

根据式（9.3-2）～（9.3-6）对指标数据进行计算，其中预约耗时、步行到站时间、平均等待时间、出行时间差、换乘时间为成本型指标，其余为效益型指标。得到不同层面下指标的信息熵，列入表9-9的第4列。

③确定指标重要度之比。

这里以 B1 响应性为例，根据式（9.3-7）计算指标重要度之比：

$$r_2 = \frac{H(1)}{H(2)} = 0.982/0.901 = 1.089$$

同理，确定出其他准则层的指标重要度之比，列入表9-9的第5列。

④确定指标权重。

根据式（9.38）～（9.3-9）计算得到各指标权重，列入表9-9的第6列。根据指标层的权重计算步骤，得到准则层权重，列入表9-9的第2列。最终汇总准则层和指标层的权重值见表9-9。

表9.9 准则层及指标层指标权重

| 准则层 | 准则层权重 | 指标层 | 指标熵值 | 指标重要度之比 | 指标权重 |
|---|---|---|---|---|---|
| B1 响应性 | 0.19 | $X_1$ | 0.901 | 1.089 | 0.47 |
| | | $X_2$ | 0.982 | — | 0.53 |
| B2 方便性 | 0.25 | $X_3$ | 0.743 | 1.312 | 0.43 |
| | | $X_4$ | 0.975 | — | 0.57 |
| B3 可靠性 | 0.33 | $X_5$ | 0.995 | — | 0.55 |
| | | $X_6$ | 0.823 | 1.209 | 0.45 |

**续表**

| 准则层 | 准则层权重 | 指标层 | 指标熵值 | 指标重要度之比 | 指标权重 |
|---|---|---|---|---|---|
| B4 高效性 | 0.11 | $X_7$ | 0.998 | — | 0.58 |
| | | $X_8$ | 0.815 | 1.225 | 0.42 |
| B5 协调性 | 0.12 | $X_9$ | 0.728 | 1.368 | 0.29 |
| | | $X_{10}$ | 0.996 | — | 0.38 |
| | | $X_{11}$ | 0.871 | 1.143 | 0.33 |

（3）构造指标联系数表达式。

基于熵值修正 G1 法确定权重后，基于集对分析综合评价模型对 3 种运行方案进行综合评价。

①计算准则层联系数。

运用表 9-1 中的公式先计算各指标联系数系数分量，结合指标权重计算结果，最终得到该指标以及所在准则层的四元联系数表达式。以利润最大运行方案的 B1 响应性联系数表达式的计算为例：

$$U_{B1} = \sum_{i=1}^{n} w_i \mu_q(x_i) = \begin{bmatrix} 0.47 & 0.53 \end{bmatrix} \times \begin{bmatrix} 0 & 0.7 & 0.3 & 0 \\ 0.2 & 0.8 & 0 & 0 \end{bmatrix} \begin{bmatrix} 1 \\ j \\ k \\ l \end{bmatrix}$$

$$\approx \begin{bmatrix} 0.11 & 0.75 & 0.14 & 0 \end{bmatrix} \begin{bmatrix} 1 \\ j \\ k \\ l \end{bmatrix} = 0.11 + 0.75j + 0.14k + 0l$$

同理可得其余准则层的联系数表达式，结果见表 9-10～表 9-12。

表 9-10　运营商利润最大运行方案的四元联系数表达式

| 运行方案 | 准则层 | 联系数表达式 | 指标层 | 联系数表达式 |
|---|---|---|---|---|
| 运营商利润最大运行方案 | B1 | $0.11 + 0.75j + 0.14k + 0l$ | $X_1$ | $0 + 0.70j + 0.30k + 0l$ |
| | | | $X_2$ | $0.20 + 0.80j + 0k + 0l$ |
| | B2 | $0 + 0.51j + 0.49k + 0l$ | $X_3$ | $0 + 0.25j + 0.75k + 0l$ |
| | | | $X_4$ | $0 + 0.71j + 0.29k + 0l$ |
| | B3 | $0 + 0.31j + 0.14k + 0.55l$ | $X_5$ | $0 + 0j + 0k + 1l$ |
| | | | $X_6$ | $0 + 0.68j + 0.32k + 0l$ |

**续表**

| 运行方案 | 准则层 | 联系数表达式 | 指标层 | 联系数表达式 |
|---|---|---|---|---|
| 运营商利润最大运行方案 | B4 | $0.42+0.26j+0.32k+0l$ | $X_7$ | $0+0.45j+0.55k+0l$ |
| | | | $X_8$ | $1+0j+0k+0l$ |
| | B5 | $0.33+0.26j+0.41k+0l$ | $X_9$ | $0+0.77j+0.23k+0l$ |
| | | | $X_{10}$ | $0+0.10j+0.90k+0l$ |
| | | | $X_{11}$ | $1+0j+0k+0l$ |

**表 9‑11　乘客满意度最大运行方案的四元联系数表达式**

| 运行方案 | 准则层 | 联系数表达式 | 指标层 | 联系数表达式 |
|---|---|---|---|---|
| 乘客满意度最大运行方案 | B1 | $0.53+0.45j+0.02k+0l$ | $X_1$ | $0+0.95j+0.05k+0l$ |
| | | | $X_2$ | $1+0j+0k+0l$ |
| | B2 | $0.57+0.22j+0.21k+0l$ | $X_3$ | $0+0.50j+0.50k+0l$ |
| | | | $X_4$ | $1+0j+0k+0l$ |
| | B3 | $0.55+0.31j+0.14k+0l$ | $X_5$ | $1+0j+0k+0l$ |
| | | | $X_6$ | $0+0.68j+0.32k+0l$ |
| | B4 | $0.15+0.68j+0.17k+0l$ | $X_7$ | $0.26+0.74j+0k+0l$ |
| | | | $X_8$ | $0+0.60j+0.40k+0l$ |
| | B5 | $0.29+0.57j+0.14k+0l$ | $X_9$ | $1+0j+0k+0l$ |
| | | | $X_{10}$ | $0+0.90j+0.10k+0l$ |
| | | | $X_{11}$ | $0+0.70j+0.30k+0l$ |

**表 9‑12　利润和满意度均较佳运行方案的四元联系数表达式**

| 运行方案 | 准则层 | 联系数表达式 | 指标层 | 联系数表达式 |
|---|---|---|---|---|
| 利润和满意度均较佳运行方案 | B1 | $0.53+0.19j+0.28k+0l$ | $X_1$ | $0+0.40j+0.60k+0l$ |
| | | | $X_2$ | $1+0j+0k+0l$ |
| | B2 | $0+0.62j+0.38k+0l$ | $X_3$ | $0+0.50j+0.50k+0l$ |
| | | | $X_4$ | $0+0.71j+0.29k+0l$ |
| | B3 | $0.22+0.27j+0.11k+0.44l$ | $X_5$ | $0+0j+0.20k+0.80l$ |
| | | | $X_6$ | $0.40+0.60j+0k+0l$ |
| | B4 | $0.46+0.58j+0.06k+0l$ | $X_7$ | $0+0.86j+0.14k+0l$ |
| | | | $X_8$ | $0.80+0.20j+0k+0l$ |

续表

| 运行方案 | 准则层 | 联系数表达式 | 指标层 | 联系数表达式 |
|---|---|---|---|---|
| 利润和满意度均较佳运行方案 | B5 | $0.12+0.49j+0k+0.39l$ | $X_9$ | $0.20+0.80j+0k+0l$ |
| | | | $X_{10}$ | $0+0j+0k+1l$ |
| | | | $X_{11}$ | $0.20+0.80j+0k+0l$ |

②各方案综合联系度。

将得到的准则层权重值，与准则层联系数表达式相乘，得到最终综合联系数表达式。不同方案综合联系数表达式结果见表 9-13。

表 9-13　不同运行方案综合联系数表达式

| 运行方案 | 联系数表达式 |
|---|---|
| 利润最大运行方案 | $0.106+0.432j+0.280k+0.182l$ |
| 乘客满意度最大运行方案 | $0.476+0.383j+0.141k+0l$ |
| 利润和满意度均较佳运行方案 | $0.240+0.382j+0.187k+0.191l$ |

（4）联系数计算。

表 9-10~表 9-12 是不同运行方案在评价等级下的四元联系数，再比较确定偏同差异度 $b$ 与同一度 $a$ 及偏反差异度 $c$ 的关联程度，根据式（9.3-10）~（9.3-11），计算得到 $r_{ba}=0.689$、$r_{bc}=0.522$，即 $r_{ba}>r_{bc}$，取偏同差异度系数 $j$ 值为 0.689；比较确定偏反差异度系数 $c$ 与偏同差异度 $b$ 及对立度 $d$ 的关联程度，得到 $r_{cb}=0.522$、$r_{cd}=0.468$，即 $r_{cb}>r_{cd}$，取偏反差异度系数 $k$ 值为 0.522。

（5）确定评价结果。

将量化后的 $j$、$k$ 代入到表 9-10~表 9-13 的联系数表达式，最终得到 3 种运行方案不同层面最终联系数值，如表 9-14 所示。

表 9-14　各运行方案联系数值

| 层面 | 利润最大运行方案 | 乘客满意度最大运行方案 | 利润和满意度均较佳运行方案 |
|---|---|---|---|
| B1 响应性 | 0.701 | 0.849 | 0.807 |
| B2 方便性 | 0.607 | 0.831 | 0.626 |
| B3 可靠性 | 0.263 | 0.837 | 0.123 |
| B4 高效性 | 0.766 | 0.707 | 0.890 |
| B5 协调性 | 0.723 | 0.756 | 0.168 |
| 目标层面 | 0.368 | 0.813 | 0.411 |

从表 9‐14 中可知，3 个运行方案的综合联系数值分别为 0.368、0.813、0.411，按照均分原则，最终评价结果依次为 Ⅱ 级、Ⅰ 级、Ⅱ 级，对应服务质量为良、优、良。虽第 1、3 方案都为良好，但后者联系数略大于前者，则后者服务质量比前者好，最终在车辆路径与发车时间协调运营模式下，服务质量排优顺序为乘客满意度最大方案＞利润和满意度均较佳方案＞运营商利润最大方案。3 个运行方案评价对比分析具体如下：

①利润最大运行方案与满意度最大运行方案相比，除高效性外，其余层面服务质量均相对较差，其中可靠性能联系数最低，质量最差，其余层面服务质量相对较优，说明企业在追求利润时，往往忽略了车辆到站准时性、乘客搭乘 RFT 方便性等问题。

②乘客满意度最大运行方案综合评价结果最好，总体来看，除高效性外其余 4 个层面联系数相近，服务质量较高，高效性相对偏低，有必要在保持乘客方便性、可靠性等质量的同时，进一步提高高效性能质量。

③利润和满意度均较佳运行方案各层面评价结果差异显著，其中可靠性能服务质量在 3 个方案中最低，高效性能服务质量最高，方便性和协调性结果偏低，表明该实验方案到站准点情况不理想，且与轨道交通协调方面尚存不足，应均衡好 RFT 各方面性能服务质量。

综上，运营商利润最大方案和两者均较佳方案应在方便性、可靠性、协调性等方面重点考虑，从而提高服务质量；乘客满意度最大运行方案则应注重高效性能质量的提高。

乘客满意度最大下不同运营模式的服务质量评价：

根据表 9‐4 的运算结果，2 个实验运营模式的指标数据见表 9‐15、联系数值见表 9‐16。

**表 9‐15　不同运营模式评价指标数据**

| 评价指标 | 协调运营模式 | 固定发车运营模式 |
|---|---|---|
| 预约耗时/min | 2.1 | 3.5 |
| 响应成功率/% | 97 | 75 |
| 服务跨度/h | 15 | 13 |
| 步行到站时间/min | 3 | 2.6 |
| 到站准点率/% | 86 | 70 |
| 平均等待时间/min | 2.4 | 6 |
| 出行时间差/min | 3.7 | 8 |

**续表**

| 评价指标 | 协调运营模式 | 固定发车运营模式 |
|---|---|---|
| 平均服务率/% | 81 | 78 |
| 换乘时间/min | 3 | 2.6 |
| 与接驳车次匹配度/% | 87 | 67 |
| 运力匹配度/% | 82 | 73 |

表 9 - 16　各运营模式联系数值

| 层面 | 协调运营模式 | 固定发车运营模式 |
|---|---|---|
| B1 响应性 | 0.812 | 0.285 |
| B2 方便性 | 0.825 | 0.817 |
| B3 可靠性 | 0.818 | 0.131 |
| B4 高效性 | 0.659 | 0.592 |
| B5 协调性 | 0.714 | 0.095 |
| 目标层面 | 0.789 | 0.273 |

由表 9 - 16 可知，两种运营模式的最终评价结果分别为Ⅰ级、Ⅱ级，对应服务质量为优、良。总体来看，发车时间改为固定模式时，服务质量下降了65%，显著影响 RFT 系统服务质量。从上表结果还可得到以下结论：

①不同层面的发车时间与车辆路径协调优化的评价值均大于发车时间固定仅路径优化的值，说明改为固定发车模式时各层面服务质量均下降，其中响应性、可靠性、协调性等方面变化显著，对其具有较大影响，从而造成了综合服务质量下降。

②固定发车运营模式的不同层面评价结果数据浮动较大，服务质量排优顺序有所改变，调整为方便性＞高效性＞响应性＞可靠性＞协调性，方便性能服务质量最佳，协调性能服务质量最低。

车辆容量变化下的服务质量评价：

在乘客满意度最大运行方案下，对比分析车辆容量为 15 人/车、25 人/车时的服务质量，指标数据结果见表 9 - 17、联系数值见表 9 - 18。

表 9 - 17　车容量改变下评价指标数据

| 评价指标 | 容量为 15 座 | 容量为 25 座 |
|---|---|---|
| 预约耗时/min | 2.1 | 2.8 |
| 响应成功率/% | 97 | 88 |

**续表**

| 评价指标 | 容量为 15 座 | 容量为 25 座 |
|---|---|---|
| 服务跨度/h | 15 | 10 |
| 步行到站时间/min | 3 | 5.8 |
| 到站准点率/% | 86 | 65 |
| 平均等待时间/min | 2.4 | 5.2 |
| 出行时间差/min | 3.7 | 11.8 |
| 平均服务率/% | 81 | 84 |
| 换乘时间/min | 3 | 4.2 |
| 与接驳车次匹配度/% | 87 | 60 |
| 运力匹配度/% | 82 | 91 |

**表 9-18　车容量变化下联系数值**

| 层面 | 容量为 15 座 | 容量为 25 座 |
|---|---|---|
| B1 响应性 | 0.812 | 0.642 |
| B2 方便性 | 0.825 | 0.589 |
| B3 可靠性 | 0.818 | 0.199 |
| B4 高效性 | 0.659 | 0.593 |
| B5 协调性 | 0.714 | 0.844 |
| 目标层面 | 0.789 | 0.304 |

由表 9-18 可知，车容量为 15 座、25 座时综合评价结果为Ⅰ级、Ⅱ级，对应的服务质量为优、良。总体来看，车容量增至 25 座时服务质量综合评价结果下降了 61%，对 RFT 服务质量影响较大。从上表还可得到以下结论：

①当车容量增至 25 座时，除协调性评价值有小幅度上升外，响应性、方便性、可靠性以及高效性层面的评价值均下降，其中方便性、可靠性下降幅度大，说明改变车辆容量对 RFT 系统方便性、可靠性等性能的服务质量影响较大。可靠性下降幅度最大且与其他层面结果相差较大，说明车容量的改变对可靠性服务质量具有显著影响，其是造成综合评价结果下降的主要因素。而增加车容量反而使得 RFT 协调性能评价结果提高，但总体服务质量仍旧下降。

②从车容量为 25 座的评价结果来看，服务质量排优顺序发生改变，调整为协调性＞高效性＞方便性＞响应性＞可靠性，协调性能服务质量最佳，可靠性服务质量最差。

# 参考文献

［1］ 易童翔. 响应型接驳公交运行路径与车辆调度的协调优化［D］. 长沙理工大学，2018.

［2］ Development H U，Cole L M. Tomorrow's transportation［M］Chicago：U. S. Government Publishing Office，1968：251 - 254.

［3］ Lerman S R，Flusberg M，Pecknold W M，et al. A model system for forecasting patronage on demand responsive transportation systems［J］. Transportation Research Part A General，1980，14（1）：13 - 23.

［4］ Daganzo C F. Check point dial-a-ride systems［J］. Transportation Research Part B，1984，18（4）：315 - 327.

［5］ Mageean J，Nelson J D. The evaluation of demand responsive transport services in Europe［J］. Journal of Transport Geography，2003，11（4）：255 - 270.

［6］ Quadrifoglio L，Dessouky M M，Ordonez F. Mobility allowance shuttle transit （MAST）services：MIP formulation and strengthening with logic constraints［J］. European Journal of Operational Research，2008，185（2）：481 - 494.

［7］ Jaeyoung J，Jayakrishnan R，Nam D. High Coverage Point-to-Point Transit：Hybrid evolutionary approach to local vehicle routing［J］. KSCE Journal of Civil Engineering，2015，19（6）：1882 - 1891.

［8］ Li X G，Quadrifoglio L. Feeder transit services：Choosing between fixed and demand responsive policy［J］. Transportation Research Part C，2010，18（5）：770 - 780.

［9］ Chandra S，Quadrifoglio L. A model for estimating the optimal cycle length of demand responsive feeder transit services［J］. Transportation Research Part B，2013，51（2）：1 - 16.

［10］ Cordeau J F，Laporte G. The dial-a-ride problem：models and algorithms［J］. Annals of Operations Research，2007，153（1）：29 - 46.

［11］ Horn M E T. Fleet Scheduling and Dispatching for Demand-Responsive Passenger Services ［J］. Transportation Research Part C，2002，10（1）：35 - 63.

［12］ 李龙骄. 城市新区响应需求公交规划方法研究［D］. 武汉理工大学，2013. 5.

［13］ 谢成辉，杨冰. 城市公共交通发展新趋势［J］. 中外公路，2001，21（2）：49 - 52.

［14］ Brake J，Mulley C，Nelson J D，et al. Key lessons learned from recent experience with Flexible Transport Services［J］. Transport Policy，2007，14（6）：458 - 466.

[15] Li X，Quadrifoglio L. Feeder transit services：Choosing between fixed and demand responsive policy [J]. Transportation Research Part C，2010，18 (5)：770 - 780.

[16] Quadrifoglio L，Li X. A methodology to derive the critical demand density for designing and operating feeder transit services [J]. Transportation Research Part B Methodological，2009，43 (10)：922 - 935.

[17] Khattak A J，Yim Y. Traveler. Response to Innovative Personalized Demand-Responsive Transit in the San Francisco Bay Area [J]. Journal of Urban Planning and Development，2004，130 (1)：42 - 55.

[18] Bakker P. Large scale Demand Responsive Transit Systems—A Local Suburban Transport Solution for the Next Millennium [A]. In：Proceedings of European Transport Conference [C]. Cambridge，1999，109 - 126.

[19] Marco Diana，Luca Quadrifoglio，Cristina Pronello. A methodology for comparing distances traveled by performance-equivalent fixed-route and demand responsive transit services [J]. Transportation Planning & Technology，2009，32 (4)：377 - 399.

[20] Edwards D，Watkins K. Comparing Fixed-Route and Demand-Responsive Feeder Transit Systems in Real-World Settings [J]. Transportation Research Record Journal of the Transportation Research Board，2013，2352 (1)：128 - 135.

[21] 沈昱，关函非. 响应需求公交系统分析与实施要点研究 [J]. 交通与运输（学术版），2010 (02)：75 - 78.

[22] 胡非与，徐建闽，孙超. 论发展基于 GIS-PT 和 GPS 的需求响应式公共交通研究 [J]. 交通信息与安全，2008，26 (4)：165 - 168.

[23] 徐荣荣. 需求响应型公交在农村客运中的应用研究 [D]. 长安大学，2015.

[24] 龙哲竞，靳文舟，龚隽. 需求响应公交接驳小车路径规划研究 [J]. 交通科学与工程，2017，33 (04)：87 - 92.

[25] 潘述亮，俞洁，卢小林，等. 灵活型公交服务系统及其研究进展综述 [J]. 城市交通，2014 (2)：62 - 68.

[26] 潘述亮，俞洁，邹难，等. 含特殊需求的灵活接驳公交服务区域与路径选择 [J]. 东北大学学报（自然科学版），2014，35 (11)：1650 - 1654.

[27] 苗一迪. 柔性路径公交车服务区域的决策模型研究 [D]. 大连理工大学，2011.

[28] 张凯，康厚萍，龚莉莉. 人员稀疏地区柔性公交区域特性的研究 [J]. 科学技术与工程，2013，13 (12)：3331 - 3336.

[29] 许新昆，杨琪. 灵活型公交偏离宽度对成本的影响 [J]. 道路交通与安全，2016，16 (02)：43 - 47.

[30] Quadrifoglio L，Dessouky M M，Ordóñez F. Mobility Allowance Shuttle Transit (MAST) Services：MIP Formulation and Strengthening with Logic Constraints [J]. European Journal of Operational Research，2008，185 (2)：481 - 494.

[31] Malucelli F，Nonato M，Crainic T G，et al. Computer-Aided Scheduling of Public

Transport［M］. Berlin：Springer，2001：253－273.

［32］ Sheu J B. A fuzzy clustering approach to real-time demand-responsive bus dispatching control［J］. Fuzzy Sets & Systems，2005，150（3）：437－455.

［33］ Qiu F，Li W，An C. A Google Maps-Based Flex-Route Transit Scheduling System［A］. In：Cota International Conference of Transportation Professionals［C］. Changsha，2014：247－257.

［34］ 王正武，袁媛，高志波. 高自由度响应公交分区路径与调度的协调优化［J］. 长沙理工大学学报（自然科学版），2018，15（01）：41－48.

［35］ 王正武，刘安琪，谭康康. 乘客分布不均条件下 DRC 公交运行周期优化［J］. 交通科学与工程，2016，32（02）：85－88.

［36］ 王正武，刘安琪，谭康康. 考虑乘客需求特性的 DRC 公交运行周期优化［J］. 长沙理工大学学报（自然科学版），2016，13（02）：19－25.

［37］ 邱丰，李文权，沈金星. 可变线路式公交的两阶段车辆调度模型［J］. 东南大学学报（自然科学版），2014，44（5）：1078－1084.

［38］ 高煦明. 固定站点需求响应式接驳公交调度模型研究［D］. 东南大学，2015.

［39］ 芒烈. 面向轨道交通站点的需求响应型接驳公交系统调度方法［D］. 吉林大学，2017.

［40］ 赵伟忠. 随机用户需求下实时定制公交线路生成模型研究［D］. 长安大学，2017.

［41］ Zhengwu Wang，Jie Yu，Wei Hao，et al. Joint optimization of running route and scheduling for the mixed demand responsive feeder transit with time-dependent travel times［J］. IEEE Transactions on Intelligent Transportation Systems，2021，22（04），2498－2509.

［42］ 范文豪. 需求响应式接驳公交路径优化模型研究［D］. 东南大学，2017.

［43］ 王正武，宋名群. 多换乘点响应型接驳公交运行线路的协调优化［J］. 中国公路学报，2019，32（09）：164－174.

［44］ 王正武，陈涛，宋名群. 同时接送模式下响应型接驳公交运行路径与调度的协调优化［J］. 交通运输工程学报，2019，19（05）：139－149.

［45］ 王正武，刘杰，邹文竹. 多车场响应型接驳公交运行线路与调度的协调研究［J］. 铁道科学与工程学报，2020，17（07）：1849－1856.

［46］ 王正武，向健，喻杰. 响应型接驳公交系统基于关键点的动态路径优化［J］. 长沙理工大学学报（自然科学版），2020，17（03）：51－61.

［47］ Ghannadpour S F，Noori S，Tavakkoli-Moghaddam R，et al. A multi-objective dynamic vehicle routing problem with fuzzy time windows：Model，solution and application［J］. Applied Soft Computing Journal，2014，14（1）：504－527.

［48］ Deng L B，Gao W，Zhou W L，et al. Optimal Design of Feeder-bus Network Related to Urban Rail Line based on Transfer System［J］. Procedia—Social and Behavioral Sciences，2013，96：2383－2394.

[49] Kirchler D，Calvo R W. A Granular Tabu Search algorithm for the Dial-a-Ride Problem [J]. Transportation Research Part B Methodological，2013，56（10）：120 - 135.

[50] Carballedo R，Osaba E，Pablo Fernández，et al. A New Evolutionary Hybrid Algorithm to Solve Demand Responsive Transportation Problems [A]. In：International Symposium on Distributed Computing and Artificial Intelligence，DCAI 2011 [C]. Berlin，2011，233 - 240.

[51] Núñez A，Cortés C E，Sáez D，et al. Multi - objective model predictive control for dynamic pickup and delivery problems [J]. Control Engineering Practice，2014，32：73 - 86.

[52] Schilde M，Doerner K F，Hartl R F. Integrating stochastic time-dependent travel speed in solution methods for the dynamic dial-a-ride problem [J]. European Journal of Operational Research，2014，238（1）：18 - 30.

[53] 何菲菲. 需求响应式公交系统规划方法研究 [D]. 东南大学，2013.

[54] 卢小林，张娴，俞洁，等. 灵活型定制公交系统综合评价方法研究 [J]. 公路交通科技，2015，32（5）：135 - 140.

[55] 李佳玲. 定制公交服务的规划方法研究 [D]. 昆明理工大学，2014.

[56] 张娴. 灵活型公共交通系统综合评价体系研究 [D]. 山东大学，2014.

[57] 林青. 定制公交服务的评价指标及模型研究——以北京市为例 [J]. 调研世界，2016（02）：46 - 49.

[58] 陈涛. 混合运行模式下响应型接驳公交运行线路与调度研究 [D]. 长沙理工大学，2019.

[59] National Academies of Sciences，Engineering，and Medicine，Transportation Research Board. Operational Experiences with Flexible Transit Services [M]. National Academies Press：2004 - 08 - 20.

[60] 邱丰. 可变线路式公交运营调度与模式优化研究 [D]. 东南大学，2015.

[61] 宋名群. 混合需求下多换乘点响应接驳型公交运行线路的协调优化 [D]. 长沙理工大学.

[62] 郭晓俊. 基于需求响应的实时定制公交系统研究 [D]. 北京交通大学，2016.

[63] 芒烈. 面向轨道交通站点的需求响应型接驳公交系统调度方法 [D]. 吉林大学，2017.

[64] 高煦明. 固定站点需求响应式接驳公交调度模型研究 [D]. 东南大学，2015，35 - 42

[65] 田奇. 考虑乘客时空分布的 RFT 车辆路径和调度的优化 [D]. 长沙理工大学，2019.

[66] 徐潇. 基于客流预测的公交调度优化 [D]. 郑州大学，2017.

[67] Quadrifoglio L，Li X. A methodology to derive the critical demand density for desig-

ning and operating feeder transit services [J]. Transportation Research Part B：Methodological，2009，43（10）：0 - 935.

[68] 潘述亮. 面向换乘站点的灵活型公交微循环系统设计理论与方法研究 [D]. 山东大学，2015..

[69] Wardman M. A Review of British Evidence on Time and Service Quality Valuation [J]. Transportation Research Part E Logistics and Transportation Review，2001，37（2 - 3）：107 - 128.

[70] 郭晨. 面向轨道交通的灵活型接驳公交站点选址研究 [D]. 山东大学，2015.

[71] 胡列格，安桐，王佳，等. 城市定制公交合乘站点的布局研究 [J]. 徐州工程学院学报（自然科学版），2016，31（1）：27 - 32.

[72] 向健. 响应型接驳公交动态路径优化方法研究 [D]. 长沙理工大学，2019.

[73] Li X，Quadrifoglio L. Optimal zone design for feeder transit services [J]. Transportation Research Record Journal of the Transportation Research Board 2009，2111（2111）：100 - 108.

[74] Li X，Quadrifoglio L. 2-Vehicle zone optimal design for feeder transit services [J]. Public Transport，2011，3（1）：89 - 104.

[75] 叶益芳. 城市轨道交通车站不同接驳方式合理吸引范围研究 [J]. 铁道运输与经济，2014，36（6）：77 - 81.

[76] 王淑伟，孙立山，荣建. 北京市轨道站点吸引范围研究 [J]. 交通运输系统工程与信息，2013，13（3）：183 - 188.

[77] 芒烈. 面向轨道交通站点的需求响应型接驳公交系统调度方法 [D]. 吉林大学，2017.

[78] 滕靖，申博，费翔，等. 高铁车站公交接驳线路设计 [J]. 系统工程理论与实践，2013，33（11）：2937 - 2944.

[79] 阮冠轩. 基于支付意愿的需求响应接驳公交调度研究 [D]. 华南理工大学，2018.

[80] Zhengwu Wang，Jie Yu，Wei Hao，et al. Designing high-freedom responsive feeder transit system with multitype vehicles [J]. Journal of Advanced Transportation，2020.

[81] 王正武，赵振于，何煦. 多车型 MAST 的调度优化及关键参数分析 [J]. 交通科学与工程，2018，34（02）：85 - 90.

[82] 葛显龙，王旭，邓蕾. 基于联合配送的开放式动态车辆路径问题及算法研究 [J]. 管理工程学报，2013，3：60 - 68.

[83] 李兵，郑四发，曹剑东，等. 求解客户需求动态变化的车辆路径规划方法 [J]. 交通运输工程学报，2007，1（2）：106 - 110.

[84] 袁媛. 高自由度响应型接驳公交分区路径与调度的协调优化 [D]. 长沙理工大学，2018.

[85] 王正武，易童翔，高志波. 响应型接驳公交运行路径与车辆调度的协调优化 [J].

长沙理工大学学报（自然科学版），2018，34（1）：68 - 73.

[86] 张得志，龚浩翔，李双艳. 在时变速度下的车辆出行时刻和路径联合优化 [J]. 铁道科学与工程学报，2017，14（3）：642 - 648.

[87] 王素欣，王雷震，高利，等. BPR 路阻函数的改进研究 [J]. 武汉理工大学学报（交通科学与工程版），2009，33（3）：446 - 449.

[88] 潘义勇，余婷，马健霄. 基于路段与节点的城市道路阻抗函数改进 [J]. 重庆交通大学学报（自然科学版），2017，36（8）：76 - 81.

[89] 余婷. 基于实时路况的交通网络耗时最优路径研究 [D]. 南京林业大学，2017.

[90] 李妍峰，高自友，李军. 基于实时交通信息的城市动态网络车辆路径优化问题 [J]. 系统工程理论与实践，2013，33（7）：1814 - 1819.

[91] 周慧，周良，丁秋林. 多目标动态车辆路径问题建模及优化 [J]. 计算机科学，2015，42（6）：204 - 209.

[92] 王江晴，康立山. 动态车辆路径问题中实时信息生成算法 [J]. 计算机与数字工程，2007，35（4）：16 - 18.

[93] 王江晴，康立山. 动态车辆路径问题的实时最短路径算法研究 [J]. 武汉理工大学学报（交通科学与工程版），2007，31（1）：46 - 49.

[94] 刘士新，冯海兰. 动态车辆路径问题的优化方法 [J]. 东北大学学报（自然科学版），2008，29（4）：484 - 487.

[95] 胡明伟，唐浩. 动态车辆路径问题的多目标优化模型与算法 [J]. 深圳大学学报（理工版），2010，27（2）：230 - 235.

[96] 洪联系. 带时间窗口的动态车辆路径规划模型及求解算法 [J]. 计算机工程与应用，2012，48（4）：244 - 248.

[97] 李军，郭耀煌. 物流配送车辆优化调度理论与方法 [M]. 北京：中国物资出版社，2001，65 - 68.

[98] 吴斌. 物流配送车辆路径问题及其智能优化算法 [M]. 北京：经济管理出版社，2013，122 - 142.

[99] 刘杰. 多车场响应型接驳公交运行线路与调度的协调优化 [D]. 长沙理工大学，2020.

[100] 郎茂祥. 配送车辆优化调度模型与算法 [M]. 电子工 4E1A 出版社，2009，146 - 151.

[101] 马宇红，张芳芳. 基于分区聚类方法求解接运公交网络设计问题 [J]. 西北师范大学学报（自然科学版）第 50 卷 2014 年第 1 期.

[102] 杨志清，柳本民，郭忠印，等. 一种基于模糊聚类的高速公路网分区算法 [C]. 第一届中国智能交通年会论文集. 2015. 12：52 - 58.

[103] BE Gillett，LR Miller. A Heuristic Algorithm for the Vehicle Dispatch Problem [J]. Operations Research, 1974，22（2）：340 - 349.

[104] Julien B，David S L. A location based heuristic for general routing problem [J].

Operations Research，1995，43（4）：649 - 660.

[105] Quadrifoglio L，Dessouky M. Insertion Heuristic for Scheduling Mobility Allowance Shuttle Transit（MAST）Services：Sensitivity to Service Area [J]. Computer—Aided Systems in Public Transport，Springer Series：Lecture Notes in Economics and Mathematical Systems，2007，600：419 - 437.

[106] Quadrifoglio L，Dessouky M，Sensitivity Analyses Over the Service Area for Mobility Allowance Shuttle Transit（MAST）Services [J]. Computer-aided Systems in Public Transport，2008：419 - 432.

[107] Chung-Wei Shen，Luca Quadrifoglio. Evaluation of Zoning Design with Transfers for Paratransit Services [J]. Transportation Research Board of the National Academies，Washington，D. C，2012，pp. 82 - 89.

[108] Hongtao Lei，Gilbert Laporte，Bo Guo. Districting for routing with stochastic customers [J]. EURO J Transportation Logistic（2012）1：67 - 85.

[109] 王正武，袁媛，高志波. 高自由度响应公交分区路径与调度的协调优化 [J]. 长沙理工大学学报（自然科学版），2018，15（01）：41 - 48.

[110] Zhengwu Wang，Jie Yu，Wei Hao，et al. Two-step coordinated optimization model of mixed demand responsive feeder transit [J]. Journal of Transportation Engineering，Part A：Systems，2020，146（3）.

[111] 杨文静. 基于弹性系数的城市轨道交通分时计程票价策略研究 [D]. 北京交通大学，2016.

[112] 周明保，黄亮，张宁，等. 城市轨道交通票制分析及选择 [J]. 城市轨道交通研究，2010，13（10）：30 - 34.

[113] 庄焱. 城市公共交通分时定价模型研究 [D]. 东南大学，2017.

[114] 邓连波，杨翊，高勋，等. 基于票价率偏差最小化的地铁分区票价优化方法 [J]. 铁道科学与工程学报，2017，14（11）：2473 - 2479.

[115] 林晓东. 成本加成定价法的弊端分析及其改革 [J]. 引进与咨询，2005（11）：13 - 14.

[116] 吕灵玲. 运输企业的边际成本定价 [J]. 交通企业管理，1996（06）：19 - 22＋1.

[117] Saremi M，Fallahi F，Pels E，et al. Ramsey pricing of aircraft landing fees：A case study of Iranian airports [J]. Research in Transportation Economics，2020：100922.

[118] 王盛华. 基于博弈论的港口公路运输服务整合及定价策略研究 [D]. 大连理工大学，2018.

[119] 霍忻，刘黎明. 跨国公司国际转移定价问题研究——基于古诺博弈模型的策略分析 [J]. 数理统计与管理，2019，38（01）：154 - 171.

[120] 林贵华，裴红波，邹远洋. 基于伯特兰德模型的航空企业与高铁的博弈分析 [J]. 系统工程学报，2020，35（03）：325 - 339.

[121] 于谨凯，高磊，刘曙光. 基于斯塔克尔伯格模型的港口竞争机制分析——以环渤海港口竞争为例 [J]. 河北经贸大学学报，2008 (06)：69-74.

[122] 王倩. 城市轨道交通定价模型研究 [D]. 北京交通大学，2008.

[123] 谭海婷. 与共享单车竞争的响应型接驳公交票价研究 [D]. 长沙理工大学，2020.

[124] 王正武，谭海婷，刘杰. 与共享单车相互竞争的响应型接驳公交的票价研究 [J]. 长沙理工大学学报（自然科学版），2020，17 (02)：46-53.

[125] Sanaz Vatankhah, Mansour Zarra-Nezhad, Ghanbar Amimejad. Tackling the fuzziness of business model concept：A study in the airline industry [J]. Tourism Management，2019，74.

[126] 吴大伟. 基于层次分析法的公交发展水平评价模型研究探究 [J]. 中国公路，2020，11 (1)：178-181.

[127] 谷志朋，王靖，刘秋瑶，等. 公交线路运营服务质量的多级模糊综合评价. 汽车实用技术，2019，18：261-264.

[128] 胡晓伟，魏艳波. 基于 DEA 的寒区城市冬季公交线路服务满意度评价 [J]. 北京工业大学学报，2015，41 (5)：1566-1573.

[129] 周成成. 基于数据包络分析的城市公交服务质量评价研究 [J]. 公路与汽运，2013 (2)：69-72.

[130] 谢晓琳，张卫华，丁恒，等. 基于改进 TOPSIS 法的城市公交发展水平评价方法 [J]. 交通科学与工程，2014，30 (02)：79-83+88.

[131] 李伟，姚立根，吴利丰. 基于灰色聚类的城市公交系统评价研究 [J]. 河北工程大学学报（自然科学版），2017，34 (04)：57-60+69.

[132] 成英，刘洪飞. "双限"政策下天津市公共交通服务水平综合评价 [J]. 价值工程，2016，16 (1)：8-9.

[133] 王玮. 基于模糊综合评价法的快速公共交通系统评价研究 [D]. 长安大学，2012.

[134] 邹志强. 公交乘客满意度模糊综合评价方法及应用 [J]. 公路交通科技（应用技术版），2018，14 (09)：339-341.

[135] 赵克勤. 集对分析及其初步应用 [M]. 浙江科学技术出版社，2000.

[136] 鲁惠敏，杜婷，王本武. 基于集对理论的混凝土泵送施工堵管风险评价 [J]. 科学技术与工程，2020，20 (4)：1599-1606.

[137] 邓聚龙. 灰色系统理论教程 [M]. 华中理工大学出版社，1990.

[138] 程乾生. 属性识别理论模型及其应用 [J]. 北京大学学报（自然科学版），1997，33 (1)：12-20.

[139] 王颖. 需求响应型公共交通系统框架设计及适应性评价关键技术研究 [D]. 山东大学，2012.

[140] 郝成，殷勇. 基于 D-S 证据理论的城市轨道交通与常规公交协调综合评价 [J]. 综合运输，2019，41 (05)：57-62.

[141] 杨晓光. 公共交通通行能力和服务质量手册 [M]. 中国建筑工业出版社，2010.

# 1—7章相关符号汇总

(1) 基本符号

| | |
|---|---|
| $L$ | 服务区长度 |
| $W$ | 服务区宽度 |
| $i$ | 上、下标，表示需求点 $i$/乘客 $i$ |
| $j$ | 上、下标，表示需求点 $j$/乘客 $j$ |
| $u$ | 上、下标，表示实时需求点 $u$ |
| $s$ | 下标，$s=1$，2，$\cdots$，$s$ 表示第 $s$ 班次 |
| $m$ | 上、下标，车型编号，表示第 $m$ 种车型 |
| $v$ | 车速 |
| $U$ | 表示车容量 |
| $U_m$ | 表示车型 $m$ 的车容量 |
| $p$ | 乘客票价 |
| $p_N$ | 第 $N$ 类乘客票价， |
| $q$ | 车辆数量 |
| $Q$ | 乘客数量 |
| $d_{ij}$ | 表示需求点 $i$、$j$ 之间的最短距离；当 $i$、$j$ 表示乘客时，为乘客 $i$、$j$ 之间的最短距离 |
| $d_{back}$ | 表示车辆最大可逆行驶距离 |
| $(x_i，y_i)$ | 表示站点 $i$ 的坐标 |
| $(X_i，Y_i)$ | 表示乘客 $i$ 的坐标 |
| $n$ | 表示乘客总数量，当系统中只有预约乘客时表示预约乘客总数，当系统有实时乘客时，表示混合需求乘客总数 |
| $F$ | 表示目标函数 |
| $k$ | 下标，车辆编号，表示第 $k$ 辆车 |

**续表**

| | |
|---|---|
| $M_T$ | 表示车辆总数（全部），$M_T = \sum_m q_m = \sum_h q_h$ |
| 0 | 下标，表示换乘站 0（干线公交站点），单换乘站系统 |
| $h$ | 表示换乘站（干线公交站点），在多换乘站系统，$h=1，2，\cdots$，表示换乘站 1，换乘站 2，$\cdots$ |
| $D_i$ | 表示乘客 $i$ 预约离开换乘站的时间 |
| $T$ | 表示车辆单程运行最长时间 |
| $\Delta$ | 表示关键点 |
| $\gamma$ | 表示车场 |
| $z$ | 下标，服务区域分区，$z=1，2，\cdots n$ |
| $SA_{zksi}$ | 表示第 $s$ 班次（使用车场中第 $k$ 辆车）在分区 $z$ 的需求点 $i$ 的乘客总满意度 |
| $SA_{zksi}^1$ | 表示第 $s$ 班次（使用车场中第 $k$ 辆车）在分区 $z$ 的需求点 $i$ 时车上乘客满意度 |
| $SA_{zksi}^2$ | 表示第 $s$ 班次（使用车场中第 $k$ 辆车）在分区 $z$ 的需求点 $i$ 时站点上车乘客满意度 |

## （2）系数符号

| | |
|---|---|
| $u_1$ | 权重系数 |
| $u_2$ | 权重系数 |
| $u_3$ | 权重系数 |
| $u_4$ | 权重系数 |
| $u_5$ | 权重系数 |
| $\alpha_1$ | 车辆在上车乘客预约时间窗（或预约的准确上车时间）前到达车内乘客等待时间费用系数 |
| $\alpha_2$ | 车辆在上车乘客预约时间窗（或预约的准确上车时间）后到达站点乘客等待时间费用系数 |
| $\alpha_3$ | 车辆在上车乘客容忍时间窗内到达站点乘客等待时间费用系数 |
| $\alpha_4$ | 车辆在上车乘客容忍时间窗后到达站点乘客等待时间费用系数 |
| $\beta_1$ | 车辆在上车乘客预约时间窗前到达车辆的惩罚系数 |
| $\beta_2$ | 车辆在上车乘客预约时间窗后到达车辆的惩罚系数 |
| $\beta_3$ | 车辆在上车乘客容忍时间窗内到达车辆的惩罚系数 |

**续表**

| | |
|---|---|
| $\beta_4$ | 车辆在上车乘客容忍时间窗后到达车辆的惩罚系数 |
| $\delta_1$ | 乘客在可容忍乘车时长内的惩罚系数 |
| $\delta_2$ | 乘客在可容忍乘车时长外的惩罚系数 |
| $\varphi$ | 车辆早到干线公交站点（换乘站）的惩罚系数 |
| $\lambda$ | 车辆在站点服务乘客的时间费用系数 |
| $\sigma$ | 车辆闲置成本换算系数 |
| $\delta$ | 乘客乘车时长费用 |

## （3）集合符号

| | |
|---|---|
| $\lvert\ \ \rvert$ | 表示集合元素的个数，例如 $\lvert N \rvert$，表示集合 **N** 中元素的个数 |
| $\varnothing$ | 表示空集，里面没有元素 |
| **N** | 表示所有预约需求乘客集合 |
| $\mathbf{N}_{ks}$ | 表示乘坐第 $s$ 班次（使用车场中的第 $k$ 辆车）乘客（预约需求）的集合 |
| $\mathbf{N}_{mks}$ | 表示乘坐第 $s$ 班次（使用 $m$ 车型的第 $k$ 辆车）乘客（预约需求）的集合 |
| $\mathbf{N}_{zmks}$ | 表示乘坐第 $s$ 班次（使用 $m$ 车型的第 $k$ 辆车）的 $z$ 区乘客（预约需求）的集合 |
| $\mathbf{N}'$ | 表示实时需求集合 |
| $\mathbf{N}'_1$ | 表示响应的实时需求集合 |
| $\mathbf{N}'_2$ | 表示拒绝的实时需求集合 |
| $\mathbf{N}_A$ | 表示所有需求的集合，包括预约乘客与实时响应乘客 |
| **R** | 表示控制站的集合，包括首末站，$R=(R_1,\ R_2\cdots)$ |
| **B** | 表示所有车辆集合 |
| $\mathbf{B}_z$ | 表示 $z$ 区车辆集合 |
| **I** | 表示所有需求点（站点）集合 |
| **A** | 表示实际车场、需求点、换乘站的集合 |
| $\mathbf{I}_z$ | 表示分区 $z$ 内需求点（站点）集合 |
| $\mathbf{I}_b$ | 表示分区边界上需求点（站点）集合 |
| $\mathbf{I}_{zsi}^{-}$ | 表示分区 $z$ 班次 $s$ 到达需求点 $i$ 前途经的需求点集合 |
| **H** | 表示换乘站的集合 |
| $\mathbf{H}_{t0}$ | 表示换乘站干线公交车次发出时间集合，$\mathbf{H}_{t0}=(H_{t0}^1,\ H_{t0}^2,\ \cdots,\ H_{t0}^n)$ |

**续表**

| $\mathbf{H}_{tl}$ | 表示换乘站干线公交特定车次发出时间集合，$\mathbf{H}_{tl}=(H_{t1}^1,\ H_{t1}^2,\ \cdots,\ H_{t1}^n)$ |
|---|---|
| $\mathbf{R}_t$ | 表示控制站 $R$ 规定的时刻集合，$\mathbf{R}_t=(R_t^1,\ R_t^2,\ \cdots,\ R_t^n)$ |

## （4）时间、时刻符号

| $\bar{\omega}$ | 下标，表示车辆到达关键点的时刻，在时刻 $\bar{\omega}$ 所有未完成班次以当前位置为发车点，未出发班次以换乘站为发车点 |
|---|---|
| $ET_i$ | 需求点 $i$ 预约时间窗上界 |
| $LT_i$ | 需求点 $i$ 预约时间窗下界 |
| $BT_i$ | 需求点的乘客等车的容忍时间上限 |
| $[ET_i,\ LT_i]$ | 需求点 $i$ 预约时间窗上下界 |
| $(LT_i,\ BT_i]$ | 需求点 $i$ 可容忍时间窗上下界 |
| $ET_{zi}$ | $Z$ 区需求点 $i$ 时间窗上界 |
| $LT_{zi}$ | $Z$ 区需求点 $i$ 时间窗下界 |
| $t_f$ | 乘客上车平均花费时间 |
| $T_i$ | 需求点 $i$ 乘客预约的准确乘车的时刻，$[ET_i<T_i<LT_i]$ |
| $t_{ks}$ | 表示第 $s$ 班次（使用 $m$ 车型的第 $k$ 辆车）发出时刻 |
| $t_{mks}$ | 表示第 $s$ 班次（使用 $m$ 车型的第 $k$ 辆车）发出时刻 |
| $t_{zks}$ | 表示分区 $z$ 的第 $s$ 班次（使用车场中第 $k$ 辆车）发出时刻 |
| $t_{ksi}$ | 表示第 $s$ 班次（使用车场中的第 $k$ 辆车）到达 $i$ 点的时刻 |
| $t_{ksh}$ | 表示第 $s$ 班次（使用车场中的第 $k$ 辆车）回到换乘站 $h$ 的时刻 |
| $t_{mksh}$ | 表示第 $s$ 班次（使用 $m$ 车型的第 $k$ 辆车）回到换乘站 $h$ 的时刻 |
| $t_{mksi}$ | 表示第 $s$ 班次（使用 $m$ 车型的第 $k$ 辆车）到达 $i$ 点的时刻 |
| $t_{zmksi}$ | 表示第 $s$ 班次（使用 $m$ 车型的第 $k$ 辆车）到达 $z$ 区 $i$ 点的时刻 |
| $t_{zksi}$ | 表示第 $s$ 班次（使用车场中第 $k$ 辆车）到达 $z$ 区 $i$ 点的时刻 |
| $t_{hki}$ | 表示换乘站 $h$ 发出的车辆 $k$ 到达 $i$ 点的时刻 |
| $E$ | 表示车辆早到需求点时车辆的等待时长 |
| $E_{max}$ | 表示车辆早到需求点时车辆的最长等待时长 |
| $BE_{max}$ | 表示车内乘客可容忍的最长等待时长 |
| $E_{mksi}$ | 表示第 $s$ 班次（使用 $m$ 车型的第 $k$ 辆车）提前到达 $i$ 点的等待时长 |

**续表**

| $E_{zmksi}$ | 表示第 $s$ 班次（使用 $m$ 车型的第 $k$ 辆车）提前到达 $z$ 区 $i$ 点的等待时长 |
|---|---|
| $E_d^i$ | 表示 $i$ 点乘客期望乘车时长 |
| $E_a^i$ | 表示 $i$ 点乘客实际乘车时长 |
| $E_b^i$ | 表示 $i$ 点乘客可容忍的最长乘车时长 |
| $\Delta t$ | 表示乘客在换乘站完成换乘所需要的平均时长 |
| $\nabla t$ | 表示乘客到达换乘站后在换乘站等待干线公交可容忍的时长 |
| $t_{mksi}^l$ | 表示第 $s$ 班次（使用 $m$ 车型的第 $k$ 辆车）离开 $i$ 点的时刻 |

## （5）数量符号

**车辆数量符号**

| $q_m$ | 表示车型 $m$ 的车辆数 |
|---|---|
| $q_{ms}$ | 表示第 $s$ 班次发出前正在路上行驶的车型为 $m$ 的车辆数 |
| $q_{\gamma,ms}$ | 表示第 $s$ 班次发出前车场 $\gamma$ 中车型 $m$ 车辆的保有量 |
| $q_h$ | 表示换乘站 $h$ 中车辆保有量 |

**乘客数量符号**

| $Q_i$ | 表示需求点 $i$ 的乘客数 |
|---|---|
| $Q_i^{(s-1),s}$ | 表示需求点 $i$ 在 $s-1$ 班次离开后，$s$ 班次到达前新增的乘客数 |
| $Q_i^{ks}$ | 表示 $i$ 点乘坐第 $s$ 班次（使用车场中的第 $k$ 辆车）上车的乘客数 |
| $Q_{i-}^{ks}$ | 表示第 $s$ 班次（使用车场中的第 $k$ 辆车）离开需求点 $i$ 后，需求点 $i$ 剩余的乘客数 |
| $Q_{i-}^{mks}$ | 表示第 $s$ 班次（使用 $m$ 车型的第 $k$ 辆车）离开需求点 $i$ 后，需求点 $i$ 剩余的乘客数 |
| $Q_i^{mks}$ | 表示 $i$ 点乘坐第 $s$ 班次（使用车型 $m$ 的第 $k$ 辆车）上车的乘客数 |
| $Q_i^{mks-}$ | 表示乘坐第 $s$ 班次（使用车型 $m$ 的第 $k$ 辆车）在 $i$ 点下车的乘客数 |
| $Q_{zi}$ | 表示 $Z$ 区需求点 $i$ 的乘客数 |
| $Q_{ks}$ | 表示第 $s$ 班次发出时的车内乘客数 |
| $Q_{mks}$ | 表示第 $s$ 班次（使用车型 $m$ 的第 $k$ 辆车）发出时的车内乘客数 |
| $Q_{si}$ | 表示第 $s$ 班次到达 $i$ 点时车内乘客数 |
| $Q_{ksi}$ | 表示第 $s$ 班次（使用车场中第 $k$ 辆车）到达 $i$ 点时的车内乘客数 |
| $Q_{mksi}$ | 表示第 $s$ 班次（使用车型 $m$ 的第 $k$ 辆车）到达 $i$ 点时的车内乘客数 |
| $Q_{hki}$ | 表示换乘站 $h$ 发出的车辆 $k$ 到达 $i$ 点时的车内乘客数 |

### （6）成本符号

**车辆运行成本符号**

| | |
|---|---|
| $C_A$ | 总成本（总费用） |
| $C_O$ | 运营成本 |
| $C_q$ | 车辆启动成本 |
| $C_q^m$ | 车型 $m$ 的启动成本 |
| $C_l$ | 车辆单位里程行驶成本 |
| $C_l^m$ | 车型 $m$ 的单位里程行驶成本 |

**车辆惩罚成本符号**

| | |
|---|---|
| $C_f^i$ | 车辆早到或晚到 $i$ 点的惩罚成本 |
| $C_{re}$ | 拒绝实时需求的惩罚成本 |

**乘客等待费用符号**

| | |
|---|---|
| $C_p$ | 乘客的时间（等待）费用（包含车内与车外乘客） |
| $C_{pl}^i$ | 车辆晚到 $i$ 点车外候车乘客的等待费用 |
| $C_{pe}^i$ | 车辆早到 $i$ 点车内乘客因等该店乘客上车的等待费用 |
| $C_{pc}^i$ | 车辆没有按要求在乘客要求的乘车时长将乘客送至换乘站点的惩罚费用 |
| $C_{ph}^i$ | 车辆提前回到换乘站时，乘客 $i$ 的等待费用 |

### （7）整数变量

**0 - 1 变量**

| | |
|---|---|
| $w_k$ | 若车场中的第 $k$ 辆车被使用则为1，否则为0 |
| $w_{ks}$ | 若第 $s$ 班次（使用车场中的第 $k$ 辆车）发出则为1，否则为0 |
| $w_{mks}$ | 若第 $s$ 班次（使用车场中 $m$ 车型的第 $k$ 辆车）发出则为1，否则为0 |
| $w_{zks}$ | 若第 $s$ 班次（使用车场的第 $k$ 辆车）从 $z$ 区发出则为1，否则为0 |
| $w_{zmks}$ | 若第 $s$ 班次（使用车场中 $m$ 车型的第 $k$ 辆车）从 $z$ 区发出则为1，否则为0 |
| $w_{hk}$ | 若换乘点的车辆 $k$ 被使用则为1，否则为0 |
| $x_{ksij}$ | 若第 $s$ 班次（使用车场中的第 $k$ 辆车）从 $i$ 点经过 $j$ 点则为1，否则为0 |
| $x_{mksij}$ | 若第 $s$ 班次（使用车场中 $m$ 车型的第 $k$ 辆车）从 $i$ 点经过 $j$ 点则为1，否则为0 |
| $x_{zksij}$ | 若第 $s$ 班次（使用车场中第 $k$ 辆车）从 $z$ 区的 $i$ 点经过 $j$ 点则为1，否则为0 |

**续表**

| | |
|---|---|
| $x_{zmksij}$ | 若第 $s$ 班次（使用车场中 $m$ 车型的第 $k$ 辆车）从 $z$ 区的 $i$ 点经过 $j$ 点则为 1，否则为 0 |
| $x_{hkij}$ | 若换乘站 $h$ 发出的车辆 $k$ 从 $i$ 点经过 $j$ 点则为 1，否则为 0 |
| $x_{\gamma js}$ | 若班次 $s$ 发出的车辆经过车场 $\gamma$ 则为 1，否则为 0 |
| $\varphi_{ksi}$ | 若 $i$ 点的乘客由第 $s$ 班次（使用车场中的第 $k$ 辆车）接送则为 1，否则为 0 |
| $\varphi_{mksi}$ | 若 $i$ 点的乘客由第 $s$ 班次（使用 $m$ 车型的第 $k$ 辆车）接送则为 1，否则为 0 |
| $\varphi_{zmksi}$ | 若 $z$ 区 $i$ 点的乘客由第 $s$ 班次（使用 $m$ 车型第 $k$ 辆车）接送则为 1，否则为 0 |
| $\varphi_{zksi}$ | 若 $z$ 区 $i$ 点的乘客由第 $s$ 班次（使用车场中第 $k$ 辆车）接送则为 1，否则为 0 |
| $\varphi_{zks}^{b}$ | 若边界上的需求点 b（$p \in I_b$）由分区 $z$ 班次 $s$ 服务需求点 $i$ 则为 1，否则为 0 |
| $\varphi_{hki}$ | 若 $i$ 点的乘客由换乘点 $h$ 发出的车辆 $k$ 接送则为 1，否则为 0 |
| $\theta_{ksi}$ | 若乘客 $i$ 乘坐第 $s$ 班次（使车场中的第 $k$ 辆车）由接驳点前往换乘站则为 1，若乘客 $i$ 乘坐第 $s$ 班次（使车场中的第 $k$ 辆车）由换乘站前往接驳点则为 $-1$ |
| $\theta_{mksi}$ | 若乘客 $i$ 乘坐第 $s$ 班次（使用 $m$ 车型的第 $k$ 辆车）由接驳点前往换乘站则为 1，若乘客 $i$ 乘坐第 $s$ 班次（使用 $m$ 车型的第 $k$ 辆车）由换乘站前往接驳点则为 $-1$ |
| $\theta_{hi}$ | 若车辆满足了乘客前往特定换乘点 h 的要求则为 1，否则为 0 |
| $\Phi_{Hti}$ | 若乘客 $i$ 乘坐第 $s$ 班次（使车场中的第 $k$ 辆车）由接驳点前往换乘站有特定干线公交乘车班次则为 1，无特定干线公交乘车班次则为 2 |